우리가 원하는 학교

교육개혁의 새로운 가정

Arthur W. Combs

구혜정 손준종 옮김

학지사

저자서문

교육개혁의 문제는 오랫동안 입법가, 학부모 그리고 수많은 교육전문가들의 주된 관심사였다. 특히 최근에는 개혁의 목소리가 그 어느 때보다도 드높다. 이러한 분위기를 보노라면, 지금까지 교육개혁의 문제를 지나치게 가볍게 다루어 왔다고 할 수 있다. 사실 수년 동안 막대한 에너지를 교육개혁에 쏟아 부었지만, 그 노력을 증명할 값진 결과를 거두지는 못하였다. 교육개혁에 관련된 많은 문헌이 축적되었고, 수많은 해결책이 주장되고 시행되었지만, 그 결과는 실망뿐이었다. 헌신적인 교사와 행정가들은 학교를 보다 효과적인 곳으로 만들기 위해 온갖 노력을 기울여 왔다. 그러나 이러한 시도에도 불구하고, 우리의 학교는 급속히 변화하는 사회의 기대로부터 점점 더 멀어지고 있는 실정이다.

특히, 90년대에 들어서면서 교육개혁의 문제는 열병의 수준에 이르고 있다. 일반 국민의 관심이 변화에 대한 압력을 배가시키고 있으며, 국가는 새로이 엄청난 예산을 교육개혁에 투입할 준비를 하고 있지만, 제도를 근본적으로 변화시키지는 못할 것으로 보인다. 이렇듯 어두운 전망의 근거로는 다음의 네 가지 요인을 들 수 있다. 그것들을 살펴보면 다음과 같다 :

1. 기본 가정을 검토하는 데 실패했다. 우리가 개혁을 위해 수립하는 모든 계획은 불가피하게 출발점이 되는 가정에 의해 통제된다. 따라서 잘못되었거나 부적절한 가정에 따라 만들어진 계획은 적절한 해결책을

이끌어내지 못한다. 그러한 가정은 개혁가들로 하여금 기존의 견해에 집착하게 만들고 실패한 경험을 되풀이하도록 할 뿐이다. 부적절한 가정에 기초한 해결책은 근본적인 문제를 해결하지 못하는 개혁만을 이끌어낸다. 더욱 심각한 것은, 잘못된 가정이 겉으로는 이득을 가져오는 것처럼 보이지만, 실상은 동일하고 진부한 가설에 입각해 더욱 치밀하게 노력하도록 고무할 뿐이라는 점이다.

2. 급속한 사회 변화로 인하여 파생된 새로운 기대에 부응하는 데 실패했다. 교육의 가장 중요한 목적은 젊은이들을 그들이 앞으로 살아갈 미래를 준비시키는 것이다. 따라서 50년 전의 아동을 위해 고안된 교육 제도는 오늘날의 학생들에겐 더 이상 적합하지 않다. 그런 제도에 기초하여 학생들을 가르치게 되면, 현대 사회에 준비시키는 것은 물론이고, 그들이 이제 막 들어서려고 하는 미래 세계에 대한 준비는 더욱 어렵게 될 것이다. 이런 점에서 효과적인 개혁의 목적은 미래의 성격과 요구를 가장 적절히 이해한 것에 기초해야 한다.

3. 생명체로서의 인간의 특징과 인간이 어떻게 학습하고 변화하는가에 관련된 새로운 발견들을 통합하고, 그것들을 적용하는 데 실패했다. 예를 들어, 지난 20여 년 동안 인간의 뇌에 대한 지식에 획기적인 진전이 있었고, 이것은 교수와 학습에 대한 전통적인 개념의 근본적인 변화를 요구한다. 뿐만 아니라 사회과학에서도 학습, 행동, 자아, 건강, 질병 그리고 인간관계의 역동성, 성장과 지능에 관한 놀라운 진전이 이루어졌다. 이들 개념 중에는 40년 이상 된 것들도 많지만, 아직까지 교육 사상과 실천에 폭넓게 활용되지 못하고 있다.

4. 혁신과 진정한 교직의 전문성을 평가하고 촉진하는 제도를 구성하는 데 실패했다. 대신에 우리는 거대한 관료제를 만들어냈는데, 이것은

현재의 상태를 견고하게 유지하고, 교사들을 '운반수단'이나 '기계의 부속'처럼 취급한다. 대체로 관료제는 개혁에 저항적이다. 개혁을 수행하고 달성해야 하는 데 있어서, 교사들의 동의와 협력이 없다면 어떠한 개혁도 성공을 기대할 수 없다. 관리지향(management oriented)이나 위로부터(top-down) 추진되는 개혁은 우리가 그렇게도 간절히 바라는 개혁을 시작하거나 촉진하는 데 적절하지 않다.

나는 여기에서 교육개혁에 대한 입문서를 쓰고자 하는 것이 아니다. 그러한 책은 이미 너무도 많다. 나는 기본 가정에 대한 검토나 개혁을 추진할 사람에 대한 고려없이 제도에 일방적으로 도입되는 위로부터의 해결책으로는 효과적인 개혁이 성공적으로 이루어질 수 없다고 믿는다. 교육비평가들도 효과적인 개혁이란 아래로부터 나와야 하며, 그것은 다음의 결과여야 한다는 데 대체로 동의하고 있다 :

① 직면하고 있는 문제에 대한 분명한 이해,
② 현장 전문가들의 광범위한 참여,
③ 대안학교와 프로그램의 창안과 촉진,
④ 현대 과학과 연구 성과에 기초한 새로운 가정들을 실현해내려는 체계적 시도,
⑤ 그러한 과정에 관련된 교사와 행정가들의 직무내용과 교육에 대한 근본적인 변화.

나는 1935년부터 공립학교와 대학에서 교직에 몸담아 왔다. 이 기간에 나는 상담자, 행정가, 장학관, 교사교육자, 연구자 그리고 자문역으로 활동하였다. 또한 나는 줄곧 지각-경험심리학(perceptual-experiential psychology)의 계통을 세우고 설명하는데, 그리고 그것을 교육사상과 실천에 관련시키는 데 깊이 관여해 왔다. 심리학자와 교육자로서 나는 교육목적들을 성취하기 위해 사회과학으로부터 알아낸 가

장 좋은 지식을 적용할 방법을 탐색해 왔다. 나는 교직에 종사하는 내내 열렬한 개혁가였다. 교직 경험을 통해 나는 교사와 행정가들의 재능에 대한 깊은 찬사와 확신을 가지게 되었다. 그들은 자신에게 그렇게 할 수 있는 자유와 믿음 그리고 격려가 주어지면 교육문제에 달려들어서 독창적인 해결책을 찾아낸다. 즉, 교사와 행정가들에게 문제를 이해하고 그것을 충분히 탐색할 수 있는 자유가 주어진다면, 그들은 깜짝 놀랄 만큼 확실하고 독창적인 해결책에 도달한다. 효과적인 개혁을 위해 필요한 것은 바로 그 막대한 자원에 대한 해방과 격려이다.

나는 이 책이 그러한 목적에 기여하기를 바란다. 나는 특정한 방법과 기법을 지지하는 것을 의도적으로 피했다. 그렇게 한 이유는 한편으로는 보편적으로 옳은 방법과 기법이라는 것이 확실히 없기 때문이며, 다른 한편으로는 기본 가정에 대한 언급이 없는 방법과 기법에 오늘날 우리가 처한 혼란상태의 많은 책임이 있기 때문이다. 대신에 나는,

① 우리가 직면한 문제들에 대한 보다 폭넓고 깊이있는 이해를 제공하고,

② 효과적인 개혁의 출발이 되어야 하는 현대의 사회적 · 과학적 진보로부터 새로운 가정들을 내놓고,

③ 그 가정들이 교육사상과 실천에 대해 어떤 주요한 함의를 갖는지를 간단히 살펴보고자 했다.

나는 장학과 교육과정 개발협회(ASCD ; the Association for Supervision and Curriculum Development)에 마음으로부터의 감사를 표한다. 협회는 발행물인 「인간주의 교육 : 목표와 평가」(Humanistic Education : Objectives and Assessment)와 「지각, 행동, 성장 : 교육에 대한 새로운 관점」(Perceiving, Behaving, Becoming : A New Focus For Education)의 내용을 다시 사용하도록 허락해주었다.

　여기 제시된 아이디어들은 혁신과 프로그램의 수립 그리고 개혁을 시도하는 동안 내 길잡이가 되어준 지침으로서 아주 유익했던 것들이다. 나는 교직에 몸담은 동료들에게, 학교교육에 관심을 갖는 일반인들에게 그리고 자녀들의 교육이 타당한지를 염려하는 학부모들에게도 똑같이 도움이 되었으면 하는 바람에서 그것들을 제의하는 바이다.

콤스 (Arthur W. Combs)

목 차

제 1 장

개혁은 왜 실패하였는가?

모든 사람들은 우리의 교육제도가 개혁되어야 한다는 데 공감한다. 학부모, 일반인, 입법부, 교육부, 학교위원회, 행정가, 교사 그리고 학생 등 도처에서 불평이 터져 나오고 있다. 이렇듯 상당한 관심에도 불구하고 교육이 좀더 진전된 모습을 보여주지 못하는 이유는 무엇인가?

우리가 노력하지 않았기 때문일까? 그렇지는 않다. 우리는 수많은 시도를 해왔다. 몇 가지만 살펴보기로 하자 ; 팔머 방법(the Palmer method : 읽기에 도움을 주는 교육방법-역주), 파닉스(phonics : 영어 원어민 아이들에게 소리와 문자를 연결시키는 훈련을 위해 개발된 교육방법-역주), 티칭머신, 교사지원, 심리검사, 시청각 기자재, 열린 학교, 열린 교실, 팀티칭, 사회적 진급제도의 활용, 수학과 과학교육의 강조, 저학년에서의 언어교육 계열화, 동질 집단화, 탐구학습, 행동수정, 보상과 처벌, 체제분석, 등수, 경쟁 그리고 보다 최근의 것으로 행동목표, 능력중심수업, "기본으로 돌아가자(back to the basics)", 컴퓨터 공학과 바우처 제도(voucher system : 교육비 지불보증 제도-역주). 이것들은 제각기 그 낭시에는 교육의 주요한 병폐에 대한 해결책으로서 매우 의욕적으로 추진된 것이었다. 그러나 역시 이전의 것처럼 기대에 어긋나는 것으로 드러나면 이내 버려졌다. 이처럼 교육을 변화시키는 것은 주먹으로 베개를 두들기는 것과 같다. 혹은 누군가의 말처럼 "묘지를 옮기더라도 여전히 묘지는 존재하는 묘지를 옮기는 일과 같다."

이러한 딜레마에 대해 수많은 이유들이 제시되었다. 어떤 이들은 교사, 사범대학, 자격증 제도 혹은 교원노조를 비난한다. 반면에 다른 어떤 이들은 정부, 충분치 못한 재정, 취업모, 가족과 교회의 붕괴, 사회의 도덕적 부패 그리고 세속적 인본주의의 교활한 음모, 심지어는 공산주의가 학생들을 비참하게 파괴한다고 비난하기도 한다. 그리고 학교 프로그램 – 너무 과도하거나 혹은 충분치 못한 수학, 과학, 영어, 체육 혹은 성교육, 교실에서의 엄격성의 부족, 허술한 교육과정 혹은 기초로부터의 이탈 – 에 주의를 집중하는 사람들도 있다. 이러한 예는 끝도 없고 너무나 복잡해서 효과적인 개혁을 공식화하는 데 큰 도움이 되지 못한다.

교육비평가들이 제기한 많은 비판은 모두 근거가 있는 염려들이다. 사실, 우리는 좋은 아이디어들 속에 허우적거리고 있다. 위에 열거한 개혁들이 적절히 활용될 경우에는 다소간 학습을 향상시킬 것이다. 그러한 경우란, 한편으로는 개혁이 교사 개개인의 기법 속으로 원활하게 통합되고, 다른 한편으로는 학교의 전반적인 교육과정과 목적에 조화를 이룰 때이다. 그러나 불행히도 다음과 같은 네 가지 개혁의 가장 중요한 장애물들이 이것을 방해한다. 그 장애물들은 다음과 같다 :

① 사람의 문제를 인식하는 데 실패
② 힘의 조작화(the manipulation of forces) 개념의 중시
③ 대규모 학교의 문제
④ 위기에 처한 교육전문직

교육의 변화는 사람의 문제이다

앞에서 살펴본 개혁안들은 모두 훌륭한 아이디어들이다. 이들 개혁은 당연히 사물(things)을 개선할 논리적이고 합리적인 제안이다. 그럼에도 왜 보다 성공적이지 못했을까? 위에서 열거한 목록을 대강 훑어보면 개혁의 노력이 주로 '사물'에 집중되어 있음을 알 수 있다. 우리가 개선하고자 애썼던 사물이란 기계장치나 고안물, 법률적 또는 행정적 명령, 교육과정과 방법의 변화 혹은 조직하고 평가하는 방식의 변화 등이었다. 이런 모든 노력은 교육이란 사물의 문제가 아니라, 사람(people)의 문제라는 점을 놓치고 있다.

공교육 제도에는 언제나 학생, 교사, 행정가 그리고 보조 인력 등 수많은 사람들이 관련되어 있다. 어설프게 사물을 고친다고 해서 그렇게 많은 사람들을 변화시킬 수는 없다. 변화해야 하는 것은 바로 학생, 교사, 장학관, 학교위원회, 학부모와 같은 사람이다. 제도란 오직 사람에 의해, 특히 일선의 교사에 의해 엄청나게 영향을 받는다. 따라서 개혁과정에서 교사들의 협력을 얻지 못한다면, 우리가 하는 모든 일들은 그다지 쓸모가 없을 것이다.

일반적으로 우리는 기관의 문제를 다룰 때 상층과 하층의 사람에게 관심을 집중하고 중간에 있는 사람을 무시하는 경향이 있다. 예컨대, 병원의 경우 내과의사, 외과의사 그리고 환자에게는 관심을 기울이지만, 간호사, 치료사, 조무사, 교사에 대해서는 그렇지 않다. 형벌기관의 경우에도 교도소장이나 죄수에게 주의를 집중하고 간수, 교사, 상담자 그리고 보조 인력 등은 무시한다. 마찬가지로 교육에서도, 한편으로는 관리책임자를, 다른 한편으로는 학생을 석성하지만, 교육의 모든 과정이 의존하게 되는 교사는 가치없이 다루어지거나 무시되며, 심지어는 대부분의 실패에 대한 책임이 있다는 식으로 비난받는다.

강요된 해결책은 좀처럼 효과가 없다

앞에서 언급한 대부분의 개혁 시도들은 해결책으로 강요된 것들이다. 즉, 해결책에 나타난 아이디어나 실천, 교실활동을 조직하고 평가하는 방식 등은 그것을 실제로 활용하는 사람들이 고민한 것이 아니다. 대부분은 '전문가(expert)', 이론가 혹은 행정가에 의해 만들어진 것들이었다. 행정가와 장학관들은 그들이 가장 최선이라고 생각하는 해결책을 자신들처럼 교사들도 열성적으로 받아들일 것이라 기대하면서 일선에 내려보낸다.

얼마 전의 행동목표 운동은 이러한 시나리오의 좋은 예이다. 산업체의 활동에서 빌려온 이 아이디어는 대략 이러하다 : 변화를 일으키는 체계적인 방법은,

① 당신의 목표를 명확하게 정의하고,
② 목표를 달성할 전략을 세우고,
③ 필요한 자원을 모으고,
④ 계획을 실천하고,
⑤ 다음으로, 계획이 어떻게 실천되었는지를 평가하는 것이다.

그런 계획은 효과적이고, 논리적이고, 간단하며, 능률적으로 보였다. 이론적으로 그것은 탁월한 결과를 가져와야 했다. 그러나 이미 사무처리와 외부로부터의 기대로 힘겨워 하는 교사들에게, 그 계획은 행정적으로 강요된 또 하나의 무익한 간섭으로 받아들여졌다. 많은 교사들은 그것을 그다지 새로운 아이디어라고 생각하지도 않았다. 더욱 많은 교사들은 기존의 어렵고도 벅찬 업무에 추가되는 부담으로 받아들였으며 원망했다. 나머지 교사들은 마지못해 따르면서도 이전의 모든 시도들이 그랬던 것처럼 그것도 도중 하차되기를 기대했다. 교사들은 그 계획에

대해 체념, 성냄, 귀찮음, 지루함, 냉담함, 저항, 의심 혹은 타도 등과 같이 매우 다양하게 반응하였다. 행정가나 학교위원회를 제외하고는 아무도 그것에 열의를 보이지 않았다. 따라서 전국의 수많은 교사들이 금요일이면 작성해야 하는 다음 주의 '행동목표계획'을 세우지 않고, 월요일에 출근해서는 늘 해 왔던 대로 일했다. 이렇게 '논리적'인 아이디어는 그것을 실행해야 하는 사람들을 고려하지 않았기 때문에 실현되지도 못하고 사라졌다. 논리란 그런 것이다. 경우에 따라서 논리란 단지 잘못된 해답에 도달하는 체계적인 방법일 뿐이다.

이제 교육을 변화시키려면 사람을 변화시켜야 한다는 것을 인식할 때이다. 사물을 변화시키는 것만으로는 충분하지 않다. 우리가 시도하려는 것이 무엇이든, 그것은 인간중심 학교에서 사람들의 사고와 행동 방식 그리고 서로에게 영향을 미치는 방식을 변화시키는 데 초점을 맞추어야 한다. 특히, 너무나 중요하고 많은 노력을 필요로 하는 교직에 종사하는 교사들이 더욱 적합하고 만족스럽게 생각하고 행동하는 방법을 찾도록 도와줄 수 있는 길을 알아내는 것이 필요하다. 교육개혁은 그것을 수행할 사람들의 성실한 후원이 없다면, 시간과 노력 그리고 납세자들이 내는 세금의 낭비에 불과하다.

힘의 조작화 가정

동기와 행동에 대한 부적절한 개념을 채택하지만 않았더라도, 교육은 변화하는 사람들과 점차로 복잡해지는 사회에 너욱 적합하게 되었을 것이다. 지금까지 교육은 사람을 다루는 데 있어서 '힘의 조작화(manipulation of forces)' 개념에 사로잡혀 있었다. 이 관점에 따르면,

사람들이 어떻게 행동하느냐 하는 것은 그들에게 가해지는 힘의 직접적인 기능이라는 것이다. 이렇게 본다면 동기를 제공하는 사람이 의도하는 대로 행동하도록 사람들에게 힘이 행사되는 과정을 동기라고 추정할 수 있다. 인간행동에 대한 이 두 가지 기본 원리는 오랫동안 모든 학교에서 활동지침으로 제공되어 왔다.

인간과 행동에 대한 힘의 조작화 가정은 간단하면서 자명해보인다. 그것은 가정, 일터, 운동장 등 여기 저기에서 작용하고 있으며, 주변 사람들의 행동에 영향을 미치고 있음을 발견할 수 있다. 실제로, 사람들은 마주한 힘에 반응하여 행동하는 것처럼 보인다. 이 가정은, 사물에 가해지는 힘이 변화할 때 사물도 변화한다는 물리학에 의해서도 뒷받침된다. 또한 지난 50여년 동안 힘의 조작화 개념은 행동심리학, 자극-반응심리학 혹은 행동수정으로 알고 있는 심리학자들의 보증을 받아 왔다. 이들 이론에서 행동변화란 행동에 뒤따르는 결과에 사람이 접하게 되고 확신하게 되는 자극의 결과로 간주된다.

힘의 조작화 접근은 행동변화를 위해서 교육의 모든 상황에 적용되었다. 교실에서는 학습의 기초 이론으로 폭넓게 받아들여졌으며, 교수, 상담, 행정, 학급관리와 통제의 전략과 전술을 개발하기 위해 사용되었다. 교사는 학생의 성취에 대한 보고자, 해설자, 보상자, 처벌자가 된다. 교사가 업무를 수행하는 주요 수단은 강의, 실물교수, 숙제, 암송, 훈련 그리고 시험 등이다. 교사들은 학생의 행동을 변화시키기 위해 충고, 권고, 모델링, 칭찬, 창피, 경쟁, 죄책감 혹은 찬성이나 반대의 뜻을 전하는 수많은 방안을 시도한다. 때로 이러한 방법은 학생들이 성공적으로 성취하도록 격려하는 데 효과가 있지만, 그러나 원하는 결과를 얻는 데 실패했다고 해도 아무도 기본 가정의 타당성에 이의를 제기하지 않는다. 대신에 실패한 이유를, 방법을 제대로 사용하지 못했다든지 혹은 충분히 엄격하고 단호하게 사용하지 못한 탓으로 돌린다. 나아가 학생들의 협조가 부족했다든지 학부모들이 제대로 관리하지 못했다는 식으로 비난한다.

힘의 조작화에 따르면, 효과적인 변화란 사람들이 반응할 것이라 보이는 사물을 관리함으로써 일어날 수 있다고 생각한다. 따라서 입법부는 예산, 재학생수, 교육과정, 혹은 연구·시설·설비에 필요한 재원을 통제함으로써 교육에 영향을 미치고자 한다. 학교위원회와 행정가들은 다양한 종류의 규칙, 규제, 비망록 혹은 수많은 지시사항을 만들어내고 그러한 원리를 관철시키고자 한다. 결국 개혁의 초점도 원하는 교육목적을 달성하기 위해, 사물과 사람의 조작화, 즉 관리에 집중된다.

가정의 중요한 특징

사람들이 문제에 직면해서 시도할 수 있는 모든 것은 그 출발점이 되는 가정에 좌우된다. 올바른 가정은 효과적인 해결책으로 이어진다. 반면에 부정확한 가정은 부적절한 결과를 낳는다. 지구가 평평하다고 믿었던 시절에, 사람들은 떨어지지 않기 위해 땅끝이라고 생각되던 곳에는 가까이 가지 않았다. 병이 생기는 원인이 나쁜 피 때문이라고 믿었던 시절에는, 병을 고치기 위해 환자들의 피를 뽑았으며, 때로는 이로 인하여 죽음을 초래하기도 했다. 아동은 단지 작은 어른이라고 믿었던 때에, 아동의 노동은 아동에게 어른의 책임감을 몸에 익히도록 준비시키기 위한 것으로 여겨졌다.

일반적인 교육이나 특별한 개혁에 대해 내리는 결정도 우리가 출발하는 가정에 달려 있다. 그러나 우리가 딜레마에 빠지는 것은 잘못된 가정 때문만이 아니다. 잘못된 가정은 엄청나게 무서운 결과를 초래한다. 잘못된 가정이 가져올 파괴적인 결과가 너무나 크고 낭연히기 때문에 사람들은 그러한 가정을 재빨리 포기한다. 그러나 근거하고 있는 가정이 부분적으로만 옳은 것이라면, 문제는 훨씬 심각하다. 부분적으로만 옳은 아이디어보다 인간의 진보에 더 큰 장애는 아마도 없을 것이다. 부분적으로만 옳은 가정의 어려움은 부분적으로만 옳은 결과를 가져온다는 것이다. 부분적으로만 옳은 결과는 기본 가정을 검토하기보다는 사람들의 주의를 딴 곳으로 돌리게 한다. 오히려 그런 가정은 우리로 하여금 그 일을 더욱 열심히 더욱 결연하게 수행할 수만 있다면, 머지 않아 우리가 그렇게도 바라는 성공을 거둘 것이라는 헛된 희망을 품게 하여 계속해서 기존의 방향으로 나아가도록 격려한다.

우리의 교육적 노력은 부분적으로만 옳은 수많은 가정들과 함께 해 왔으며 그런 가정은 우리의 활동을 방해한다. 예를 들어, 경쟁의 신화를 보자. 일반적으로 경쟁은 사람에게 동기를 부여하는 훌륭한 수단으로 여겨진다. 따라서 공립학교를 포함해서 사회 어디에서나 경쟁이 이용된다. 그러나 이러한 가정은 부분적으로만 옳은 것이다. 경쟁에 대해 우리가 아는 것은 세 가지이다. ① 경쟁에 의해 동기가 부여된 사람만이 성공할 수 있다고 믿는다. ② 성공할 기회를 갖지 못했다고 생각하는 사람에게 경쟁이 강요된다면, 동기화되지 못한다 ; 그들은 낙담하게 되고 환멸을 느낀다. ③ 경쟁이 너무 중요시될 때, 도덕성은 무너지고 목적을 달성하기 위한 모든 수단이 정당화된다. 이처럼 경쟁은 자신이 성공할 수 있다고 생각하는 사람들에게만 동기를 부여하기 때문에 경쟁이 동기를 부여한다는 생각은 부분적으로만 옳다. 경쟁으로 인해 낙담하고 사기가 꺾일 수 있다는 부차적인 사실을 간과한 채 이 아이디어는 무차별적으로 사용되고 있다.

이와 비슷한 예는 일반적으로 올바른 교수법이 있다는 신념에서 발견된다. 방법에 대한 수많은 연구 결과에도 불구하고, 좋은 성취나 그렇지 못한 성취와 관련이 있다고 분명하게 말할 수 있는 가르치는 방법, 상담하는 방법 그리고 행정하는 방법을 구분하는 것은 사실상 불가능하다. 결과적으로 우리는 올바른 방법을 찾는 헛된 노력을 계속해 왔으며, 어디에선가 성공적으로 사용된 방법을 다른 학생과 교육과정에 적용함으로써 하찮은 결과를 얻는 일을 계속하고 있다. 정확하지 못하거나 시대에 뒤떨어진 수많은 가정은 교육적 사고를 방해한다. 많은 가정이 오래 지속되어 온 신화이다.

진부한 가정에서 출발하면, 부적절한 해결책이 만들어진다. 진부한 가정은 우리로 하여금 성공적이지 못한 일에 계속해서 열심히 매달리도록 한다. 지금이 개혁에 관한 많은 가정이 적절치 않다는 것을 인식해야 할 때이다. "어떤 때는 똑같은 장소에서 더 크게 외치는 방법으로 더 많은 신문을 팔 수 있다. 그러나 때로는 새로운 장소로 이동하는 것이 더 좋다." 문제를 이해하고 보다 좋은 해결책을 찾는 데 필요한 새롭고 더욱 유망한 준거틀을 모색해야 할 때가 바로 지금이다.

신념의 중요성

힘의 소삭화 가성은 계속해서 개혁으로의 길을 가로막는다. 힘의 조작화에 근거한 아이디어가 지닌 문제는 그것이 모두 잘못이라는 것이 아니다. 오히려 부분적으로는 옳다는 데 문제의 심각성이 있다. 사람이란 그들에게 가해지는 힘에 의해 직접적으로 행동하지 않는다. 사람들은 어떤 일이 일어날 것이라는 신념(beliefs)에 따라 행동하는데, 이것은 외부의 관찰자들이 사물을 보는 방식과는 전혀 다를 수 있다.

인간행동에서 신념의 중요성을 이해하기 위해, 우리는 거대한 컴퓨터에서 유사한 특성을 끄집어낼 수 있다. 현대의 복잡한 컴퓨터는 막대한 양의 외부 자료를 키보드, 테이프, 혹은 카드를 통해 기계 속으로 받아들인다. 이러한 정보는 컴퓨터의 기억장치에 저장되거나 혹은 앞서 내장된 정보와 결합된다. 그리고 난 후 컴퓨터의 프로그램을 작동해야 모든 종류의 문제를 해결하는 데 사용될 수 있다. 이것은 인간의 내부에서 일어나는 과정과 아주 흡사하다. 우리는 각자 살고 있는 세계에서 언은 경험을 통해 막대한 양의 정보를 받아들인다. 이러한 정보는 기억장치(뇌?)에 있는 기존 정보와 결합하며, 매순간 우리의 행동을 결정한다. 컴퓨터를 가동시키는 것은 컴퓨터 작동을 위해 사용되는 프로그램이다. 일반적으로 프로그램은 컴퓨터를 조작하는 사람이 입력한 일련의 수리적이며 절차상의 지시명령이다. 인간행동도 프로그램에 의해 결정되는데, 이때 인간의 프로그램은 개인적 신념이다. 사람들은 자신과 세계에 대한 자신의 신념 혹은 인식에 따라 좋게 행동하기도 하고 나쁜 짓을 하기도 한다. 행동을 변화시키기 위해서는 사람들의 신념을 바꿀 필요가 있다.

힘의 조작화의 오류

힘의 조작화 아이디어의 한계는 그것이 사람보다 사물에 초점을 맞춘다는 것이다. 물론 이 아이디어는 몇몇 문제에서는 효과가 있다. 예를 들어, 다음의 세 가지 조건이 충족될 때 매우 만족할 만한 효과를 나타낸다 ;

① 성취하고자 하는 목적을 분명하게 정의할 수 있을 때,
② 목적이 단순하고 복잡하지 않을 때,
③ 모든 통제권한이 확실히 교사 혹은 행정가의 손안에 있을 때.

이와 같이 매우 특수한 조건들은 초등학교 교실, 특히 간단한 기법이나 기술을 가르치는 상황에서 종종 나타난다. 힘의 조작화 아이디어를 보다 포괄적인 교육문제에 적용하는 것은 부적절하다. 현 교육개혁을 위해 필요한 활동들은 위의 필요조건을 충족하지 못하는 경우가 대부분이다. 오히려 교육개혁의 목적들은 종종 막연하고 분명하지 않다. 어떻

게 하면 교육과정을 학생들 각자의 필요와 능력에 적합하게 할 수 있을까? 어떻게 하면 교실과 지역사회와의 단절을 회복할 수 있을까? 어떻게 하면 사람들이 학교채권을 발행해야 할 필요를 깨닫도록 할 수 있을까? 심지어 목적을 분명하게 정의할 수 있는 경우에도 정의된 목적은 단순하지 않다. 오히려 그 반대이며, 목적은 광범위하고 복합적이기 쉽다. 예를 들어, 훌륭한 시민의식이나 정신적·육체적 건강과 같은 목적은 세부적으로 나뉘거나 특정한 방법과 기법을 적용하기에 적합하지 않다. 약물남용이나 중퇴자 문제와 같이 꽤 구체적인 목적들조차도 대단히 복잡하며, 교육과정이나 학교활동의 변화는 말할 것도 없이 학부모, 교사 그리고 행정가들의 신념체계의 근본적인 변화를 요구한다.

더구나 현재의 개혁목적을 성취하기 위한 수단도 개혁가들에게 거의 맡겨져 있지 않다. 대신에 학생, 교사, 장학관, 행정가, 학교위원회, 입법자 그리고 학부모를 포함하는 수많은 사람의 사고와 행동의 변화를 요구한다.

현대 교육개혁의 목적은 대체로 해결해야 할 복잡한 문제나 찾아내야 할 해결책 혹은 추구해야 할 일반화된 목적으로 존재한다. 그러한 목표들을 충족시키기 위해서는 일련의 다른 가정들이 필요하다. 만약 교육개혁이 진정 사람의 문제라면 그리고 사람들의 행동을 결정짓는 것이 그들의 신념이라면, 효과적인 개혁은 인간의 신념을 변화시킬 역동성에 입각해야 한다. 다행스럽게도, 우리는 최근에 이런 과정을 이해하는 데 있어 대단한 발전을 이루었다. 그것에 관한 지식을 교육개혁의 문제에 적용하고자 하는 것이 이 책의 목적이다.

대규모 학교의 문제

교육과정을 3R's 이상으로 확장해야 할 필요성을 인식하게 되면서 새롭고 대중적이지 않은 교과가 생겨났다. 따라서 이들 과목의 수업에 소요되는 경비를 정당화하기에 충분한 학생을 받아들였으며, 그 결과 학교의 규모가 확대되었다. 이러한 추세는 오늘날까지 계속되었다. 수천명이 다니는 학교를 어디서나 볼 수 있게 되었으며, 불행히도 대규모화(bigness)는 획일화(commonality), 몰개성(depersonalization), 순응(conformity)을 낳는다. 학생들이 다양하다는 사실이 널리 알려졌음에도 불구하고, 학교제도는 계속해서 공통된 교육과정을 적용하여 학생들을 똑같은 사람처럼 가르칠 수 있는 방법을 찾는다.

공립학교가 생기기 전에 교육이란 단지 여유있는 몇몇 사람들만 가까이 할 수 있는 것이었다. 교육과정은 상당히 제한되었으며 대부분의 경우 전통적인 3R's인 읽기, 쓰기, 셈하기로 한정되었다. 학교에 다니는 것이 특권으로 여겨졌고, 학생들에게는 흥하느냐 망하느냐가 걸린 문제였다. 아무도 학교에 적응하지 못한 사람들을 걱정하지 않았다. 그들은 즉시 내쫓겨졌다. 그러나 공립학교의 출현은 이 모든 것이 변화되어야 함을 의미했다. 수많은 서민 대중이 입학하게 되자 제한된 교육과정에 학생들을 끼워 맞추는 것은 더 이상 가능하지 않았다. 대신에 학생들의 특성과 필요에 교육과정을 맞출 필요가 생겼다. 만약 모든 사람을 교육시키고자 한다면, 학생들이 너무나도 다르기 때문에 보다 풍부한 교육과정이 요구된다. 교육과정을 학생들에게 맞추는 개별화된 교수가 필요하다.

이미 200여년 전부터 학교가 하는 일이 근본적으로 변화되어야 한다는 필요성이 제기되었으며, 여전히 그 방법을 모색하고자 노력하고 있다. 독특한 인간 세상과 계속해서 늘어나는 정보의 홍수 속에서 수백만이나 되는 어린이를 독특한 개체로 성장시키는 문제는 우리를 계속 쩔쩔매게 한다. 개별화 교수가 주장되고 있기는 하지만 그것을 어떻게 할 것인가는 여전히 분명하지 않다. 대신에 우리는 문제에 직면하지 않는 방법을 찾는 데 막대한 에너지를 소모하고 있다. 학교는 통상 학년, 동질집단, 계열에 따라 구조화된다. 교수는 평균 학생들에게 맞춰지며, 진도가 빠르거나 느린 학습자들은 알아서 스스로 잘 적응하도록 방치된다. 학생들의 다양성을 무시하고 서로를 같은 사람처럼 다루도록 교실을 조직하는 방법을 찾는다.

우리는 최대한 많은 학생에게 적용될 수 있는 공통의 교육과정을 찾는다. 그 결과 공통 교과서, 학습장, 교육과정, 교수자료 등이 필요하게 되었는데, 이런 것들로 이득을 보고자 하는 사업이 편승해 일어났다. 그것은 수십억 달러에 달하는 번창하는 사업이다. 이렇게 되면, 학교와 교사는 그러한 자료에 의존하도록 부추겨지고 따라서 권태에 빠지게 되며, 학생들의 창조성은 억눌리게 된다. 일찍이 도널드 스니그(Donald Snygg)가 언급했듯이, "우리 교육이 안고 있는 문제는 우리 모두가 학생들에게 아직 찾지 못한 문제에 대한 해답을 제시하고자 필사적으로 노력하고 있다는 것이다!" 여기에 우리는 다음과 같이 덧붙일 수 있다. "그리고 그 문제의 해답은 결코 찾지 못할 것이다."

소비자와 멀어진 제도

대규모화와 획일화는 최소한 세 가지의 위험스럽고도 파괴적인 결과를 가져온다. 첫째, 점점 소비자들과 괴리된 제도가 된다. 학교가 계속 커지게 되면, 교사는 종종 '운반수단'으로 여겨지며 학생들을 말 그대로 커다란 기계의 부속품처럼 다루는 제도를 낳게 된다. 대규모 학교에 다니는 학생은 쉽게 잊혀진다. 아무도 그들이 누구인지를 모른다. 교사

와의 개별적인 접촉은 거의 없어진다. 학생과 교사는 적대적이 된다. 중
등학교 수준에서 학생들은 제도가 그들의 요구에 적절치 않다며 심하게
푸념한다. 많은 학생들이 중퇴를 결심한다. 보다 어린 학생들은 그런 선
택의 자유조차 없으며, 되도록 제도에 잘 대처해야 한다. 얼 켈리(Earl
Kelley)가 자주 말했듯이, "우리는 이렇듯 훌륭한 학교, 뛰어난 교사, 근
사한 교육과정과 시설을 구비했다. 그런데 제기랄 학부모들은 왜 나쁜
자식들만 우리에게 보내는 거야!". 물론 대규모화도 상당히 다양한 교
수가 가능할 수 있다. 그러나 동시에 대규모화는 진정으로 효과적인 교
수와 학습을 심각하게 방해하는 방심할 수 없고 광범위한 문제를 초래
한다.

　일전에 나는 교육중인 젊은 교사들에게 "무엇 때문에 학생들이 열중
하지 않는가?"라는 질문을 한 적이 있다. 그들의 대답 중에서 몇 가지
를 골라보면 다음과 같다 :

　아무도 우리가 중요하다고 생각하는 것을 믿지 않는다.

　아무도 우리를 신뢰하지 않는다.

　학교가 원하는 것은 순응뿐이다.

　학교는 우리에게 패블럼(Pablum, 유아용 식품, 상표명-역주)을 먹인다
- 그것은 모두 씹어진 것이다.

　학교는 우리가 노력하는 것을 두려워한다.

　아무도 관심을 갖지 않는다.

　교사와 학생은 적이다 - 그들은 서로 친구가 되어야 한다.

　학교는 너무나 사소하며, 상세하고, 지엽적이다.

　모두들 등수를 걱정한다 - 물론 그것은 중요하다.

　당신은 어떤 질문도 할 수 없다.

　오래된 아이디어만이 유일하게 좋은 것이다 - 그것은 책에 나와 있다.

　토론은 충격으로 끝났다. 왜냐하면 토론에 참여한 모두가 "헌신할 만

큼 가치있는 일은 학교에서 성공할 수 없다!"는 것이 진실이라고 동의
했다는 사실 때문이다. 학생의 관점에서 보면, 학교란 진실로 중요하지
않은 것을 다루는 곳이다.

변화하는 요구에 적응 부족

두번째로, 대규모화와 획일화는 변화하는 요구에 반응하지 못하는 결
과를 가져온다. 대규모화와 획일화는 변화에 완강히 저항하는 관료제를
낳는다. 지금 우리가 겪고 있는 문제는 학교가 변화하는 세계에 적절히
적응하지 못한 데 주된 원인이 있다. 우리가 살고 있는 세계는 엄청나게
변화했음에도 불구하고, 아직도 현실과 학생 그리고 대처해야 하는 문제
에 더 이상 적합하지 않은 낡은 가정에 의존하고 있다. 대량으로 생산된
교과서와 교보재에 의존하는 것은 더욱더 이러한 타성에 젖게 한다.

혁신에 대한 방해

세번째로, 대규모화는 혁신을 위축시키는 결과를 가져온다. 혁신은
기존의 틀을 깨부수고, 뭔가 다른 일을 하기를 요구한다. 불행하게도,
대형화되고 획일화될수록 효과적인 개혁은 어려워진다. 실험은 종종 시
작되기도 전에 단념된다. 혁신자는 '문제를 일으킨다'는 혐의를 받는
다. 학교는 창조성과 반대되는 개념인 순응을 조장한다. 순응하는 사람
은 아마도 창조적이지 못할 것이다. 만약 창조적인 사람을 원한다면, 그
/그녀가 순응하지 않는 사람일 수도 있음을 알아야 한다. 교육혁신의
역사를 뒤돌아보면 실시되었으나 반대와 무관심으로 파기되거나 버려
진 훌륭한 프로그램들을 쉽게 찾을 수 있다. 칼 로저스(Carl Rogers)는

그의 저서 『80년대를 위한 학습의 자유』(Freedom To Learn For The 80s)
에서 잠시 번창했다가는 슬며시 사라져버린, 상당히 성공을 거두고도
사라진 훌륭한 프로그램을 10여개 이상 열거하였다.

　어디에서나 교육자들은 실수에 대해 병적인 두려움을 갖는다. 학교
는 정답에 기초한다. 어디에서든 정답은 높이 평가된다. 이것은 검사결
과나 등수 제도 또는 학교평가 등의 형태로 대중들에게 나타난다. 결과
적으로, 학생, 교사, 행정가들 모두는 실수하는 것을 두려워한다. 모두
들 신중을 기하고자 한다. 누군가가 다칠 수도 있기 때문에 현장학습은
기피된다. 교사와 행정가들은 그들이 하는 일에 대해 불평하는 학부모
들을 몹시 겁을 낸다. 금지하는 규칙과 규제를 만들어서 일어날 수 있는
모든 상황을 관장한다. 모험은 언제나 예외없이 포기된다. 불행히도, 그
러한 마음가짐은 교사들로 하여금 혁신과 개혁에 흥미를 잃게 한다.

산업형 모델

　행정가들은 대규모 학교를 운영하기 위해 관리 모델을 산업계로부터
들여왔다. 학교위원회와 학교행정가들은 어디에서나 다양한 형태의 산
업형 모델을 공교육에 적용했으며, 여전히 그렇게 하고 있다. 산업체의
계획자들이 관리상의 새로운 유형을 개발할 때마다 수많은 학교행정가
들은 그것을 재빨리 받아들인다. 이렇게 산업계의 방법에 심취함으로써
교육을 개혁하는 데 있어서 또 하나의 문제가 발생한다.

　산업형 모델을 적용하게 되면 제도의 주체성은 사라지고 혁신도 경
시된다. 산업형 모델은 교육개혁가에게는 전혀 적당하지 않다. 산업계
에서, 노동자는 산업생산물을 생산하는 데 필요한 기계장치의 일부이지
만, 교육의 경우에 노동자가 생산물이다. 이것은 중요한 차이이다. 만약
산업계가 생산물을 생산하는 대신에 노동자들의 복지를 위한다면, 오늘

날과 같은 방식으로 조직되지는 않았을 것이다. 산업형 모델에의 집착은 사고나 실천에 대해 그리고 혁신에 대해 심각한 장애를 가져온다. 주로 참여자들의 성장과 성취를 위해 조직되는 교육 제도는 그러한 목적을 위해 특별하게 고안된 구조를 필요로 한다.

위기의 교육전문직

힘의 조작화 가정의 가장 슬픈 결과 가운데 하나는 교육전문직을 모르는 사이에 서서히 손상시킨다는 것이다. 모든 직업은 그 전문 분야와 관련된 지식과 기술을 필요로 한다. 일반적으로 전문직을 다른 형태의 직업과 구별하는 것은 관련 과업의 복잡도와 전문직 종사자의 문제해결 능력에 대한 충분한 신뢰이다. 교육전문직은 즉각적인 반응에 의존하는 데 그 주요한 특징이 있다. 아동이 무언가를 말하면, 교사는 응답해야 한다. 무슨 일이 일어나면, 교사는 다음날이나 그/그녀가 해답을 찾은 후가 아니라, 바로 지금 당장 그 일을 처리해야 한다. 이것은 교사가 문제에 직면해서 즉각적인 해결책을 제공하는 데 능숙해야만 하는 것을 의미한다. 이 일을 효과적으로 수행하기 위해서는 높은 수준의 문제해결능력이 요구되며, 또한 자신과 자신의 전문직을 존중하는 열의있는 태도를 필요로 한다.

교사들이 그들의 전문기술을 자유롭게 활용할 수 있는 영역은 교실로 엄격하게 제한된다. 그러나 이 공간조차도 학교조직, 교육과정, 정부, 교직원, 학교나 학부모의 기대, 시간이나 장비에 의해 부과된 많은 종류의 구속들로 충만하다. 교사들은 교실 밖에서 행해지는 정책, 교육과정, 기준, 조직, 평가 혹은 장기간의 계획에 대한 결정에 참여할 기회를 거의 갖지 못한다. 교사들이 자부심을 갖지 못하고 속상해 하는 것도 놀라운 일이 아니다. 게다가, 교사들은 "능력있는 사람이나 능력없는 사람도 가르치고 있다. 그리고 가르칠 능력이 없는 사람이 교사를 가르친다"라고 일반적으로 생각하는 사회에 만연된 평가절하에 직면하고 있다.

교사들은 종종 중요하지 않은 인물로서 또는 기대할 것이 별로 없는 하찮은 사람으로 간주된다. 교육전문가 훈련은 수모를 겪고 있다. 즉, 사범대학에서 교과에 대한 필수학점은 늘리고 이른바 교육전문직 연구에 대한 필수학점은 줄이라고 요구한다. 교육전문직 훈련은 완전히 무시하고 단지 교과만을 교육받은 사람으로 교육전문가를 보충하자는 운동조차 활발하게 진행되고 있다.

공무원들은 그들의 직무에 충실하는 것만이 요구되고, 누군가가 여기에 이의를 제기할 때 '강력하게 항의할' 권리를 언제나 유보당하는 것이 민주주의의 특징이다. 따라서, 교사들은 그들의 일을 성공적으로 할 때는 칭찬이나 보상을 거의 받지 못하지만, 사회가 불만을 갖게 될 때는 '시끄럽고도 분명하게' 비난을 받는다. 교육전문가에 대한 경시는 교사들의 자부심을 해치고, 개혁에 흥미를 잃게 하는 원인이 된다.

지치게 하는 직업

일반적인 생각과 달리, 잘 가르친다는 것은 매우 힘든 일이다. 교육 목적과는 거리가 먼 과도한 업무는 교사들을 바쁘게만 하고 성과는 없어서 그들의 업무를 복잡하게 만든다. 대학 수준 이외의 학교에서는 교수계획을 하기 위한 최소한의 시간만을 낼 수 있다. 그럼에도 초등학교 수준의 교사들은 10 내지 11과목을 담당하고, 매일 25에서 35명의 학생을 가르쳐야 한다. 중등학교 수준에서 교사들은 한 과목에서 다섯 과목을 담당하고, 종종 1시간 정도의 준비시간도 갖지 못한 채 매일 100 내지 300명의 학생을 책임진다. 그런 현실에 직면해서 수많은 교사들이 단지 살아남기 위해 한 가지 수업패턴을 되풀이하고, 동일한 내용의 교육과정, 시청각 대용품, 작년의 교안 혹은 구색만 갖추었을 뿐 성과없는 잡다한 학습활동에 의존하게 되는 것은 별로 놀라운 일이 아니다. 이리저리 기우뚱거리면서도 중심을 잡으려고 최대한 노력하고 있는 사람에게 변화를 요구하거나 더 많은 명령을 하는 것은 반감이나(성나게 하지는 않더라도) 분개 혹은 방해활동만을 일으킬 뿐이다.

다른 모든 사람들처럼, 교사들도 전문직의 특징인 실수에 대한 병적인 두려움을 공유한다. 그 결과 교사들은 전문적 대화나 공동의 프로젝트에 참가하기를 주저한다. 교육전문가는 인간관계에 상당히 의존하기 때문에 동료들과 깊은 관계를 맺을 것이라고 생각하기 쉽다. 그러나 사실 교육전문직은 대단히 고독하다. 교사들은 관찰당하는 것을 두려워하고 일상사를 넘어선 문제에 대해 동료들과 거의 대화하지 않는다. 배관공에게 그가 배관일을 하는 것을 보고 싶으니 지켜보게 해달라고 청한다면, 그는 "물론이죠, 언제가 좋을까요?"라고 대답할 것이다. 교사에게 비슷한 질문을 한다면, 그/그녀는 당황하고 혼란스러워하며 참관이 실망스러울 수 있는 이유를 급히 찾으려 할 것이다. "당신은 정말로 흥미를 느끼지 못할 것이다", "나는 그 시간에 시험을 볼 것이다" 등등.

혁신적인 교사들은 자신들이 일하는 분위기가 우호적이지 못함을 발견한다. 일반적으로 기대되는 것에서 벗어나게 되면 행정가와 다른 교사들로부터 모든 종류의 반대를 당한다. 혁신은 문제를 일으키고 혼란을 야기한다. 더 많은 골칫거리를 만든다. 게다가, 잘 되지 않을 수도 있다. 그렇다면 어떻게 해야 할까? 매우 불리한 입장이지만 교사 자신의 교실 바깥에서 혁신을 과감하게 제안하기 위해서는 용감하고 헌신적일 필요가 있다.

일선 교사들이 주체가 되는 혁신

교육전문직에 대한 평판은 낮고 혁신을 하는 데는 수많은 장애들이 존재하지만, 용케도 너무나 잘 가르치고 있는 우수한 교사들이 놀랄 만큼 많이 있다. 학교가 이만큼이라도 기능을 수행해 오고 있다는 사실은 아무 대가없이 열심히 일해 온 수많은 교사들이 보여준 근본적인 성실과 성의가 중요하다는 것을 입증한다. 많은 이들은 학생들과 교육전문직의 요구를 변화시키고 적합하게 할 상당히 유망한 방식을 찾는다. 심지어 어떤 교사들은 거만하고 독재적인 행정가들의 불쾌한 감시 아래 근무하면서도 이런 일을 하기도 한다.

결국, 개혁을 수행하기 위해 우리가 의지해야 할 존재는 바로 교사이다. 교사들의 후의와 협력이 없다면, 가장 유망한 개혁일지라도 실패할 것이다. 우리가 너무나 필요로 하는 개혁을 이끌어내기 위해서는 교육전문직의 진가를 인정하고 감사하는 마음을 가져야 한다. 또한 개혁을 실행할 때뿐만 아니라 개혁을 창안해내는 과정에서 교사들이 매우 중요한 역할을 담당한다는 것을 인정할 필요가 있다. 요컨대, 개혁을 실행하기 위해서는 중대한 결정을 내릴 때를 포함한 모든 국면에서 교사들의 협력과 정보가 요청된다. 그렇지 못한다면 지금까지의 시도들이 겪은 유감스런 전과를 단지 되풀이할 뿐이다.

우리 앞에 놓인 과제

수많은 관심있는 시민과 교육자들은 40여년 동안의 불행한 과거를 바로잡기 위해 공립학교를 근본적으로 재구조화할 필요가 있음을 확신한다. 우리는 교육개혁의 문제에 접근하기 위한 새로운 방법을 찾아야만 한다. 예를 들어 부르킹스(Brookings) 연구소의 존 쳐브(John Chubb)와 스탠포드 대학교의 테리 모어(Terry Moe)는 다음과 같이 지적하고 있다. "학교성취는 각 학생당 지출, 교사봉급, 학급규모 그리고 졸업 필수 학점과는 전혀 관계없다." 500여개의 학교와 20,000여명의 교육자들을 대상으로 10년 동안 실시된 연구를 통해, 그들은 효과적인 학교를 만드는 데 필요한 요소는 분명한 목적의식, 강력한 리더십, 고도의 전문적인 교사 그리고 학생들의 높은 기대라는 결론을 얻었다(Chubb, 1990). 그들은 '일선 교사들에게 책임을 이양' 하는 것만이 우리가 너무나도 절실하게 필요로 하는 개혁을 가능케 한다고 주장한다. 양대 전문직 조직인 전미교사협회(the American Federation of Teachers)의 회장 상커(Shanker)와 국가교육협회(the National Education Association)의 회장 퍼트렐(Futrell)을 포함한 다른 많은 비평가들도 이런 결론에 공감했다(Shanker, 1990, Futrell, 1989).

이 책에서 우리는 다음과 같은 사항에 특별히 주목하면서, 교육개혁에 대한 아래로부터의 접근을 위해 필요한 몇 가지 가정을 검토할 것이다.

1. 90년대의 변화하는 교육목적들
2. 학습과 행동변화의 특징에 대한 새로운 지식
3. 열린 체제 사고의 필요
4. 변화의 역동성
5. 대안프로그램들과 대안학교들
6. 교육전문직에 활력을 불어넣기 위한 기본적 필요조건
7. 리더십과 행정에 대한 새로운 개념

주와 참고문헌

일반 자료 :

Berliner, D. 1987 Contemporary teacher education: Timidity, lack of vision and ignorance. Paper, *American Academy Of Education,* Washington, D.C.

Boyer, E. 1983 *High school: A Report on secondary education in America* The Carnegie Foundation for the Advancement of Teaching. New York, Harper and Row.

Coleman, J. 1966 *Equality of Educational Opportunity* Washington, D.C. Goverment Printing Office.

Eisner, E. 1985 *What high schools are like: Views from the inside.* Palo Alto, Stanford University Press.

Goodlad, J. 1983 *A place called school.* New York, McGraw Hill.

Kerr, S. 1989 "Reform in Soviet and American education: Parallels and contrasts" *Phi Delta Kappan,* 71, 19-28.

National Commission on Excellence in Education, 1983, *A nation at risk: the imperative for educational reform,* Washington, D.C. Government Printing Office.

Ravitch, D. 1981 "Forgetting the question: The problem of educational reform", Summer, *The American Scholar.*

힘의 조작화 가정에 관한 자료 :

Macmillan, D. 1973. *Behavior modification in education,* New York, Macmillan.

Pitts, C. 1971 *Operant conditioning in the classroom,* New York, Crowell.

Skinner, B. 1971 *Beyond freedom and dignity,* New York, Alfred Knopf.

Sulzer, B. and Mayer, G. 1972. *Behavior modification procedures for school personnel,* Hinsdale, Il. Dryden Press.

가정의 변화에 관한 자료 :

Combs, A. 1988 "Changing our assumptions about educational reform", *Educational Digest,* 54,3-7.

교육에서의 신화에 관한 자료 :

Combs, A. 1957 "The myth of competition", *Childhood Education, 33,* 264-269.

Combs, A. 1979 *Myths in Education: Beliefs that hinder progress and their alternatives,* Boston, Allyn and Bacon.

Combs, A. 1979. "The myth of competition--Twenty years later" *Colorado Journal of Educational Research,* 18,5-7.

Johnson, D. and Johnson, R. 1975. *Learning together and alone. Englewood Cliffs,* N.J., Prentice Hall.

실패로 끝난 개혁에 관한 자료 :

Rogers, C. 1983. *Freedom to learn for the 80's,* Columbus, Oh. Merrill.

산업형 모델에 관한 자료 :

McDonald, J. 1989. "When outsiders try to change schools from the inside", *Phi Delta Kappan,* 71, 206-212.

Orlich, D. 1989. "Educational reform: Mistakes, misconceptions, miscues." *Phi Delta Kappan,* 71, 512-517.

새로운 개혁의 방향에 관한 자료 :

Chubb, J. and Moe, T. 1990. *Politics, markets and America's schools,* Washington, D.C. the Brookings Institution.

Futrell, M. 1989. "Mission not accomplished: Educational reform in retrospect", *Phi Delta Kappan,* 71, 8-14.

Shanker, A. 1990. "The end of the traditional model of schooling---and a proposal for using incentives to restructure our public schools". *Phi Delta Kappan,* 71, 344-358.

Shanker, A. 1990. "On restructuring schools: A conversation with Al Shanker" *Educational Leadership,* 47, 11-16.

제 2 장

우리가 학교에 바라는 것은 무엇인가?

젊은이들은 교육을 통해서만 제대로 성장할 수 있다. 교육제도는 사회를 존속하게 하는 방식의 하나이다. 교육개혁가들은 새로운 사회질서를 세우기 위해서 공립학교를 이용해야 한다고 주장해 왔다. 그러나 그러한 목적은 그다지 성공적이지 않을 것이다. 왜냐하면 기존 사회를 재편하려는 특정한 사회제도의 시도를 오랫동안 방치할 사회는 존재하지 않기 때문이다. 만일 학교가 사회의 기본 목적으로부터 멀리 벗어난다면, 오래 지지받지도 혹은 허용되지도 못할 것이다. 이는 교육개혁이라는 것이 본질적으로 선구적인 활동이기보다는 따라잡기 위한 활동임을 의미한다. 이러한 사실을 실망스럽게 생각할 필요는 없다. 왜냐하면 몇 년 후가 되면 현재의 교육 제도는 지금의 요구를 충족하기 위해 필요한 모든 것을 구비하게 될 것이기 때문이다. 개혁전략을 다루기에 앞서, 우리가 학교에 대해 바라는 몇 가지를 잠시 살펴보기로 하자.

전통적 목적들

사회가 학교를 세우는 주된 목적은 사회의 안녕을 지키고 증진하는 데 이바지할 지적이고 책임감있는 시민의 양성을 확실히 하기 위해서이다. 이러한 목적을 위해 미국인들은 250여년 동안 교육목적의 제정과 개정을 계속해 왔다. 공립학교가 맨 처음 문을 연 이후 최근의 교육을 주제로 한 국가회의에 이르기까지 논의된 교육목표를 종합적으로 살펴보면, 결국 학부모, 학자, 교육자 그리고 공무원들이 계속해서 주장한 것은 다음의 일곱 가지 "기본원리(cardinal principles)"로 정리된다.

1. 효과적인 학습을 위한 기본 과정과 기술의 숙달. 보다 정확히 말하면, 이 목표는 읽기, 쓰기 그리고 셈하기의 '3R's'와 관련된다. 이것은 목표 중에서 가장 명확한 것으로 단순하고 간단한 평가를 하는 데는 가장 용이하다. 때문에 이 목표는 사람들이 학교에 대해 우려할 때마다 항상 맹렬한 공격의 대상이 된다. 예를 들어 최근에 나타난 "기본으로 돌아가자"는 운동을 생각해보라.

2. 손색없는 가족구성원이 되기 위한 준비. 이 목표는 여러 세대에 걸쳐 거듭해서 채택되었지만, 구체적인 교육과정의 형태로는 거의 다루어지지 않았다.

3. 책임있는 시민이 되기 위한 교육. 이것은 사회의 중심 목표이자, 사회가 교육을 지원하는 기본 목적이다. 다른 모든 목표들도 어떤 식으로든 젊은이들을 유능한 시민으로 준비시키는 데 기여하지만, 특별히 이 목표는 공민과나 사회과 그리고 역사과목을 통해 더욱 확실히 성취된다.

4. 정신적 · 육체적 건강. 육체적 건강은 오랫동안 교육목표로서 다루어졌다. 최근 들어 우리는 그 범주에 정신적 건강을 추가했지만 실제

적으로나 교육과정을 통해서 그것을 실현하는 데에는 약간의 진척만 있었을 뿐이다.

5. 직업 세계로 나아가기 위한 기본 기술. 이 목표는 사회가 점차 산업화됨에 따라 더욱 중요한 것이 되었다. 어떤 비평가들은 교육 제도를 지나치게 직업준비 학교로 전락시켰다고 한탄한다. 그러나 이와는 반대로 고용주들은 졸업생들이 현대 산업체에서 제대로 자리잡기에는 너무나 준비가 되어 있지 않다고 불평한다.

6. 여가시간을 효과적으로 사용하기 위한 교육. 이 범주에는 미술, 연극, 음악, 문학 같은 것들이 포함된다. 불행하게도 이것은 학교가 재정적 위기에 처했을 때, 가장 공격받기 쉬운 목표 중의 하나이며, 보다 '실용적인' 목표들과의 경쟁에서 필사적으로 싸워야만 한다.

7. 도덕적이고 윤리적인 품성을 위한 교육. 이것은 최초의 학교 설립 당시에는 기본 목표였지만, 물질적인 산업사회가 번창하면서 초기의 절박함을 얼마간 상실하였다. 한때 이것은 가정과 교회의 특권을 침해한다고 해서 근본주의자들(fundamentalist groups)의 공격을 받기도 했다. 그러나 최근에 가치에 대한 관심이 교육과정의 정당한 부분으로 다시금 대두되고 있는 것을 발견할 수 있다.

·

보다 직접적인 목적들

지적이고 책임감있는 시민의 양성이라는 일반 목적 이외에, 지역사회는 다양하고 보다 직접적인 목적을 위해 학교를 필요로 한다. 최근 들어 공립학교는 인종차별이나 인종간 편견과 같은 사회적 병폐를 바로잡는 매체로서 이용되기도 한다. 어떤 주에서는 학교를 통해 민주주의의 이상을 가르치고자 한다. 학교에서 '민주주의와 공산주의'나 주의 고유한 역사에 관한 과목을 가르칠 것이 요구된다. 어떤 지역에서 학교는 청소년들이 거리를 배회하거나 노동시장으로 유입되는 것을 막기 위한 곳으로 간주되기도 한다. 그밖에도 운전자교육, 성교육, 알코올이나 약물 남용과 같은 특수한 문제들을 다루기 위해 학교가 활용된다. 어떤 학구는 체육대회에서 우승하기 위한 운동 프로그램을 가장 우선하기도 한다.

물론, 교육 제도가 이들 모든 목표를 혹은 어떤 하나에 대해 전적으로 책임을 떠맡을 수는 없다. 오히려 학부모, 또래집단, 교회, 지역사회의 자원 등과 같은 사회의 다른 힘이 청소년들에게 중요한 영향력을 행사한다. 그렇다고 해서 학교가 책임을 면할 수 있는 것은 아니다. 학교는 사회가 청소년들에게 설정한 목적을 충족시키기 위해 할 수 있는 모든 것을 제공해야만 한다.

학교에 보다 더 많은 것을 요청한다

가족구조가 변화되면서 학교는 더욱 더 무거운 책임을 떠맡게 되었다. 안정된 가족관계가 사회의 기본가치를 가르치는 것을 더 이상 기대할 수 없게 되었다. 이혼과 편부모에 의한 육아는 흔한 일이 되었다. 어느 때보다도 많은 어머니들이 노동시장에 참여하고 있다. 가족의 변화에 따른 공백을 교육이 채워야 한다는 요구가 더 커지고 있다. 사회에서 일어나는 이러한 변화는 매우 유감스러운 것이지만, 그러한 추세를 되돌릴 수는 없어 보인다. 지금껏 전통적인 가족간의 상호작용을 통해 매일같이 습득할 수 있었던 안전, 지식, 기술 그리고 분별력을 이제는 다른 기관이 제공하게 되었다. 공립학교는 가장 확실하고도 효과적인 선택이다.

마찬가지로 현대 산업사회에서 종교와 교회도 그 영향력이 감퇴되고 있다. 지금까지 존중되어 온 이들 기관의 영향력이 줄어들게 되면서, 학교가 그 역할도 떠맡을 것이 요구된다. 몇 년 전에 근본주의 설교자들은 공립학교에서의 '가치명료화(values clarification)'를 비난한 적이 있다. 그들은 학교가 가치를 가르치는 것은 예로부터 가족과 교회가 누려온 특권을 불손하게도 빼앗는 일이라고 생각하였다. 그렇지만 오늘날 그들은 학교가 가치교육에 더 많은 주의를 기울여야 한다고 주장하기도 한다. 예전에는 가정과 교회에 속했던 책임을 이제는 학교가 떠맡아야 한다는 요구는 이렇게 계속되고 있다. 이러한 상황은 가까운 미래에도 변하지 않을 것이며, 관찰가능한 모든 징후들을 고려할 때, 이러한 추세가 계속될 것이라 추정할 수 있다.

그 뿐만 아니라 공립학교는 계속해서 증가하는 다양한 민족적, 인종적, 문화적 기원을 갖는 학생들을 포용해야 한다. 이제 미국은 더 이상 백인의, 앵글로 색슨계의, 신교도의 나라가 아니다. 미국은 점점 더 국제적인 곳이 되어가고 있다. 이민, 인종통합, 인권 그리고 다문화 인구의 증가는 책임감있는 시민의 양성을 목적으로 하는 학교에 대하여 새로운 것을 요구하고 있다. 모든 학생들이 그들의 능력을 최대로 달성하도록 하기 위한 개별화 교수의 문제는 훌륭하기는 하지만 점점 더 어려운 목표가 되고 있다.

더욱 복잡해진 사회

백여년 전의 아동들이 배우고 준비했던 세계는 지금 우리가 살고 있는 세계에 비하여 훨씬 단순하였다. 현대 산업기술사회는 너무나 복잡하고 새로운 과학적 발견이 이루어질 때마다 더욱 복잡하게 되고 있다. 이전에는 자동차를 분해해서 그것을 다시 조립하는 것이 가능한 일이었다. 그러나, 오늘날에 그런 일을 할 만큼 어리석은 사람이 있겠는가? 우

리는 고성능의 기술장치에 철저하게 의존하고 있으며, 따라서 그것을
움직일 수 있는 완전히 새로운 노동계급이 등장하게 되었다. 우리는 빵
한 덩어리나 우유 한 봉지와 같이 아주 단순한 필요를 만족시키기 위해
서 보지도 듣지도 못한 수많은 사람들에 의존해야만 한다. 우리가 다른
사람들에게 얼마나 의존하고 있는지를 알고 싶다면, 현대식 슈퍼마켓의
번쩍거리는 진열대 앞에 서서, 사용할 물건들이 그곳에 있기까지 필요
하였던 모든 사람들을 생각해보면 된다.

　우리는 인류의 역사가 시작된 이래 지금까지 알려진 가장 상호 의존
적이고 협력적인 사회에 살고 있다. 그러나 이러한 상호 의존성은 인간
을 훨씬 더 나약한 존재로 만들었다. 오늘날 테러리즘이 횡행하는 것도
이러한 상호 의존성의 결과이다. 정확한 장소에서, 정확한 시간에 누군
가가 인질을 잡고, 대통령을 저격하며, 비행기를 격추시키고, 컴퓨터에
프로그램을 넣어 통신을 교란시킴으로써 우리 모두를 공포로 몰아넣을
수 있다. 과학기술사회의 노동자에게는 계속해서 더 많은 지식, 기술 그
리고 사고력이 요구된다. 과학과 산업이 발달함에 따라 학교와 대학에
바라는 기대도 한층 커지며, 그러한 세계에 성공적으로 참여할 수 있도
록 학생들을 교육시키는 일은 그 어느 때보다도 어렵게 되었다. 학교가
현대 사회의 최소한의 요구를 충족하고자 하더라도 과감한 변화를 필요
로 한다. 어설프게 손질하는 것만으로는 충분하지 않다.

미래의 요구

　미래로 시선을 돌리게 되면, 개혁의 필요성은 더욱 커질 것이다. 우
리는 젊은이들이 앞으로 살아갈 세계를 준비하도록 돕는 일을 학교에

맡긴다. 그 목표를 달성하기 위해서는 미래가 어떤 모습일지에 대한 개념을 가질 필요가 있다. 미래학자들은 많은 사람들이 의식하지는 못하지만 격심한 혁명의 한가운데에 살고 있다고 말한다. 예상되는 미래는 엉뚱한 꿈이나 공상 과학소설이 아니다. 그것은 이미 우리 앞에 닥친 혹독한 현실이다. 어느 누구도 앞으로 다가올 세계가 어떠할지 정확하게 예측할 수는 없지만, 미래학자들은 일반적으로 다음의 네 가지 사실에 대해서는 최소한 의견의 일치를 보고 있다.

지식의 폭발

최근에 우리가 경험하고 있는 지식의 폭발적인 증가는 미래에도 계속될 것이다. 우리는 정보의 홍수 속에 파묻혀 있고, 계속해서 도처로부터 더욱 많은 양의 정보가 쏟아지고 있다. 한때, 교사는 마을에서 가장 학식있는 한 사람이었다. 이제 그런 날은 영원히 오지 않을 것이다. 교사가 지식의 원천이라는 생각은 도도새(dodo, 멸종된 날지 못하는 큰 새의 이름-역주)처럼 완전히 사라져버린 것이다. 과학은 라디오, 시청각 장비, 복사기, 텔레비전, 컴퓨터, 녹음기, 도서관 등 정보를 전달하는 놀라운 기술을 제공하고 있다. 이러한 장비들은 막대한 양의 정보를 거의 모든 사람들에게 신속하고 효율적으로 제공하는 것을 가능하게 한다. 그렇게 되자 더 이상 교사를 정보제공자로 여기지 않게 되었다.

변화의 속도

현재는 변화하고 있다. 그리고 미래는 더욱 빠른 속도로 계속해서 변화할 것이다. 지금까지 살아 왔던 과학자의 대부분은 오늘날에도 여전히 살고 있다. 새로운 아이디어나 발명은 이제 흔한 일이 되었으며, 심지어 생활방식까지 바꿀 정도로 우리는 그것에 기대하고 의존하게 되었다. 예전과 같은 안정성은 더 이상 기대할 수 없다. 오늘날 직업의 수는 약 90,000여개에 달하고 있으며, 계속해서 증가하고 있다. 지금 고등학교를 졸업하는 학생들은 살아가는 동안 직업을 너댓 번 바꿔야 할지도 모른다. 이렇게 빠르게 변화하는 세계에 젊은이들을 준비시키는 일은 안정적이고 예측이 가능한 사회에서와는 확실히 달라야 한다.

사람의 문제가 가장 우선이다

복잡하고 상호 의존적인 미래 사회에서는 사람의 문제가 가장 중요하게 될 것이다. 전지구적 의사소통, 전쟁과 평화, 건강과 보건, 가난과 부, 공해와 환경, 사회보장, 육아, 과잉인구, 기근, 인권, 여성해방, 민족적·인종적 차별, 문화의 다양성, 마약, 아동과 가족의 학대 등 인간에 관련된 문제는 우리가 직면한 것 중에서도 가장 절박한 것들이 되었다. 심지어는 원자폭탄도 사람의 문제이다. 우리가 두려워해야 하는 것은 원자폭탄이 아니라 오히려 그것을 사용하려는 사람이다. 불과 몇 년 전만 하더라도 미국과 미국산 제품은 다른 나라에 비해 훨씬 앞서 있었다. 그러나 근래에 미국은 다른 나라의 상품에 많이 의존하는 채무국이 되었고, 세계시장에서의 경쟁에 참여해야 하는 나라가 되었다. 기술이 발달함에 따라 사람들은 더욱 가까워졌고, 더욱 많은 사람들과 함께 살아가는 법을 배우지 않으면 안 되게 되었다. 인간관계를 이해하는 것은 이제 생존기술이 되었다. 그것은 젊은이들이 앞으로 생활할 세계에서 효과적으로 살아가기 위한 본질적인 요소이다. 통상적인 비즈니스만으로는 충분하지 않을 것이다. 지속될 인간중심의 세계에 준비시키는 일이 공립학교의 가장 중요한 목표임에 틀림없다.

개인적 충족

미래 사회는 지금보다 한층 더 자발적으로 자신이 맡은 일을 다하는 의욕적이고 책임감있는 시민들을 필요로 할 것이다. 미래 사회는 자신을 긍정적으로 생각하고, 다른 사람들의 요구에 민감하면서도 자기의 개인적 요구를 상당히 성공적으로 달성한다고 생각하는 인간, 즉 건강한 사람을 필요로 한다. 자신을 부정적으로 생각하고, 자기가 사회로부터 좌절되고 소외되었다고 생각하는 사람은 모두를 위해서도 위험하다. 상호의존적인 사회에서 시민의 개인적 충족(personal fulfillment)은 사회의 지속적인 안녕과 복지를 위해 반드시 필요한 요소이다. 기본 요구를 만족하도록 돕는 일에 성공적일수록 사람들은 더욱 자유롭게 개인적 목석과 포부를 실현시키기 위해 노력한다. 이러한 원리는 교육에서도 똑같이 적용된다. 학생들은 자신의 개인적 요구가 충족되었을 때 더욱 강하게 동기가 부여되고, 헌신적이 되며, 성공하게 된다. 비록 교육적·사회적 결과물이 중요하지 않더라도, 우리는 젊은이들을 사랑하기 때문에, 순수한 인도주의적 입장에서 개인적 충족을 교육목표로 계속하여 추구할 필요가 있다.

교육적 함의

앞에서 살펴본 미래에 관한 네 가지의 확실한 사실들은 교육개혁에

대해 중요한 함의를 갖는다. 이들 함의 가운데는 다음과 같은 것들이 있다:

앞으로는 모두에게 똑같이 적용되는 교육과정의 계획을 결코 기대할 수 없다

공통 교육과정은 더 이상 교육이나 개혁의 요지부동의 목적이 아니다. 또한 이용할 수 있는 정보량이 너무나 많고, 변화도 너무 빠르며 학생들의 미래에 대한 요구 또한 너무나 다양하기 때문에 어떤 특정한 교과가 꼭 있어야 한다고 확신하는 것은 불가능하다. 최소한 5학년 수준의 읽기, 쓰기, 셈하기는 아마도 필요 불가결한 목적으로 계속 남아 있을 것이다. 이런 기본 목표 이외에 모든 사람에게 필요한 그 밖의 무엇을 어떻게 정할 수 있을까? 재정적, 환경적 자원의 한계 내에서 학생들의 요구와 포부에 상응하는 교육과정을 제공하는 것이 우리가 바랄 수 있는 최선이다. 여기에는 창조적이고, 학생들의 요구에 민감하고, 시대적 변화 추세에 맞추어 교육과정을 조정하는 데 능숙하고 자신의 재능을 전문적으로 최대한 이용할 수 있는 교사진이 절대적으로 필요하다.

현명한 사람 - 새로운 교육목적

미래에 요구되는 특별한 지식이나 행동을 예언할 수 없기 때문에 교육제도는 유능한 문제해결자를 양성해내는 데 노력을 집중해야 할 것이다. 미래의 시민들은 문제에 직면하여 가능한 해결방법을 비교하고 바로 해결책을 선택할 수 있어야만 한다. 미래에 대비한 특별한 교육과정을 고안할 수 없기 때문에, 학교교육은 지성을 갖춘 현명한 사람을 배출하는 데 노력을 기울여야 한다. 이러한 목적을 위해서는 목차나 과목보다는 오히려 학생의 성장과 발달에 철저하게 초점을 맞출 것이 요구된다. 이것은 학교교육이 앞으로 더욱 인간중심이 되어야 함을 요구한다.

과정중심의 교육

효과적인 문제해결은 사건에 직면해, 문제를 정의하고, 선택하며, 실험해보고, 노력해서, 해결책을 찾는 과정에서 학습된다. 그것은 해답을 찾아서 자신의 뇌와 자유롭게 쓸 수 있는 모든 자원을 사용하는 것이다. 학습하는 방법을 학습하는 것은 어떤 주어진 교과를 학습하는 것보다 더 중요하다. 효과적인 문제해결은 창조적인 과정이지 어떤 학과에 얽매이는 것이 아니다. 그것은 또한 인위적이지 않은 실질적인 문제에 직면할 때 가장 잘 학습된다. 연구에 따르면 학생들은, 자신들과 관련된 실제적인 문제에 직면했을 때, 자신의 능력으로 해결책을 구할 수 있다고 생각될 때, 그리고 결과를 즉각 알아볼 수 있을 때 동기유발이 가장 잘 된다. 최근의 교육과정이 그러한 기준을 충족시키기란 상당히 어려워 보인다. 학생들에게 현실 문제를 제공하기 위해 학교는 지역사회에 문호를 개방해야 한다. 지역사회의 자원을 교실 안으로 끌어들여야 하고 학생들도 지역사회에 활발하게 참여해야 한다. 지역, 주, 국가 그리고 국제적인 문제들이 교육과정의 중요한 부분이 되어야만 한다.

변화하는 미래는 평생학습을 요청한다

특정 연령 혹은 한정된 기간에 '교육을 마친다'는 생각은 앞으로는 사라지게 될 것이다. 급속한 사회변화에 대응하기 위해, 미래에는 평생에 걸쳐 교육이 이루어져야 한다. 이미 사회적으로 다양한 관심을 지닌 모든 연령의 사람들에게 계속적인 교육기회를 제공하는 데 상당한 진전이 있었다. 공립학교는 학생들이 필요로 하는 자료를 언제나 원하는 기간 동안 이용할 수 있도록 준비해야 한다. 그 목적을 충족하기 위해서는 학습에 대한 적극적인 자세가 요구된다. 이제 학교에서 경험한 것 이외에는 아무것도 필요하지 않다고 생각하는 학생은 학교교육의 실패자로 간주될 것이다. 공립학교를 떠나면서 학생들은 계속적인 학습을 하는 데 필요한 기술과 평생에 걸쳐 그러한 기술을 이용할 필요가 있을 것이라는 기대를 몸에 지녀야 한다.

평생학습원리의 흥미로운 추론은 다음과 같다. 학생들은 어느 특정한 시기에 '교육을 끝마쳐야 한다'는 압력에서 벗어난다. 학습자들은 현재나 미래의 필요를 충족시키기 위해 필요할 때마다 학교로 돌아올 수 있으며 떠날 수도 있다. 언제라도 배우기 위해 학교에 되돌아갈 수만 있다면, 다니고 싶어하지 않는 학습자를 억지로 학교 안에 붙들어 둘 필요가 없는 것이다. 이것은 중등학교에서의 중퇴자 문제를 해결하기 위해 시도되는 수많은 새로운 대안들과도 일맥 상통한다.

인간조건에 대한 집중

인간의 문제가 가장 중요하게 될 미래 사회에 젊은이들을 준비시키기 위해서는, 현재의 교육과정이 인간의 조건에 더욱더 관심을 기울여야 한다. 우리는 자연과학의 시대로부터 사회과학의 시대로 옮아가고 있다. 심리학, 사회학, 인류학, 정치학의 여러 이론들은 인간이 경험하는 상호작용의 성격에 대한 이해를 돕기 위한 것들이다. 이들 과학은 100여년이 넘는 역사를 가지고 있지만, 종종 고등학교 수준에서 선택과목으로 채택되는 것을 제외하고는 여전히 대부분의 학교에서 교육과정에 포함되지 못하고 있다. 인간에 관한 그리고 인간관계에 관한 이해는 하지 않아도 좋은 장식품이 아니다. 그것은 젊은이들이 살아갈 세계에서 대단히 중요하고 필요한 일이다. 그러한 것이 유치원에서부터 시작해서 모든 학생을 위한 교육과정의 필수적인 부분이 되어야만 한다.

인간관계에 대한 탐구는 높은 수준의 학습을 요하는 심원한 주제가 아니다. 아주 어린 아동들도 (인간)관계와 거기에 수반되는 문제들을 끊임없이 경험한다. 모든 학생은 인간에 대해 그리고 무엇이 인간을 그렇게 움직이도록 하는지에 대해 보다 폭넓은 이해를 얻기 위해 서로의 관계를 소재로 활용할 수 있다. 지역사회는 다양한 유형의 인간관계와 사회적 관계를 관찰하고 학습할 수 있는 실험실이다.

개인적 정체성과 충족

개인적 충족을 추구하는 것이 미래의 주요 특징이라면, 오늘날 학교는 도전을 받아들이고 그런 목적을 위해 진지하게 준비를 시작해야 한다. 개인의 요구를 충족시키는 것은 많은 사람들이 생각하는 것처럼 '방종'이 아니다. 그것은 높은 수준의 동기, 성취 그리고 책임있는 시민의 자격을 갖추기 위해 없어서는 안 되는 것이다. 개인적 요구의 충족은 사람들이 더 높은 목표를 위해 일할 수 있는 자유를 준다. 좋은 가르침이란 학생들이 그들의 개인적 요구를 충족시키고 그들이 미처 알지 못한 자신의 요구를 발견하도록 돕는 데 그 특징이 있다. 개인적 정체성의 추구는 중·고등학교 학생들의 발달과업으로서 이론적 수준에서는 폭넓게 인정된다. 그러나 학생의 성장에 있어서 이렇게 중요한 단계에 대한 지식은 지금 대부분 학교의 목적이나 활동에 거의 영향을 주지 못한다. 대부분의 경우 이 문제는 말뿐일 때가 많다. 한편 학생들은 학교가 그들이 알고 있는 세계와는 상당히 부적절하고 무관하다는 불평을 계속해서 한다. 너무나 많은 학생들이 자신들의 (학교)경험이 거의 늑이 되지 못한다는 것을 깨닫고 실제로 혹은 마음으로부터 학교를 떠난다.

사회적 상호작용과 책임을 위한 교육

인간들이 서로 더욱 밀접한 관계를 갖게 되는 미래에는 시민들이 자신의 책임을 다하면서도 주위 사람들에게 관심을 기울인다고 여겨질 때라야 성공적으로 움직일 수 있다. 학생들을 그러한 세계에 준비시키기 위해 학교는 책임감과 효과적인 인간관계를 강조해야 한다. 전통적인 교과만을 강조하는 것은 그러한 목적과 어긋난다. 책임은 책임을 통해 학습되는 것이다. 책임이란 주어지지 않으면 결코 학습될 수 없는 것이다. 그것은 다른 주제들처럼 학생의 준비도와 능력에 맞게 단순한 것에서부터 점점 더 어려운 문제로 나아가는 성공적인 경험을 통해 학습된다. 책임을 학습하기 위해서는 일부러 만들어내지 않은 실제 문제에 직면해서, 선택을 하고, 결정에 참여하고, 자신의 행동이 가져온 결과를 받아들이고, 실수로부터 배울 것이 요구된다. 또한 감수성과 다른 사람들에 대한 관심은 학교에 다니는 동안 학생들 서로간의 상호작용을 통해 학습된다. 그러기 위해서는 학과만을 강조해서는 안 되며 인간으로서의 학생에 대해 더욱더 관심을 기울이는 데 중점을 두어야 한다. 학생의 성장과 상호작용을 촉진할 수 있는 지식과 기술을 가진 교사는 학생들이 유능하고 행복한 시민이 되는 데 필요한 자신과 타인에 대한 이해를 몸에 익히도록 돕는 데 크게 기여할 수 있다.

작은 사회로서의 학교

민주사회에서 학교란 그 사회가 신봉하는 신념을 모델로 한다고 생각하기 쉽다. 그러나 불행하게도 많은 학교의 분위기나 조직은 독재사회에 훨씬 가깝다. 따라서 민주적인 분위기에서 생활하고 일하는 법을 배우고 익히는 것이 더욱 중요하게 여겨져야 한다. 인간의 문제와 책임 있는 상호작용이 가장 중요하게 다루어지는 세계에서, 학교는 실제로 민주주의가 실천되는 작은 사회가 되어야만 한다. 사람들은 자신의 경험에 근거하여 세상을 살아간다. 사람들은 교과의 양보다는 직접적인 경험을 통해 보다 많은 것을 학습한다. 사람에 대한 관심, 인간 존엄성의 중시 그리고 성실, 협동적 노력, 인권의 존중, 타인에 대한 배려는 학생을 다루는 데 있어서 뿐만 아니라 학교의 기능이나 조직의 지침으로도 활용되어야 한다. 성공적인 상호작용에 운명이 걸려 있는 미래 사회에 준비시키기 위해서 학교는 매일같이 중요한 인간문제에 학생들이 맞서게 해야 한다. 그러한 학교에서는 학생과 교사들이 계속해서 효과적인 상호관계를 탐구하고, 인도적인 목적들이 우선시되며 학교의 모든 교직원들은 훌륭한 인간관계의 모형을 만들기 위해 적극적으로 노력한다.

과학으로부터의 새로운 통찰

우리가 원하는 최신의, 자기재생적 학교를 만들기 위해서는 사회와 학생들 개개인의 요구변화에 단순히 적응하는 것 이상이 필요하다. 이것은 자연과학과 사회과학의 새로운 발견으로부터 도움받는 것이 필요하다. 지난 3,40년 동안 이들 두 분야에서는 교육에 대해 대단히 중요한 기본적이고 과학적인 진보가 이루어졌다. 뇌에 대한 연구와 지각-경험 심리학으로부터 얻어진 새로운 이해. 이들 분야에서는 각각 자연과학의 획기적 발전에 필적할 만큼 중요하고 새로운 정보가 얻어졌다. 그것들이 제공하는 통찰은 서로를 확증해주고 동기와 학습의 본질, 지능과 개성의 발달, 건강과 병의 특징 그리고 인간 상호관계의 역동성에 대해 생각하고 실천하는 데 있어서 많은 변화를 요구한다. 사람, 학습 그리고 인간적 충족의 특성에 대한 확신이 바뀔 때마다, 그 영향은 생활의 모든 국면, 특히 교육에 대한 사고와 실천에까지 미친다. 이러한 중요하고 새로운 발견은 현재의 활동을 가늠할 수 있는 척도를 제공하고, 개혁을 위한 새로운 지침을 제공하고 그것들의 효과적인 이행을 위한 새로운 방법을 알려준다.

뇌 연구

뇌의 기능에 대한 최근의 연구는 우리에게 이 불가사의한 기관에 대해 그리고 그것이 어떻게 작용하는지에 대해 매우 새로운 이해를 제공한다. 우리는 뇌가 그저 정보의 수신장치나 창고가 아니라는 것을 안다. 그것은 컴퓨터와 같이 단순한 정보의 처리장치나 조종장치가 아니라 오히려 훨씬 놀랍고도 창조적이다. 우리는 뇌가 의미의 발견과 전달을 위한 경이로운 기관이라는 것을 알게 되었다. 뇌는 어떤 추세, 관계 혹은 유사점들이 있는지를 찾아내면서 이러한 일을 한다. 이것은 교수-학습에 대한 새로운 접근을 필요로 한다. 즉, 학습은 의미의 전달로 정의되어야 하고, 교수는 그러한 과정을 촉진하는 일이 되어야 하는 것이다.

전통적으로 학교에서 학습이란 지식, 습관, 기술을 획득하는 일이고, 교수란 그러한 목적을 위해 자극과 결과를 조작하는 일이라고 여겨져 왔다. 레슬리 하트(Leslie Hart)는 『인간 두뇌와 인간 학습』(Human Brain and Human Learning, 1983)이라는 책에서 교수와 학습에 대한 그와 같은 가정들이 지금 우리가 뇌와 뇌의 작용에 대해 알고 있는 것과는 맞지 않는 학교와 교실을 만들어냈다고 지적한다. 그는 통상적인 교육활동 중 많은 부분에 대해 날카롭게 비판하면서 보다 '뇌에 적합한' 학교를 주창하였다. 그는 이러한 학교를 위해 현대적인 뇌 연구에 기초한 학습이론을 발달시켰고, 이러한 학습이론이 몇몇 학교 제도에 적용되어 매우 희망적인 결과를 낳는 것을 보았다.

또한 레슬리 하트는 위협이 뇌의 기능에 미치는 부정적이고 억제하는 효과에 대해서도 논의했다. 경험적으로 사람들은 위협받거나 당황스럽다고 느낄 때, 뇌는 대뇌의 고차적인 사고작용으로부터 뇌의 하등한 부분의 특징인 회피나 방어적인 자세로 '하향 전환한다.' 그는 학습자로 하여금 당황케 하거나 위협을 느끼게 하기 쉬우며, 따라서 학교를 뇌와 모순되는 곳으로 만드는 작금의 수많은 학교활동을 지적한다. 그는 회피나 방어적인 자세로의 전환이라는 부정적인 결과를 줄일 것으로 생각되는 분위기, 조직, 기대, 교육과정 그리고 교수활동에 대한 많은 대안을 제안하고 있다.

교육개혁에 대한 또 다른 중요한 통찰은 뇌의 성장에 대한 연구로부터 나온다. 엡스타인(Epstein)에 따르면 뇌는 성장이 빠르게 진행되는 변환기(alternating periods)에는 물론이고, 뇌가 휴식하는 것처럼 보이는 잠복기(latency periods)에도 성장한다. 성장기 동안, 뇌는 상당한 양의 투입 정보와 새로운 기능에 열려 있다. 잠복기에, 뇌는 새로운 활동보다는 받아들인 경험을 통합하는 데 노력을 집중하는 것으로 보인다. 엡스타인은 학교가 이들 기간의 특성에 대해 알아야 하고, 거기에 따라 학생들에게 요구하는 것도 조절할 필요가 있음을 지적한다. 나아가 그는 잠복기에 부과되는 새로운 요구에 질리는 학생은 영영 학습에 흥미를 잃는 결과를 나타낼 수도 있다고 말한다. 이러한 잠복기 중의 한 때가 중학교 수준에서 나타나는데 엡스타인 박사는 이 시기에 부과되는 과중한 양의 새로운 요구가 그때 발생한 것으로 보이는 몇몇 학습문제의 원인이 될 수 있다고 말한다.

심리학적 통찰

지난 3,40년은 심리과학과 인간행동의 방법과 원인에 대한 이해에 있어 상당한 진전이 이루어진 시기였다. 그러한 개념들은 교육이론과 실천에 대단한 함의를 가지면서도 제도에는 거의 영향을 미치지 못하였다. 특별히 심리학의 다섯 가지 새로운 탐구 분야는 교육개혁에 중요한 공헌을 하고 있다.

새로운 준거틀

우리가 추구하는 교육 목적과 우리가 행하는 교육활동은 학생들의 본성과 그들 행동의 원인에 대해 우리가 가지고 있는 신념의 직접적인 결과이다. 지난 50여년 이상 많은 교육이론과 실천은 자극-반응심리학 혹은 행동수정심리학이라고 하는 힘의 조작화 준거틀에 입각한 것이었다. 지금 두각을 나타내고 있는 새로운 심리학파는 지각심리학 혹은 경험심리학이라 불리는데 40년대 초반에 인간행동을 이해하기 위한 새로운 준거틀로 출현했다. 이 입장에 따르면 행동이란 행위자의 내면에서 일어나고 있는 것의 증상으로 간주된다. 사람들은 사물이 그들에게 어떻게 보이는가에 따라 행동한다. 따라서 행동의 원인은 일반적으로 사람들이 자기나 세계에 대해 갖는 지각, 신념, 감정 혹은 태도라고 알려진 의미에서 찾을 수 있다.

　행동이라는 것이 개인적 의미의 기능이라는 아이디어는 뇌란 의미를 처리하기 위한 특별한 기관이라는 최근의 연구결과와도 일치한다. 그 원리는 자명해보인다. 스스로 자신의 행동을 살펴보면 그것을 확인할 수 있다. 실제로 우리는 행동을 하는 그 순간에 사물을 어떻게 보느냐에 따라 행동한다. 다른 모든 사람들도 그렇다. 또한 이 원리는 행동변화에 대한 힘의 조작화 접근이 왜 부분적으로만 성공적인지를 알려준다. 사람들은 그들에게 가해지는 힘에 따라 곧바로 행동하지 않으며, 행동하는 순간 사물이 그들에게 어떻게 보이는가에 따라 행동하는 것이다. 그들은 자극에 대하여 직접적으로 반응하지 않는다. 그들은 자극의 개인적 의미(personal meaning)에 따라 반응한다. 예를 들어, 교사들이 명령받은 교육과정의 변화에 반응하는 방식은 그들이 그 제안을 어떻게 이해하느냐에 따라 매우 다양할 것이다. 즉, 요청인지 요구인지, 합리적인지 또 다른 '지겨운 간섭'인지, 하는 방법을 아는 것인지, 아이들에게 좋은지 나쁜지, 본인의 철학과 일치하는지 대립되는지, 매력적인 것인지 위험한 것인지, 다른 교사들은 찬성하는지, 몹시 성가신 것인지, 시간이 지나치게 드는 것인지, 혹은 다른 수많은 가능한 방법 중의 어떤 것인지 등에 따라 다양하다. 힘의 조작화 접근이 그렇게도 자주 기대에 어긋나거나 의도하는 효과를 내지 못하는 것에 대해 아무도 이상하게 생각하지 않는다.

행동의 원인을 지각-경험적 견해와 관련해 이해하게 된 이러한 변화는 간단해보이지만 모든 인간 활동에 커다란 영향을 미친다. 특히 교육 활동과 교육개혁의 시도에 있어 중요하다. 예를 들어, 그것은 동기와 학습에 대한 개념에 매우 중요하게 작용한다. 행동이 개인적 의미의 기능이라면, 사람들에게 작용하는 힘들을 조작하는 것은 그렇게 간단하지 않다. 사람들의 신념, 감정, 태도, 희망 그리고 포부에 대한 어떤 변화가 일어나야만 하는 것이다. 더군다나 행동의 원인은 사람의 내부에 있는 것이어서 직접적으로 조정될 수 없다. 그것은 얼마간 영향을 받거나 촉진될 수 있을 뿐이다. 이것은 교사에게 필요한 역할을 관리자, 지도자, 교관에서 조력자, 보조자 혹은 촉진자로 변화시킨다. 마찬가지로, 행정가의 역할도 관리자, 지도자, 집행자 혹은 보스이기보다는 오히려 상담자, 촉진자, 수단과 용기의 제공자로 바뀌어야 한다. 이렇게 우리의 기본 준거틀이 바뀌면 유치원에서 대학원 수준에 이르는 교육의 모든 단계에 걸쳐 중대한 전환이 요청된다. 그것은 우리가 이 책에서 계속해서 살펴볼 교육개혁에 있어서도 대단히 중요하다.

자아개념의 중요성

지각-경험심리학의 주요한 공헌 중에서, 아마도 자아개념의 성격과 기능을 조명한 것만큼 중요한 것은 없다. 현대 심리학에 따르면 모든 행동이란 행동하는 순간에 자기 자신을 어떻게 생각하고 세계를 어떻게 이해하는가에 따른 직접적인 결과이다. 세계를 어떻게 인식하는지는 매 순간 크게 다를 수 있지만, 자기 자신에 대한 생각은 보다 일관되고 우리가 하는 모든 일과 관련된다. 자아개념이란 자신을 생각하는 모든 방법의 조직이다. 그것은 '나' 혹은 '나를'이라고 말할 때 언급하는 존재이다. 우리들은 자기 자신을 정의하는 수많은 방법을 갖는다. 즉, "나는 김철수이고, 아버지이고, 전주시민이고, 민주당원이고, 관통로에 있는 집의 소유자이고, 이혼을 했고, 자동차 정비공이며, 테니스 선수이다" 등등. 이러한 자아 정의는 또한 가치판단을 포함하게 된다. "나는 좋은 시민이고, 서투른 테니스 선수이며, 일류 정비공이고, 키가 크고(작고), 살이 찌고(마르고), 피스타치오 아이스크림을 좋아하고, 괴팍한 사람을 싫어한다 등등." 모든 자아개념은 학교에서 학생이 어떻게 학습하고, 예절바르게 행동하거나 못된 짓을 하는지를 포함하는 모든 행동에 영향을 미친다. 교육자들이 자신을 어떻게 생각하는가는 그들이 교육개혁에 관여하는 방식과 결정적으로 관계가 있다.

동기와 학습

심리학에서 지각-경험적 접근은 동기와 학습을 전통적인 접근과 상당히 다르게 이해한다. 힘의 조작화라는 전통적인 관점에서 동기란 다른 사람들을 우리가 원하는 대로 행동하도록 하기 위해 하는 것이다. 뇌에 대해 알려진 사실들에 의해 확인이 되고 증명된 경험적 접근에 따르면 사람은 항상 동기가 부여된다. 즉 사람은 결코 이렇다 할 동기없이 지내지 않는다. 사람들은 경험의 의미를 이해하기 위해 끊임없이 개인적 의미를 찾는다. 그것이 바로 학습이다. 학습은 개인적 의미의 발견인 것이다. 그것은 사람 내부에서 일어나며 사람의 적극적인 개입 없이는 이루어질 수 없다. 동기와 학습에 대한 이러한 새로운 개념은 교수목적과 기법상의 중요한 변화를 요구한다. 그것은 교육자의 사고와 행동을 변화시키기 위한 계획과 활동에 있어서도 똑같이 중요하다. 이런 새로운 개념은 교육에 있어서 너무나 중요하기 때문에 우리는 다음 장 전체를 여기에 할애할 것이다.

집단과정의 이해

새로운 이해를 위한 네번째 중요한 근거는 집단의 역동성(group dynamics) 분야에서 찾을 수 있다. 정신요법, 사회사업, 상담 그리고 교육 종사자들은 집단과정의 철학, 구성, 방법론, 결과 그리고 집단 지도자의 심리에 이르는 모든 영역에 대한 광범위한 문헌의 수집을 최근에 마무리하였다. 대개의 경우 교육은 집단으로 진행되기 때문에, 집단과정에 대한 새로운 통찰은 교실 상황에서의 판단과 활동에 대한, 그리고 교사-학생의 관계에 대한 이해를 풍부하게 한다. 그것은 또한 교육개혁 뿐만 아니라 교사, 장학관 그리고 행정가의 관계에 대해서도 많은 도움이 된다.

정신요법, 사회사업 그리고 상담 분야는 집단과정과 깊이 관련된다. 그것은 의뢰인이 자기 자신과 세상에 대해 더욱 잘 알고 좀더 효과적이고 효율적인 방식으로 사회와 관계하도록 돕는 일과 관련된다. 그것은 교육과 거의 다를 바가 없는 목적들과 깊이 관련되어 있다. 이들 분야에서 얻어지는 통찰은 교육 일반에 대해 그리고 특히 교육개혁에 대해 아주 중요한 것임에 틀림없다. 개혁의 속도를 더하기 위해서는, 이들 분야에서 얻어진 통찰을 모든 분야의 교육계획과 개혁을 위한 유망한 지침으로 활용해야만 한다.

자아실현과 건강

개혁에 대해 특히 흥미로운 새로운 이해의 다섯번째 근거는 최상의 건강이란 무엇을 의미하는가에 대한 새로운 통찰에서 찾을 수 있다. 오랫동안 우리는 정신건강이나 인간적응을 정상곡선과 연계해서 고찰해왔다. 이러한 견해에 따르면, 잘 적응한 사람이란 부적응을 나타내는 곡

선의 양 끝단으로부터 중간에 위치한 사람이다. 이것은 정신건강에 대한 아주 만족스러운 묘사는 물론 아니었다. 결국, 누가 정말로 중간이기를 바라겠는가? 약 35년 전, 연구자들은 좀더 신뢰할 만한 방법으로 그 문제를 고찰하기 시작했다. 그들은 "최상의 건강이란 가장 정확한 의미로 무엇을 뜻하는가?", "진정으로 자아실현한 인간이란 어떤 모습일까?"라는 물음을 제기했다. 이러한 연구들은 교육에 대해서도 매우 중요하다. 우리가 개인적 건강과 충족의 본질이 무엇이라고 결정하든 그것은 자동적으로 교육의 주요한 목적이 된다. 건강하고, 자아충족된 인간을 만들어내는 것이 바로 교육 제도가 하는 일이다.

이들 새로운 개념은 교육전문직 종사자들에게도 상당한 영향을 주었다. 1962년에 장학과 교육과정 개발협회(ASCD)는 『지각, 행동, 성장 : 교육의 새로운 관점』이라는 제목의 책을 발표했다. 이 책에는 자아실현과 건강의 개념에 대해 발견할 수 있는 가장 많은 견해가 자세하게 실려 있다. 그 후, 이 정보는 교육적 사고와 활동에 대한 함의를 알아내고자 하는 모든 단계 교육자들로 구성된 전국적인 위원회로 넘겨졌다. 이 책은 전국적으로 교사와 행정가들에게 엄청난 반향을 불러일으켰고, 계속해서 30여년 가까이 가장 많이 팔리는 연감이 되었다. 이 책에 나오는 개념들과 그 후 그것들을 토대로 이루어진 견해와 연구는 개혁노력을 포함하여 교육적인 과정의 모든 방면에서 활기차게 혁신으로 나아가는 길을 알려준다.

요 약

제1장에서는 교육개혁을 우리 시대의 너무나 절박한 문제로 만드는

작금의 몇 가지 요인들을 살펴보았으며, 이번 장에서는 전통적인 교육 목적들이 다시 한번 검토되었다. 그러한 목표들과 함께 젊은이들이 앞으로 살아갈 미래 사회는 어떤 요구들을 하고 있는지도 다루었다. 마지막으로 인간 유기체의 특징은 무엇이고, 어떻게 학습하고 행동하는지를 새롭게 조망하는 생물학과 심리학으로부터 알아낸 새로운 사실들을 간단히 열거하면서 제2장은 마감된다. 교육활동은 그 근거가 되는 기초과학에 의해 가능하게 된 진전에 훨씬 미치지 못하고 있다. 단순히 이들 새로운 원리들에 적응시키는 것으로는 충분치 않다. 이제 학교는 과학의 진보를 따라잡을 수 있어야 한다. 앞으로도 계속적인 적응을 보장할 자기재생의 역동적인 특성이 제도 안에 확립될 필요가 있다.

최고의 과학적 지식과 그 지식이 갖는 교육적 사고와 실천에 대한 함의 사이의 격차를 메우는 일은 어떤 개혁운동에서든 중요한 문제임에 틀림없다. 이 책의 나머지 부분은 그러한 목적을 위해 할애되었다. 교육적으로 행하는 모든 일은 동기와 학습의 문제에 대해 우리가 찾을 수 있는 가장 최선의, 가장 최신의 사상에 근거해야만 한다. 따라서 다음 장에서는 먼저 학습에 대한 새로운 지식을 탐구하고, 계속해서 교실과 개혁의 과정에 대한 함의를 살펴보겠다.

주와 참고문헌

교육현실에 관한 자료 :

Green, J. 1987. *The next wave: A synopsis of recent education reform reports* *Education Commission of the States*, Denver.

Hodgkinson, H. 1985. *All one system: Demographics of education,* Kindergarten through graduate school. Institute for Educational

Leadership, Washington, D. C.

Smith, R. and Lincoln, C. 1988. *America's shame, America's hope: Twelve million youth at risk.* MDC Inc. Chapel Hill, N. C.

교육과 미래 :

Benjamin, S. 1989. "An ideascope for education: What futurists recommend". *Phi Delta Kappan* 47, 7-13.

Carnegie Corporation, 1986. *Carnegie forum on education and the economy, a nation prepared: Teachers for the 21st century.* Carnegie Corporation, New York.

Combs, A. 1988. "New assumptions for educational reform" *Educational Leadership,* 45, 38-42.

Combs, A. 1981. "What the future requires of education", *Phi Delta Kappan,* 62, 369-372.

Godet, M. 1988. "Worldwide challenges and crises in education systems". *Futures,* 1988, 241-251.

Goodlad, J. 1983. *A place called school: prospects for the future.* New York, McGraw Hill.

Lewis, J. 1987. *Recreating our schools for the 21st century.* Westbury, N. Y., Wilkerson Publishing.

McCune, S. 1986. *Guide to strategy planning for educators.* Alexandria, Va. Association for Supervision and Curriculum Development.

Rubin, L. 1975. *The future of education: Perspectives on tomorrow's schooling.* Boston, Allyn and Bacon.

Shane, H. and Tobler, M. 1988. *Educating for a new millenium.* Bloomington, Indiana, Phi Delta Kappa.

Toffler, A. 1974. *Learning for tomorrow: The role of the future in education.* New York, Random House.

자기재생 학교의 필요성 :

Goodlad, J. 1987. *The ecology of school renewal.* Chicago, University of Chicago Press.

Gordon, D. 1984. *The myths of school self renewal.* New York, Teacher's College Press.

Shane, H. 1989. "Educated foresight for the 90's". *Educational Leadership.*

47, 4-6. 36

새로운 교육과정의 필요성 :

Apple, M. 1989. "Curriculum in the year 2000: Tensions and possibilities". *Phi Delta Kappan,* 64, 321-326.

Berman, L. and Roderick, J. 1987. "Future curricular priorities". *Education Research Quarterly* 1, 4, 79-87.

Glines, D. 1978. "What competencies will be needed in the future". *Thrust for Educational Leadership,* 7, 4, 24-28.

Howard, E. 1989. "A futures oriented change model". IN Hennes, J. *Restructuring education: Strategic options required for excellence.* Denver, Co. Colorado Department of Education.

Van Avery, D. 1979. *Futuristics and education: An ASCD task force report.* Alexandria, Va., Association for Supervision and Curriculum Development.

Van Avery, D. 1980. "Futuristics and education". *Educational Leadership* 37, 441-442.

평생학습에 관한 자료 :

Cetron, M. 1988. "Class of 2000: The good news and the bad news." *The Futurist,* 1988, 9-15.

Combs, A. 1981. "What the future demands of education". *Phi Delta Kappan,* 62, 269-372.

Goodlad, J. et. al. 1987. *The ecology of school renewal: NSSE yearbook,* Part 1. Chicago, University of Chicago Press.

책임있는 시민과 전지구적 학교 :

Anderson, B. and Cox, P. 1988. *Configuring the educational system for a shared future.* Denver, Co. Educational Commission of the states.

Becker, J. 1979. *Schooling for a global age.* New York. McGraw Hill.

Boyer, E. 1988. "The future of American education: New realities, making connections" *Kappa Delta Phi Record.* 6-12.

Etzioni, A. 1982. "Education for mutuality and civility". *The Futurist,* 16, 4-7.

Kniep, W. 1990. "Global education as school reform". *Educational Leadership* 47, 43-46.

Larsh, E. 1989. "Getting the herd headed west: rationale and processes". IN Hennes, J. *Restructuring education: Strategic options required for excellence.* Denver, Co. Colorado Department of Education.

Wilson, T. 1985. "The global environment and the quest for peace: A revolution in the scale of things". *Social Education, 49*, 201-204.

뇌 연구에 관한 자료 :

Epstein, H. 1974. "Phenoblysis: special brain and mind growth periods. I Human brain and skull development". *Developmental Psychobiology* 7, 302-216.

Epstein, H. 1974. "Phenoblysis: special brain and mind growth periods. II Human mental development". *Developmental Psychobiology* 7, 302-216.

Hart, L. 1983. *Human brain and human learning.* New York, Longman.

Hart, L. 1989. "The horse is dead". *Phi Delta Kappan,* 71, 237-242.

지각-경험심리학에 관한 자료 :

Combs, A. and Avila, D. *Helping relationships: Basic concept for the helping professions* Boston, Ma. Allyn and Bacon.

Combs, A., Richards, A. and Richards, F. *Perceptual Psychology: A humanistic approach to the study of persons* Lanham, Md., University press of America.

교육에서의 집단과정에 관한 자료 :

Hunter, E. 1972. *Encounter in the classroom.* New York, Holt, Rinehart.

Kemp, C. 1970. *Perspectives on the group process.* Boston, Houghton-Mifflin.

Schmuck, P. 1971. *Group process in the classroom.* Dubuque, Iowa, Wm. Brown.

학습에 대한 새로운 이해 :

American Federation of Teachers. 1986. *The revolution that is overdue: Looking toward the future of teaching and learning.* Eric Clearing House in Teacher Education.

Combs, A. See titles above.

Heckman, P. P. 1987. "Understanding school cultures" IN Goodlad, J. *The ecology of school renewal.* Chicago, University of Chicago Press.

건강에 대한 새로운 이해 :

ASCD 1962. *Perceiving, behaving, becoming: A new focus for education.* Alexandria, Va. Yearbook of the Association for Supervision and Curriculum Development.

Combs, A. W. 1981. "Humanistic education: Too tender for a tough world?". *Phi Delta Kappan,* 62, 446-449.

Jourard, S. and Landsman, T. 1980. *Healthy personality: An approach from humanistics psychology.* New York. Macmillan.

제 3 장

동기와 학습

효과적인 교육 제도를 만들기 위해 행해지는 모든 일들은 학습과 동기의 특성에 관해 우리가 이용할 수 있는 최선의 정보에 입각해야 한다. 오늘날 학교가 재구조화되어야 하는 주된 이유는 학습의 목적과 방법에 대한 개념이 30여년 동안 엄청나게 변화했다는 데에 있다. 시대에 뒤떨어진 가정에 입각한 학교와 교수는 오늘날의 학생과 교육목적에 더 이상 적합한 것이 되지 못한다. 학교를 개혁하기 위한 모든 시도가 이용 가능한 가장 훌륭하고, 적합한 학습개념에 의거해야 하는 것은 당연하게 보인다. 그렇지만 학습과정에 어떤 영향을 미칠 것인가를 고려하지 않고 이런저런 변화를 경솔하게 주장하는 개혁가들이 그러한 기본적인 것들을 문제삼는 경우란 거의 없다. 결과적으로, 그들이 주장하는 전략이란 기껏해야 일시적인 효과만을 보이거나, 문제를 해결하기보다는 오히려 더 큰 문제를 일으키거나, 혹은 최악의 경우에는 완전히 파멸적이라고 할 수 있는 것뿐이다.

동기와 학습 : 개혁의 기초

오늘날 가르치는 일에 관한 대부분의 접근은 많은 심리학자들이 연구와 경험을 통해 부분적으로만 적절하고 시대에 뒤진 것으로 밝혀낸 학습과 동기의 개념에 기초하고 있다. 최근까지도, 행동은 개인에게 가해지는 힘의 결과로 이해되어졌다. 그러한 준거틀에 따르면, 동기란 교사가 바라는 대로 움직이도록 하기 위해 학생에게 가해지는 힘의 조작에 관련된 문제이다. 이러한 사고방식에 의하면, 학습이란 일반적으로 보상, 처벌 혹은 긍정적이거나 부정적인 결과의 경험과 같은 외부적인 힘을 통해서 일어나는 행동의 변화이다. 그러한 가정에서 출발한다면 학습은 강의, 실물교수, 모델링, 이야기, 구두 반복을 통해서 교실 내에서 조성되고, 다양한 형태의 허락, 성적, 칭찬, 비판, 보상 혹은 처벌에 의해 강화된다. 마찬가지로 힘의 조작화 가정은 학교경영이나 학교개혁을 위한 노력에도 적용되고 있다.

학습을 촉진하는 것이 교육의 최우선 목표이기 때문에, 우리가 고안해내는 모든 개혁 전략은 학습과정에 관해 밝혀진 최선의 것으로부터 출발해야 한다. 따라서 우리는 모든 학교에서 교육하는 데 출발점이 되는 학습의 원리에 관한 기본 가정을 현대 과학으로부터 도움을 받아야 한다. 학생의 성장, 교육과정, 교사와 학생의 관계, 프로그램, 학교, 행정 혹은 국가적 계획에 있어서든 간에 학습의 원리는 사고와 활동에 있어서 주된 역할을 담당해야 한다. 학습의 기본 원리는 그것이 성가신 것이라고 해서 무시되어서는 안 된다. 학습에 대해 알고 있는 것을 무시한다는 것은 이렇게 말하는 것과 같다. "나는 내 차에 카부레타가 필요한 것을 알지만, 그것 없이도 운전을 할거야."

지난 30여년 간 우리는 교실, 행정, 장학, 교사교육 그리고 개혁과정과 같이 교육의 모든 방면에 대한 새롭고 보다 적절한 동기와 학습의 개넘을 얻었다. 이번 장에서는 새로운 사고로부터 교육개혁을 위해 특히 중요한 일곱 가지의 기본 원리들을 살펴보고자 한다. 먼저 동기부터 알아본다.

동 기

전통적 견해

일반적으로 힘의 조작화에 따르면, 동기란 리더가 원하는 방식으로 행동하도록 하기 위해 리더가 사람들에게 행하는 어떤 것이다. 모든 사람은 그러한 전략에 익숙하다. 리더는 새로운 요구에 순응하는 사람에 대한 보상체계를 세우고 혹은 순응하지 않는 사람에게는 적절한 처벌을 제공한다. 이러한 전략은 바람직하지 못한 선택을 행할 가능성을 조심스럽게 제거하면서 더욱 정교하게 다듬어질 것이다. 소들을 목초지로부터 불러들이기 위한 계획에 세워보자. 그 일은 시골에서 살아본 사람에게는 익숙한 것이다. 먼저 헛간에서 목초지로 나가면서 소들이 지나가야 할 문은 열어두고 지나가지 말아야 할 문은 닫아야 한다. 그 다음엔 소들을 헛간으로 불러들여야 하고(보상), 가축무리 뒤로 가서는 그들을 몰아넣기 위해 채찍을 휘두르거나 소리를 쳐야 한다(처벌). 울타리를 두르는 전략은 소들에게 효과가 있고 소들은 일반적으로 예정된 통로를 지나 헛간 안 그들의 칸막이로 들어간다. 이러한 계획은 사람에 대해서는 그다지 효과적이지 못하다. 사람들은 잊어버리고 닫지 않은 문을 찾거나 울타리를 뛰어넘어 시골길 저편으로 사라져버리는 기발한 방법을 안다.

사실, 힘의 조작화 접근은 동기보다는 오히려 관리에 가깝다. 이미 제1장에서 살펴보았듯이, 힘의 조작화 접근이 안고 있는 문제는 그것이 틀렸다는 것이 아니라, 단지 부분적으로만 옳다는 데 있다. 간혹 사람들은 힘의 조작화에 따라 기대되는 방식으로 반응하지만, 불행하게도 그런 전략이 신뢰롭다거나 효율적이라고 볼 수 있을 만큼 자주 일어나지 않는다. 교육을 개선하는 일을 시작하기 위해서는 먼저 사람들에게 동기를 부여하는 것이 무엇인지를 보다 정확하게 아는 것이 필요하다.

요구와 동기

심리학자들이 인간행동의 변화에 대해 알아낸 가장 확실하다고 생각되는 것은 사람들은 그들이 알고자 하는 요구가 있을 때 가장 잘 학습한다는 것이다. 진정한 동기는 사람의 내면으로부터 일어난다. 그것은 사람들의 필요, 요구, 희망, 바람 그리고 목표와 관계가 있다. 현대의 경험심리학에 따르면, 인간의 모든 행동은 기본 요구에 의해 결정된다. 우리 모두는 태어나서 죽을 때까지 계속해서 개인적 충족을 추구하면서 살아가게 되며, 그러한 충동은 동기의 기본적인 토대를 제공한다.

우리가 동일시하는 사람이나 사물을 포함하여 우리 자신을 유지하고 고양하는 것은 모든 행동의 배후에 있는 동기(motive power)이다. 이러한 힘은 인간의 모든 세포마다 존재한다. 그 힘이 너무나 중요하기 때문에 의사들도 그것에 의존한다. 우리를 치료하는 것은 의사가 아니다. 의사는 우리 몸에 침범한 병균을 죽이거나 억제하기 위해 필요한 휴식, 식이요법 혹은 약물을 처방해서 기본 요구를 보살피거나, 병을 앓고 있는 기관을 회복시키기 위한 수술을 할 수 있다. 결국, 우리 몸 스스로가 건강을 회복시키는 것이다. 이러한 인간에 대한 일반적인 탐색을 통해 모든 행동을 추진시키는 힘에 대해 알 수 있다. 진정한 동기란 사람들이 자기 자신을 유지하고 고양시키기 위해 행동하거나 생각할 필요가 있다고 느끼는 것과 관계가 있다. 이러한 의미에서, 사람들은 언제나 동기 부여된다. 결코 이렇다 할 동기없이 지내지는 않는다. 사람들은 제3자가 그들에게 바라는 방향으로 행동하는 것에는 흥미가 없으며, 대신에 자신들의 개인적 요구를 충족시키고자 항상 동기화된다.

개인적 요구는 다른 모든 것에 우선한다. 친구의 마음에 들고 싶다는 강한 요구를 가진 아동은 '남의 일에 상관하지 마라' 혹은 '혼자서 공부해라' 라는 교사의 충고에도 불구하고 친구와 이야기할 필요가 있음을 안다. 이와 비슷하게, '오늘 하루를 무사히 보내고자' 하는 개인적 요구를 가진 교사는 아무리 훌륭한 취지의 개혁에 의해서든 떠맡겨지는 추가 요구를 환영하지 않을 것이다. 자신을 유지하고 고양시키고자 하는 요구는 인간에게는 너무나 중요한 것이어서 아주 짧은 기간을 제외하고는 좀처럼 없애지 못한다. 인간이 다양한 요구에 직면했을 때, 행동에 동기를 부여하는 것은 각자에게 가장 직접적으로 만족을 주는 요구들이다.

실제적 요구와 인위적 요구

위로부터 부여된 업무가 개인적 요구와 일치하지 않을 때, 학생, 교사, 행정가들은 자신의 요구를 우선하여 충족하기 위한 기발한 방법을 찾아낼 것이다. 그렇게 하는 것은 그들이 게으르다거나, 적의가 있다거나 혹은 사보타지에 여념이 없기 때문이 아니다. 그들은 인간이기 때문에 그렇게 하는 것이다. 그것은 모든 사람이 행동하는 방식이다. 개인적 요구의 충족을 추구하는 것은 '동물적 본성'이다. 다른 사람들의 요구가 자신의 요구와 일치했을 때, 기꺼이 협력한다. 그렇지 않을 때에는 요구를 무시하거나, 실행하는 척만 하거나 혹은 자신의 요구에 맞추기 위해 어떤 식으로든 그것을 왜곡할 것이다.

나에게 좋게 보이는 것이 지성을 갖춘 다른 인간에게도 똑같이 좋게 보일 것이라고 믿는 것이 인간의 속성이다. 따라서, 어떤 개혁에 매료되어 소개하고 싶어하는 개혁가들은 교사들도 똑같이 그것을 바람직한 것으로 생각할 것이라고 추측한다. 혹은, "정말로 그들이 그렇게 생각하지 않는다면, 그렇게 생각해야만 한다!"라고 말할 수도 있다. 사람들로 하여금 행동이나 정보의 필요성을 인정하도록 만드는 것이 교육의 보편적인 과제이다. 그것은 모든 교실의 교사들에게 변함없는 숙제이며, 동시에 개혁을 방해하는 요인이기도 한다. 사람들에게 요구하는 것이 효과가 있으려면, 그 요구가 개인적으로도 관련이 있는 것이어야만 한다. 개혁의 주된 행위자인 학생, 교사, 행정가의 개인적 요구를 무시한다면, 아무리 유망해 보이는 계획이라도 불행하게 실패로 끝날 수 있다.

이러한 딜레마를 해결하기 위해 교사들이 찾아낸 한 가지 방법은 알고 싶거나 행동하고 싶어하는 인위적인 요구(artificial needs)를 만들어 내는 것이다. 그 결과 학교는 학생들이 교육계획에 따르도록 외부적인 유인을 제공하기 위해 성적과 등수, 보상과 처벌제도, 상, 경쟁 등의 방법을 이용해 왔다. 이와 비슷하게 행정가, 장학관, 학교위원회, 주 입법부에서도 개혁에 대한 동기를 갖도록 하기 위해 인위적인 방안에 활용하였다. 이런 것들 중에는 봉급 인상이나 보너스, 유급휴가, 여행의 특전, 여름 특강 수당, 올해의 교사상, 징계, 장학관의 시찰 등 많은 것이 있다. 그러나 대개 이러한 것들은 실망스러운 결과를 보인다. 더욱 심각한 것은, 그러한 방안들이 종종 변화의 과정을 더욱 복잡하게 하거나 뒤엎는 부작용을 수반한다는 것이다. 아무리 다급하더라도 지속적이고 창의적인 활동을 하도록 하기 위해서 의지해야 하는 것은 개인적 요구뿐이다.

동떨어진 요구와 직면한 요구

직면한 요구(immediate needs)는 동떨어진 요구(remote needs)보다 항상 절박해 보이며 따라서 동기를 부여하는 데 있어서 훨씬 큰 잠재력을 갖는다. 한여름에 크리스마스 선물을 약속해보라. 그것은 아동에게 거의 동기를 부여하지 못할 것이다. 그러나 크리스마스가 다가오게 되면 아동은 더욱 흥분하게 되고, 크리스마스 이브가 되면 기대감으로 마음을 졸인다. 이와 비슷하게, '감당하기 어려운 학생을 익숙하게 잘 다룰 수는 없을까' 라는 직면한 요구를 갖고 있는 교사는 그것을 직업적 목표나 개인적으로 결심한 일보다도 우선한다. 이처럼 동떨어진 요구와 비교되는 직면한 요구의 영향은 교육개혁에도 똑같이 적용된다. 모든 단계의 교육자들은 동떨어진 요구보다 직면한 요구에 의해 더욱 강하게 동기부여된다.

모델이 젊은이들에게 중요한 동기유발자가 된다는 생각은 널리 받아들여시고 있나. 따라서 뛰어난 남녀는 항상 열심히 배워야 하는 본보기가 된다. 그러나 그들이 동기를 유발하는 실제적인 진가는 엄청나게 과장된 것이다. 모델의 효과는 위에서 지적한 직면한 요구와 동떨어진 요구의 원리와 같다. 사람들은 자신들의 개인적 경험과 거리가 먼 훌륭한 특성을 지닌 사람보다는 매일 접할 수 있는 친구나 아는 사람에 의해 더욱 많은 동기를 부여받는 것이다. 일반적으로 모델과 자신과의 차이가 클수록, 동기를 유발하는 힘은 작아진다. 거의 2천여년 동안 예수는 완벽한 사람으로 찬양받아 왔지만, 그의 모범을 따를 수 있는 사람은 많지 않다.

학습에서 요구의 중요성에도 불구하고, 대부분의 학교에서는 입으로만 동의할 뿐이다. 필요하다고 생각하든 그렇지 않든, 싫든 좋든 상관없이 학생들은 정보와 교육과정을 제공받는다. 마찬가지로, 학습과정을 촉진하기보다는 교사와 행정가들의 필요를 충족시키기 위해 규칙이 만들어지고, 학년 제도가 확립되고, 시간표와 시간이 배정되고 그리고 교수방법이 선택되는 경우가 많다. 흔히 학생들은 발언권이 없는 규칙, 규정, 관례 혹은 교육과정의 결정에 따르도록 기대되거나 강요받는다. 필요한 것이 있으면 찾아내려 하고, 개인적으로 만족스럽지 못한 집단이나 사건으로부터는 벗어나려고 하는 것이 인간의 특성이다. 오늘날 학교가 학생들의 요구를 충족하지 못하고 있다는 것은 중퇴율, 규율문제 그리고 형편없는 학업성취를 보면 분명히 알 수 있다. "학교는 아주 부적절한 곳이다"라는 학생들의 공통된 호소는 "학교가 학생의 요구를 충족시키지 못한다"라는 말의 다른 표현이다. 새롭게 변화되고 재구조화되는 학교 제도는 학습에서 개인적 요구의 중요성이 반영될 수 있는 보다 적절한 방법을 모색하고, 거기에 학교와 교수를 맞추어야만 한다.

요구의 변화에 반응

개인적 요구를 만족시킬 것이라 기대될 때, 변화의 요청은 신속하게 받아들여지고 실행될 수 있다. 개인의 요구에 상반되는 요청은 성공하기 어렵다. 대신에, 그러한 요구는 전적으로 혹은 부분적으로 무시될 것이다. 교사들은 잘 모르거나 불만스러운 방식으로 일하기를 요구받거나 명령받을 때 그 새로운 규정을 간단히 무시할 수 있다. 결국, 교실 문이 닫히면, 교사와 학생을 제외한 그 누구도 그 안에서 어떤 일이 일어나는지를 알 수 없다. 대부분의 경우 학생들 또한 알지 못한다. 교사들은 명령을 완전히 무시하는 것이 어려울 경우, 실제로는 그 계획을 망치면서도 겉으로는 순종하는 듯한 인상을 줄 수 있는 수많은 방법을 알고 있다. 영리한 교사와 행정가들은 자신들의 목적을 앞당겨 달성하기 위해서 상관이 필요로 하는 것을 교묘하게 처리하는 방법을 알고 있어야 한다는 것을 안다.

교수 혹은 개혁을 위한 두 가지 선택

개인적 요구와 동기 사이에는 중요한 관계가 있으며, 이것은 교사와 개혁가들로 하여금 두 가지 선택을 하게 한다 ;

1. 학습이나 혁신의 과정에 참여하고 있는 사람들이 직면하고 있는 개인적 요구와 관련짓는다.

혹은, 2. 어떻게 해서든 비판적인 인사들의 신념체계에 적합한 개인적 요구를 만들어내야만 한다.

이들 두 가지 선택 중 앞의 것이 단연 가장 효과적이다. 외부인에 의해 만들어진 요구는 자신의 현재 요구가 갖는 절박함이 거의 없고 따라서 당치 않은 것으로 취급될 위험이 있다. 훌륭한 가르침이라는 특수한 재능은 단지 학생들의 요구를 충족시키는 것이 아니라 학생들로 하여금 이선에는 결코 알지 못했던 요구를 발견하도록 돕는 것이다. 그러한 원리는 개혁의 과정에서도 마찬가지이다. 우리는 바람직한 변화를 교사들의 현재 요구와 관련시키거나 새로운 요구를 만들어내는 방법을 모색할 필요가 있다.

도전과 위협의 영향

동기에 내해 두번째로 중요하게 관찰해야 하는 것은 도전과 위협의 영향과 관계이다. 사람들은 흥미있고 합리적으로 해결할 수 있다고 생각되는 문제를 대할 때 도전을 느낀다. 반면에 사람들은 다루기 어렵다고 생각되는 문제에 직면했을 때에는 위협을 느낀다.

도전의 특징

사람들은 자아의 유지와 고양에 필요한 기본 요구를 충족시킬 것으로 보이는 문제의 도전을 받는다. 이에 더하여 그것을 성취할 수 있다고 생각할 때, 동기가 유발될 가능성은 더욱 커진다. 그런 조건 아래에서 사람들은 목적을 달성하기 위해서라면 막대한 시간과 정력을 쏟아 부을 것이다. 도전할 가치가 충분하다면 목표를 성취하기 위해 고통과 모욕까지도 감내할 것이다. 자전거 타기를 배우면서 자꾸만 넘어지면서도 다시 한번 해보기 위해 자전거에 올라타는 어린이를 생각해보라. 혹은 주식시장에서 운을 바라는 투자자를 생각해보라. 혹은 무대 공포증으로 쩔쩔 맬 것이 틀림없음에도 불구하고 배역을 맡기 위해 선발 심사에 참가하는 여성을 생각해보라.

위협의 경험

또한 사람들은 위협받는다고 느낄 때, 훨씬 소극적인 방식으로 행동하도록 동기부여된다. 위협을 경험하게 되면 행동에는 두 가지 불행한 영향이 초래된다. 심리학자들은 이들 중 하나를 '터널시(tunnel vision : 터널에 들어서면 출구가 좁아져 보이는 현상-역주)'라고 부른다. 위협을 받게 되면 사람이 인식하는 범위는 위협의 대상으로 좁아지게 되는데, 이것은 터널을 통해 사물을 보는 것과 매우 흡사하다. 그러한 경험은 걱정이나 위험스런 상황을 경험해본 적이 있는 사람에게는 익숙한 것이다. 사람이 계속해서 걱정스런 문제에 마음을 쓰게 되면 다른 일이 방해받게 된다. 혹은, 운전 중의 위기일발 상황에서 사람은 "내가 볼 수 있었던 유일한 것은 내게로 덮쳐오는 커다란 트럭뿐이었어!"라고 중얼거리는 자신을 발견할 것이다. 어떤 학생에게 아빠가 "오늘 학교에서 무엇을 배웠지?"라고 물어보았을 때, 그 아동은 이렇게 대답했다. "세상에, 우리 선생님 돌았어! 정말이지!" 교사는 화가 났음에도 불구하고 아동의 주의를 끈 유일한 것은 화가 난 선생님의 모습이었다. 이처럼 위협받고 있을 때 지각하는 능력은 위협하는 대상이나 사건으로 좁아지게 되는 것이다. 터널시는 사람이 위험한 대상이나 사건에 대한 주의를 확보하는 과정에서 살아남기 위해 필요한 것이다. 그것은 학습과정에 심각한 지장을 초래한다. 위협에 대한 터널시 반응은 효과적인 학습이나 교육개혁을 위해 필요한 것과는 확실히 정반대되는 것이다.

두번째로, 위협을 느낀 사람은 자신의 현재 상태를 방어하게 된다. 사람의 기본 요구는 자아의 보존과 향상을 위한 것이기 때문에, 자아가 위협받게 되면 방어에 필요한 관심과 활동이 필요하게 된다. 따라서 위협받는 사람은 어떤 희생을 치르더라도 자신을 지키도록 동기화된다. 논쟁에 열중하면 할수록 사람들은 더욱더 처음에 주장한 입장을 고수하려 하는 경향이 있다. 행실이 좋지 못한 아동의 행동을 바꾸고자 시도해본 교사나 부모는 겁먹은 아동에게서 이러한 반작용이 일어나는 것을 잘 알 것이다. 이런 일은 어른에게도 똑같이 일어난다. '자기가 얼마나 잘못하고 있는지 모르는' 사람을 대하면서 낭패감을 느끼지 않은 사람이 있을까! 마찬가지로, 위협에 대한 자기방어적 반응은 효과적인 개혁과는 완전히 반대되는 것이다. 우리에게는 보다 넓게 보고, 진정으로 보다 나은 방식을 시도할 준비가 되어 있는 사람들이 필요하다.

위협의 두 가지 영향인 터널시와 자기방어는 위협을 사용해서는 안된다는 것을 알려주고 있다. 위협은 긍정적인 변화를 이끌어내는 데 거의 도움이 되지 못한다. 효과적인 교육을 위해서는 학생들이 위협을 느끼지 않고 대신에 도전감을 북돋울 수 있는 방법이 모색되어야 한다. 또한 도전과 위협의 영향은 개혁의 문제와도 밀접한 관계가 있다. 사람들이 필요로 하는 개혁으로 나아가도록 동기를 부여하려면, 위협을 당했던 경험을 없애거나 개선할 방법을 찾아야 한다. 위협의 영향은 무엇이든 파괴적이다. 우리는 교사나 행정가들의 인식의 폭을 좁히기보다는 넓혀야 한다. 마찬가지로, 기존의 일처리 방법을 고수하도록 강요하기보다는 변화를 촉진할 필요가 있다. 효과적인 개혁을 위해서, 교사와 행정가들은 흥미를 가지고 자신의 능력으로 해결할 수 있을 것처럼 보이는 문제에 도전할 필요가 있다.

교육전문직에 관련된 일반적인 불평은 교사, 행정가, 학생들이 "너무나 냉담하다!"는 것이다. 그들은 학습이나 혁신의 필요성에 대해 흥미가 없는 것처럼 보인다. 그러나 냉담하다는 이유로 사람을 비난하는 것은 그다지 중요하지 않다. 왜냐하면 냉담은 원인이 아니라, 변화의 결핍에 대한 반응이자 그 결과이다.

이처럼 도전이나 위협이 개혁에 대하여 갖는 의미는 아주 분명하다. 어떻게든 학생들이 위협을 느끼지 않으면서 도전할 수 있도록 하는 데 더 좋은 방법을 찾아야만 한다. 학급 수준에서는 교칙, 제반 규정, 조직뿐만 아니라 교과내용과 필수과목, 교사-학생의 관계, 교수방법과 전략 등의 모든 영역에서 광범위한 변화가 필요하다. 또한 개혁의 과정은 적극적으로 참여할 정도로 충분히 자아를 충족시킬 수 있으며, 동시에 개인이 위험에 처할 가능성이 매우 적은 것으로 개혁을 수행하는 사람들에게 비춰져야만 한다.

학습과 변화의 개인적 성격

신념의 변화 : 교육의 기능

현대 지각-경험심리학에 따르면, 학습의 기본 원리는 다음과 같이 설명될 수 있다. 정보는 그것을 접하는 사람이 자기와 관련된 의미를 발견한 정도만 그/그녀의 행동에 영향을 미칠 것이다. 예를 들어보자. 차를 몰고 출근하는 길에, 나는 라디오를 켜고 최근 돼지고기의 가격 정보를 듣는다(〈그림 3-1〉, A자리). 돼지를 기르고 있지 않기 때문에 이 정보는 나에게는 아무런 의미가 없다. 흔히 하는 말로, "한쪽 귀로 듣고, 다른 쪽 귀로 흘린다."

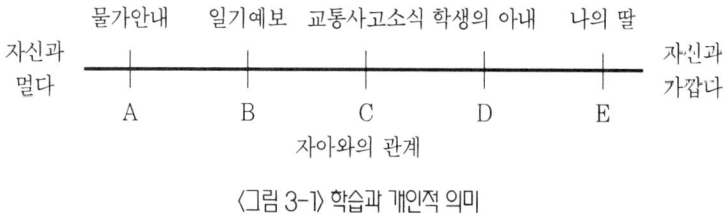

〈그림 3-1〉 학습과 개인적 의미

다음으로, 일기예보를 듣는데(B자리) 이것은 나의 개인적 필요와 다소 상관이 있으며, 날씨가 맑을 것이라는 예보를 듣자 기분이 좋아진다. 그 다음의 뉴스(C자리)는 대학교 근처에서 큰 사고가 일어났다는 소식이었고, 김영희라는 여인이 중상을 입고 병원으로 옮겨졌다는 내용이다. 나는 그 여자가 누구인지는 모르지만, 대학교 근처를 차로 운전하는 사람이기 때문에 이 정보는 나에게 다소간의 개인적 의미를 갖는다. 그것은 또한 내 행동에 많은 영향을 미친다. 나는 "또 사고라니, 무섭군"이라고 혼잣말을 하며 얼마간 속도를 늦춘다. 이번에는 사고 당한 그 여인이 내 학생인 박철수의 아내라고 생각해보자(D자리). 이제 정보는 나에게 매우 밀접한 것이 되고 더 큰 반응을 일으킨다. 나는 운전하는 동안 이 사고 소식에 대해 생각한다. 사무실에 도착해서, 나는 다른 이들도 그 소식을 들었는지를 묻는다. 나는 동료들에게 그 사실을 물으며 박철수의 생활이 어떠한지를 알아본다. 만약 김영희가 결혼한 내 딸의 이름이라면 내가 어떠한 행동을 보였을지를 상상해보라(E자리)! 정보와 개인과의 관계가 밀접하면 할수록 그 정보에 따른 행동의 정도는 더욱 커지는 것이다.

학습이란 개인적 의미의 발견이며, 언제나 두 부분으로 구성된다. 그 하나는 어떤 사건이나 정보를 마주하는 것이고, 다른 하나는 그 사건이나 정보의 개인적 의미를 발견하는 것이다. 전통적인 교육은 전자에 대해서 아주 성공적이다. 우리는 정보를 사람들에게 전달하는 데 있어서는 전문가이다. 그러나 별로 성공적이지 못한 것은 바로 두번째 부분, 즉 학생들이 주어진 정보의 개인적 의미를 발견하도록 돕는 일이다. 예를 들어, 중퇴자는 어떤 충고를 듣지 못해서 중퇴한 것이 아니다. 중퇴자는 그가 들은 충고의 개인적 의미를 파악하지 못했기 때문에 중퇴한 것이다. 사람들은 사실이나 정보에 따라 행동하지 않는다. 사람들은 사물이 그들에게 어떤 의미를 갖는지에 의해 - 그들이 생각하거나, 느끼거나 혹은 믿는 바에 따라 행동한다.

개인적 의미의 발견

대체로 사람들은 새로운 정보를 접하지 않는다면 아무것도 학습할 수 없다는 식으로 널리 알려져 있다. 그러나 이것은 대단히 심각한 착각이다. 종종 새로운 정보나 경험의 제공이 효과적인 학습을 위해 전혀 필요하지 않은 경우가 있을 수 있다. 예를 들어, 우리가 가장 중요하게 학습해야 할 것들 중에서 어떤 것들은 새로운 정보와 아무런 관계가 없다. '형제 사이(brotherhood of man)'라는 개념을 이해하기 위해 더 많은 정보가 있어야 한다고 생각하는 사람은 거의 없을 것이다. 필요한 것이 있다면 그것은 그 개념이 갖는 의미를 개인의 신념체계 안에서 더욱 더 깊이 이해하는 것이다. 훌륭한 교사와 그렇지 못한 교사에 대한 조사연구에 따르면, 두 집단은 모두 교육과 교수에 대해 잘 알고 있었지만, 알고 있는 지식에 따라서 행동한 것은 오직 훌륭한 교사들뿐이었다. 교사와 행정가들은 개혁하는 데 필요한 수많은 정보를 가지고 있다. 그러한 정보를 실천으로 옮기기 위해 필요한 것은 교실에서 실제로 그 일을 담당할 사람들이 정보의 개인적 의미를 보다 폭넓고 깊이있게 인식하는 것이다.

학습은 시간을 필요로 한다

정보를 제공하는 것은 빠르고 쉽지만, 그 의미를 발견하기 위해서는 시간과 그 과정에 전념할 것이 요구된다. 개혁을 위한 많은 시도가 수포로 돌아갔던 주된 이유는 바로 이러한 사실을 이해하지 못한 데에 있었다. 사람은 쉽게 변하지 않는다. 사람들이 얼마나 빨리 변화할 수 있느냐 하는 것은 그/그녀의 현재 태도와 개혁을 위해 기대되는 태도 사이의 불일치와 어느 정도 관련이 있다. 불일치의 정도가 크면 클수록 더욱 많은 시간과 노력이 요구된다.

학습을 개인적 의미의 발견으로 이해하게 되면, 교육의 토대가 되는 기본 가정이 변화하게 된다. 교육의 초점이 교수, 정보나 기술의 전달로부터 학습, 학습자의 내부에서 일어나는 것으로 옮아가게 된다. 이 관점에 따르면, 학습이란 복잡하고 철저히 인간적이며 개인적인 경험이다. 그러한 경험을 제대로 키우기 위해서는 학습자와 학습환경의 구조, 그리고 그에 따른 전략의 가치를 인식하고 이해하는 것이 필요하다. 이것은 우리가 그렇게 자주 권유했지만 실천하는 데에는 거의 관심을 기울이지 않았던 개별화 교수의 필요성을 뒷받침한다. 더군다나 개인적 의미의 변화라는 것은 학생들의 내부에서 일어나고 직접 조작하는 것이 쉽지 않기 때문에, 교사의 역할은 통제자나 지도자부터 조력자, 보조자, 촉진자 그리고 사회의 우호적인 대표자로 바뀌어야 한다. 학습의 개인적 의미라는 개념은 일반적으로 교과를 강조하는 오늘날 대다수 학교와 교직원과 달리 인간중심의 학교와 교사를 필요로 한다.

자아개념과 학습

자아개념은 의미를 발견하는 과정뿐만 아니라 학습이나 변화에도 중요한 영향을 미친다. 제2장에서 과학적 진보에 대해 다루면서 인간 행동에서 자아개념이 중요하다는 것을 알았다. 사람들이 자신에 대해 가지고 있는 신념은 그들이 하는 모든 일 - 학습과 변화에 대한 자신의 반응을 포함하여 - 에 영향을 미친다. 사람들은 사물을 어떻게 보느냐에 따라, 특히 자신과 자신이 직면해야 하는 세계를 어떻게 보느냐에 따라 행동하게 된다. 이러한 사실 그 자체만으로도 학생들의 자아개념 개발은 교육과 개혁의 주요 과제로서 충분할 것이다. 우리는 학생들이 자신을 어떻게 생각하느냐가 학습능력에 결정적인 영향을 미친다는 것을 알고 있다. 예를 들어, 읽기 클리닉에 오는 대부분의 아동들은 그들이 읽을 수 없다고 믿는다. 그렇게 믿기 때문에 노력하지 않는다. 노력하지 않기 때문에 연습하려 들지 않는다. 연습을 하지 않기 때문에 학습할 수 없다. 그 다음에 교사가 그들에게 읽으라고 시켰을 때, 그들은 엉망으로 읽어서 교사로 하여금 "저런! 너는 잘 읽지를 못하는구나"라는 말을 하도록 한다. 부모들이 성적표를 통해 낮은 점수를 확인하게 되면, 그러한 생각은 더욱 확고해지고 아동이 처음에 믿었던 것이 확증된다!

자아개념은 자신을 그렇다고 확신하는 성질 때문에 상당히 중요하다. 수학을 잘 할 수 없다거나, 청중 앞에서 말을 할 수 없다거나, 테니스를 치지 못한다거나 혹은 기타 등등을 믿는 아동이나 성인은 노력하지 않게 되고 따라서 더 나아지지도 않는다. 그 후, 그 사람이 그 일을 하게 되었을 때, 별로 신통치 못한 결과가 나와서 그/그녀가 처음에 생각했던 것들이 입증되게 된다. 우리 사회의 주요한 비극은 자신이 겨우 X만큼밖에 할 수 있다고 믿는 수많은 사람들이 존재한다는 데 있다. 그것은 그들이 할 수 있는 전부가 된다. 이러한 행동을 지켜본 다른 사람들은 "글쎄, 저 사람은 겨우 X 정도의 사람이군"이라고 결론짓는다. 이렇게 하여 그 행동은 영속되고 계속해서 자신의 능력을 제대로 발휘하지 못하게 된다. 학교는 이런 식으로 인간의 잠재력을 부끄럽게도 낭비하는 곳이 되어서는 안 된다.

매우 건전한 사람들은 자기 자신을 본질적으로 긍정적으로 생각한다는 말을 듣는다. 그들은 자기가 품위와 성실함을 갖추었고, 사람들이 좋아하고, 마음에 들어하고, 필요로 하고, 능력이 있다고 생각한다. 결과적으로 그들은 우리 사회에 대단한 공헌을 한다. 반대로, 건전하지 못하고 적응하지 못하는 사람은 다른 사람들이 자기를 좋아하지도 않고 필요로 하지도 않는다고 생각한다. 교사를 힘들게 하는 학생은 바로 사람들이 자기를 좋아하지도 않고 필요로 하지도 않는다고 생각하는 이들이다. 어려서 주변과 적응하지 못하여 귀찮다고 여겨지고 자라서는 교도소와 정신병원을 드나드는 사람들은 바로 자기가 사람들의 마음에 들지 못하고 쓸모없다고 생각하는 사람들이다. 자신이 성공하고, 행복하고, 자기충족적인 사람인지 아닌지는 대개 그들의 자아개념의 성질에 달려 있다. 그러한 원리는 교사와 행정가에게도 적용된다. 연구에 따르면 홀륭한 교사는 자신을 본질적으로 긍정적으로 생각하지만, 그렇지 못한 교사는 자신을 부정적으로 생각했다. 따라서, 교육개혁의 중요한 목적 중의 하나는 긍정적인 자아개념을 지닌 교직원을 채용하거나 혹은 교사와 행정가들이 일하는 중에 그러한 자아를 발달시키도록 돕는 것이어야 한다.

사람들은 자아개념을 가지고 태어나는 것이 아니다. 성장과정에서 어떻게 대우받았느냐에 따라 자아개념은 학습된다. 자아에 대한 생각은 학습된다. 특히 우리가 살아가는 동안 만나는 중요한 사람들과의 상호 작용을 통해 학습된다. 학생들의 삶에 있어서 학교와 교사는 의미있는 타자가 되도록 기대되어진다. 교육은 불가피하게 학생들의 자아개념에 영향을 미친다. 교육은 긍정적 혹은 부정적인 경험의 제공을 단지 결정하며 또는 운에 맡길 뿐이다. 많은 증거에 비추어볼 때, 교육의 주된 목표는 학생들의 마음에 긍정적인 자아개념을 불러일으키는 것이라는 결론을 내릴 수 있다.

건강한 학습과 성장을 위해 학생의 자아개념이 중요하다는 인식이 학교에 조금씩 영향을 미치기 시작했지만 그 중요성에 비해서는 너무나 더디다. 대부분의 학교는 학생들의 자아개념을 거의 고려하지 않은 채 운영된다. 교사들 중에서 자아개념과 그것의 영향을 완전히 무시하는 사람은 거의 없지만, 그것을 알고 있는 이들 조차도 아직까지 자아개념을 그들의 교수행동에 영향을 미치는 개인적 의미와 충분히 통합하지 못하고 있다. 이 중요한 원리가 실행되기 위해서는 말뿐인 호의나 마음으로부터 내켜하지 않는 적용 이상의 것이 필요하다. 학생의 행동에 영향을 미치는 자아개념의 특징은, 학생의 성장과 발달을 위해 자아개념의 역동성을 정확하게 알고, 아는 지식을 계획과 실천의 모든 면에 적용하는 인간중심의 학교와 교사를 요구한다.

감정과 개인적 의미

　효과적인 학습과 변화는 개인적이고 감정적인 경험이다. 일반적으로 어떤 아이디어나 사건의 개인적 의미가 크면 클수록 그것에 대해 갖게 되는 감정 또한 더욱 커진다. 〈그림 3-1〉에 예로 제시된 라디오 청취의 경우, 의미가 개인적일수록 감정은 더욱 강해졌다(〈그림 3-2〉 참조). 돼지고기의 가격에 대해서는 전혀 혹은 거의 감정이 일어나지 않는다. 일기예보에 대해서는 약간의 감정이 일어난다. 사고에 대한 소식은 다소 더 많은 감정을 일으킨다. 부상당한 사람이 자신과 관계있는 사람이라면, 감정은 급격히 커진다. 부상당한 사람이 자신의 딸이라면 감정은 최고조에 이른다.

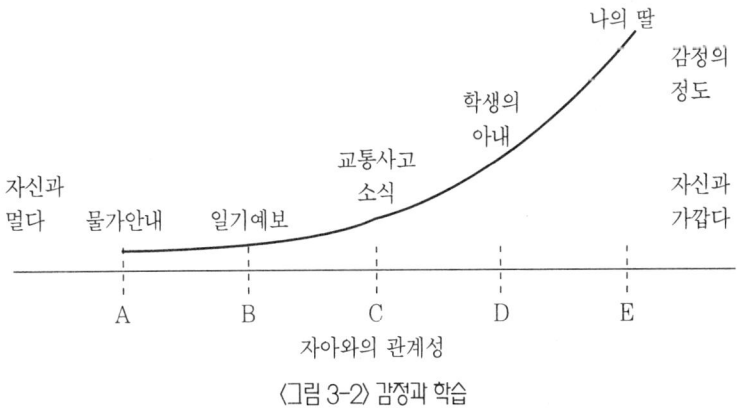

〈그림 3-2〉 감정과 학습

　이와 같은 개인적 의미와 감정의 관계는 교육과 변화에 중요한 의미를 갖는다. 학습은 개인적 의미의 발견이다. 감정의 강도는 개인적 의미의 정도를 나타낸다. 이것이 사실이라면, 우리는 정의적인 교육만을 실시하거나 혹은 위험을 무릅쓰고 전혀 아무것도 하지 말아야 한다! 중요한 학습이 증거나 객관성 혹은 사실을 중시하는 순전히 지적인 방법을 통해 이루어진다는 아이디어는 잘못된 것이다. 사람은 사실에 따라 행동하지 않는다. 사람은 개인적 감정이나 신념에 따라 행동한다. 너무나 많은 전통적인 학교들이 '근엄한', 아주 객관적인 수많은 방식에 따라 움직인다. 학교는 엄격하고 재미없는 곳이며, 가르치는 일은 '지휘봉의 장단'에 맞춰 진행된다. 정말로 학습이 현대 심리학이 주장하는 바와 같이 철저하게 인간적이고 개인적인 경험이라면, 우리가 추구하는 학교 또한 따뜻하고 인간적인 곳이어야만 한다. 학습을 두려워하고 몹시 싫어하도록 만드는 학교는 학생과 사회 모두를 실망시켜 왔다.

마찬가지로, 어느 정도의 감정이 없다면 교사들에게 어떤 효과적인 변화는 일어나지 않을 것 같다. 개혁을 수행해야 할 사람이 개혁에 대한 아무런 감정도 없다면, 일이 잘 되리라 기대할 수 없을 것이다. 단순히 기술이나 아이디어를 아는 것만으로는 충분치 않다. 참여자는 개인적으로 헌신적이어야 하며, 계획된 개혁에 대해 어느 정도의 개인적 의미를 지니고 있어야 한다. 개혁을 추진하는 데 지적인 접근에만 의지할 경우 참여의 부족과 실망스러운 결과를 초래하리라는 것은 자명하다. 일반적으로 객관성의 모델이라고 여겨지는 과학자들조차도 그렇게 하지 않는다. 그들은 자신들이 믿는 것을 위해서는 철저히 주장한다. 교사, 행정가, 상담자 그리고 공적인 자리에 앉아 있는 사람들 가운데 훌륭한 조력자와 무능한 조력자를 구분하는 몇몇의 연구는 객관성과 사물지향의 특징을 지닌 사람들이 무능한 수행자임을 알려주고 있다. 효과적인 실천자는 주관적이고 인간중심적인 관심에 초점을 맞춘다.

학습과 변화는 사회적 기능이다

많은 교사들은 혼자서 공부할 때 학습이 가장 잘 될 것이라고 가정하고 있다. 따라서, 학생들이 친구를 도와주거나 함께 공부하고자 하면 야단을 맞을 수도 있다. 협력은 올바르지 못하고 비난받을 만한 행위로 여겨지기도 한다. 그렇지만 효과적인 학습은 마음이 맞는 사람들과 함께 할 때 훨씬 잘 이루어지는 것 같다. 학습과정에서 관계가 얼마나 중요한지를 알고 싶은 사람은 "내가 어딘가에 속해 있고, 누군가가 나를 필요로 한다고 느낄 때의 감정을 설명할 때 어떤 단어들이 떠오를까?" 하고 스스로에게 되물어보면 된다. 대부분의 사람들은 "나는 기분이 좋고, 흥겹고, 흥분한다, 나는 어딘가에 속하고 싶다" 등과 같은 말로 대답할 것이다. 만약 이번에는 집단에 소속되지 않고 소외될 때의 감정을 설명하고자 한다면, 다음과 같은 말이 떠오를 것이다 ; 우울, 굴욕, 당황, 무시, "나는 거기에서 도망치고 싶다" 혹은, 소외의 감정이 너무 강하다면, 되받아치고 싶은 마음이 들 수도 있다. 이러한 두 가지의 경우를 살펴보면, 어떤 태도가 보다 효과적인 학습 혹은 변화를 초래하는 것인지 분명해진다.

학생들을 정해진 자리에 앉히고 서로간에 친밀한 관계를 갖지 못하게 하는 학급은 효과적인 학습에 방해가 된다. 인간이란 본래 사회적이다. 인간관계를 막는 것은 학생들에 대해 그리고 그들이 어떻게 하면 가장 잘 학습할 수 있는지에 대해 우리가 알고 있는 것과 정면으로 배치되는 것이다. 학생들의 자연적인 경향을 막기보다는 인간중심의 학교와 절차를 통해 서로가 함께 공부하도록 하는 것이 훨씬 좋다.

학습과 변화를 위해 교실에서 집단적 접근이 필요한 것은 개혁에서도 마찬가지이다. 가르치는 일이 본질적으로 인간활동이면서도 대단히 고립된 직업이라는 것은 이상한 모순이다. 사람들은 교사들이 매일매일 아동들과 오랜 시간을 보낸 뒤에는 다른 어른들, 특히 그들과 비슷한 문제를 가진 이들과 의견교환을 하고 싶어할 것이라고 생각할 것이다. 그러나 사실, 대부분의 학교에서 교사들은 자신의 직업상의 문제에 대해 의견교환을 거의 하지 않는다. 휴게실에서 교사들이 나누는 대화는 일상사의 수준을 넘지 못한다. 대부분의 교사들은 서로에 대해 두려워하고, 교실에서의 자신의 활동에서 어떤 결점이 드러나는 것을 불안해 한다. 이렇게 교직에 대한 자부심이 부족하고 서로가 마음을 터놓지 못하는 것은 개혁의 과정에서 주요한 방해물이다. 어떤 광범위한 계획을 통해서 한편으로는 교수전문직의 중요성을 다시금 확신하게 하고, 다른 한편으로는 교사들간의 의사소통을 촉진할 수 있는 방법을 모색해야 하는 것은 분명하다.

학습과 변화에서의 피드백

사람들은 생각이나 하고 있는 일에 변화를 주고자 할 때, 자신이 노력하는 것에 대한 유용한 피드백이 있었으면 한다. 피드백 과정의 효과를 높이는 데는 다음의 네 가지 요건이 필요하다 ;

① 피드백은 즉각적으로 이루어져야 한다. 피드백의 가치와 유용성은 시간이 지남에 따라 급속히 경감된다. 결과가 나타나고 나서 가능하면 빨리 거기에 따른 피드백이 제공되도록 모든 노력을 기울여야 한다.

② 피드백은 비교보다는 개인적으로 이루어져야 한다. 흔히 다른 사람과의 비교는 사람들에게 동기를 부여하고 그들이 학습하도록 돕는 가치있는 장치라고 여겨진다. 그러한 생각은 부분적으로만 옳을 뿐이다. 효과적인 학습과 변화를 위해 훨씬 더 유용한 것은 개인적인 피드백, 즉

자신이 수행한 일과 직접 관련된 정보이다. 내가 철수보다는 잘 하지만 영희보다는 못하다는 말을 듣는 것보다는, 내가 지금 무엇을 하고 있고 다음에는 무엇을 해야 하는가에 대한 정보가 훨씬 더 유용하다. 그러한 정보는 자신에 대한 판단이자 당면한 과업으로부터 얼마나 멀어져 있는지를 알려준다.

③ 피드백은 일과 직접적으로 관련된 것이어야 한다. 직접적으로 관련이 없는 피드백을 하는 경우 사람들은 직면한 과제에는 주의를 기울이지 않고 관계없는 일에 주의를 집중하게 된다. 여러 해 동안 나는 학생들에게 '야아, 나는 그게 마음에 들어!', '훌륭한데', '잘했어' 혹은 '굉장한데!'와 같은 말로 칭찬을 해주었다. 그러자, 어떤 현명한 교사가 나에게 그런 말들은 학생들로 하여금 잘못된 곳에서 만족을 구하도록—교사를 기쁘게 하는 일에 만족을 느끼도록 할 수 있다고 지적했다. 과제나 성취를 통해 만족을 느끼도록 하기 위해 이제는 다음과 같이 말한다. '그 문제를 조심해라! 지난 주에 너는 그것을 풀지 못했다', '그것을 알게 되면 틀림없이 기쁠 것이다' 혹은 '너는 잘 할 수 있으니까, 가서 그 문제 때문에 고생하는 영수를 도와주겠니' 개혁으로 말하자면, 혁신에 대한 개인적 만족은 개혁 과정 자체에서 얻어지는 것이어야 한다.

④ 효과적인 피드백을 통해서는 어떻게 하면 다음 단계로 나아갈 수 있는지를 알 수 있다. 수행자가 자신의 현 위치를 평가하고 다음에는 어디로 나아가야 할지 알도록 도와주는 피드백은 교실 상황이나 교직원들이 개혁을 위해 노력하는 데 가장 도움이 되는 것이다.

이러한 기준들을 전통적인 성적평가 활동에 적용한다면, 성적에 따라 등수 매기기가 잘못된 것임이 분명해진다. 그것은 즉각적이지 않으며, 개인적이기 보다는 비교를 통한 것이다. 또한 수행하는 일과 관계가 없는 것이고, 어떻게 하면 다음 단계로 나아갈 수 있는지도 알려주지 않는다.

교실 수업이나 학교에서 추진된 유망한 많은 혁신이 그 일을 하고자 하는 사람에 대한 유용한 피드백이 부족하여 사라지거나 방해받는다. 대신에 받게 되는 피드백의 대부분은 '그걸 하지 못하는구나', '그렇게 하면 안 될거야', '사람들이 뭐라고 할 것 같니?', '너는 다른 사람을 힘들게 하는구나', '우리는 벌써 다 했는걸' 혹은 '그건 일시적 유행이니까 금방 사라질거야'와 같이 부정적인 경향이 있으므로 혁신자가 되고자 하는 사람은 일반적으로 참을성이 있어야 한다.

요 약

이번 장에서 제시된 원리들은 교육의 전 과정에 걸쳐, 특히 학습과 변화가 요구되는 곳마다 적용된다. 또한 교실, 상담실, 직전교육 내지는 현직교육, 장학 혹은 행정에도 적용될 수 있다. 동시에 개혁과 혁신을 위한 노력에도 적용된다. 교실상황과 관련해서, 이들 원리는 교사의 계획이나 학생들과의 관계와 효과적인 교수방법을 찾는 데 필요한 기본 가정을 제공한다. 또한 교육전략과 전술을 만들어내기 위한 기본적인 준거틀이 되기도 한다. 이들 원리는 우리에게 인간중심의 교실, 프로그램 그리고 학교가 필요함을 알려주고 있으며, 이를 실현하기 위해 인간중심의 교사와 행정가가 필요하다는 것을 말하고 있다.

주와 참고문헌

일반자료 :

Combs, A. and Avila, D. 1985. *Helping relationships: Basic concepts for the helping professions* Boston, Allyn and Bacon.

Combs, A. W. 1976. "Affective-humanistic learning." In *Learning: An overview and update Report of Chief School Officers 1976 Summer Conference,* Washington, D. C. Office of Education.

Elkind, D. 1989. "Developmentally appropriate practice: Philosophical and practical imperatives." *Phi Delta Kappan.* 71, 113-117.

Furguson, M. 1981. *The aquarian conspiracy: Personal and social tranformation in the 1980's.* Los Angeles, P. J. Tarsher.

Larsh, E. 1989. "Change: The seed and the strategic options" In Hennes, J. *Restructuring Education: Strategic options required for excellence.* 15-24. Denver, Co. Colorado Department of Education.

Rogers, C. 1967. "The interpersonal relationship in the facilitation of learning." in Humanizing Education: *The Person in the process,* Alexandria, Va. Association for Supervision and Curriculum Development.

동기와 요구에 관한 자료 :

Combs, A. 1971. "Two views of motivation" IN Frymier, J. *Handbook of research on human motivation,* Columbus, Oh. Ohio State University Press.

Maslow, A. 1970. *Motivation and personality,* New York. Harper and Row.

도전과 위협에 관한 자료 :

Combs, A. and Taylor, C. 1952. "The effect of the perception of mild degrees of threat upon performance." *Journal of Abnormal and Social Psychology.* 47, 420-424.

Goldberg, M. 1966. *The effects of ability grouping.* New York, Teachers College Press.

새로운 학습개념에 관한 자료 :

Combs, A. 1966. "Fostering self direction." *Educational Leadership* 23, 373-387.

Combs, A. 1973. "The human side of learning". *The National Elementary Principal,* 52, 38-43.

Harvey, O. 1970. "Belief and behavior: Some implications for education." *The Science Teacher,* 37, 10-14.

자아개념과 학습에 관한 자료 :

Aspy, D. and Roebuck, F. 1976. *A lever long enough.* Washington, D. C., Consortium for Humanizing Education.

Combs, A. and Soper, D. 1962. "The self, its derivate terms and research." *Journal of Individual Psychology.* 13, 134-145.

Fitts, W. 1971. *The self concept and self actualization.* Nashville, TN. Dede Wallace Center.

Hamachek, D. 1976. *The self in growth, teaching and learning.* Englewood Cliffs, N. J., Prentice Hall.

Lamy, M. 1965. "Relationship of self perceptions in early primary children to achievement in reading" Doctoral dissertation, Gainesville, FL. University of Florida.

Purkey, W. 1970. *Self concept and school achievement.* Englewood Cliffs, N. J., Prentice Hall.

정의적 교육에 관한 자료 :

Aspy, D. and Roebuck, F. 1977. *Kids don't learn from teachers they don't like.* Amherst, Ma. Human Resources Development Press.

Combs, A. 1967. *Humanizing education: The persons in the process.* Alexandria, Va. Association for Surpervision and Curriculum Development Press.

학습의 사회적 측면에 관한 자료 :

Langberg, A. 1989. "Caring and engagement". IN Hennes, J. *Restructuring education: Strategic options required for excellence.* Denver, Co. Colorado Department of Education.

피드백과 등수 매기기에 관한 자료 :

Kirschenbaum, H. and Simon, S. 1971. *Wad ja get? ; The grading game in American education*. New York, Hart Publishing.

Shepard, L. and Smith, M. 1989. *Flunking grades; Research and policies on retention*. Philadelphia, Pa. Palmer Press.

Simon, S. and Ballance, J. 1976. *Degrading the grading myth: A primer of alternatives to grades and marks*. Alexandria, a. Association for Supervision and Curriculum Development.

제 4 장

인간중심 학교와 교사

사회변화와 인간 및 학습과정에 대한 새로운 이해를 고려할 때, 어떠한 학교와 교사가 필요할까? 우리가 처한 곤경을 헤쳐나가고 앞으로도 유사한 경직성에 빠지는 것을 경계하기 위해서는 자기재생(self renewing)적인 제도가 필요하다. 이 새로운 제도는 사회와 젊은이들의 요구 변화에 민감하게 반응하며, 동시에 자연과학과 사회과학의 진보에 쉽게 적응할 수 있다.

최근 출판된 개혁 관련 서적에서는 수많은 처방들이 제시되고 있다. 대부분의 제안은 구조나 방법 혹은 교육과정의 개혁을 위해 특별히 제시된 것들로 모두가 수행 '되어야만 한다' 는 식으로 주장되고 있다. 그러한 특이성은 현재의 제도를 더욱 경직되게 하고, 우리가 그렇게도 원하는 자기재생적인 제도의 성취를 어렵게 한다.

'올바른' 방법의 신화

대대적으로 인간중심의 학교 설립을 추진하는 것, 국가적으로 인간중심의 교사가 할 일을 발견하는 것, 학교 현장에 인간중심의 기법을 적용하는 것, 이들 모두는 간단하고 쉬운 것처럼 보일 것이다. 그러나 불행히도 문제는 그렇게 간단하지 않다. 전통적인 교육을 지금과 같이 불행한 상황으로 몰고 간 가정 중의 하나는 학교에 법규나 명령을 시달함으로써 개혁이 가능하다는 신념이었다. 사실, 엄청난 양의 시간과 돈이 올바르고 바람직한 교수와 행정방법을 찾는 데 사용되었지만 아직까지도 바람직한 것과 그렇지 못한 활동에 대한 어떤 명확한 방법이나 기법을 알아내지 못하고 있다. 이런 실망스러운 역사에도 불구하고, 이런 류의 연구는 줄어들지 않고 있다. 어떤 방법을 열렬히 옹호하는 집단이나 개인에 의해서 특정한 기법, 장치, 구성방식이 교육의 새로운 해결책이라고 주장하는 문헌이 넘치고 있다. 그러나 유감스럽게도 그것들도 예전의 것들보다 더 나은 전망을 지니지 못하고 있다.

널리 적용될 수 있는 바람직하고 올바른 교수방법을 발견할 수 없는 이유 중의 하나는 방법이 지나치게 복잡하다는 사실이다. 가장 단순한 전략조차도 대단히 많은 조건들을 충족시켜야 한다. 그러한 조건들 중 몇 가지만 살펴보자. 공간 조건을 보면 장소, 시간, 장비, 경비, 온도, 조명 등 다양하다. 이렇듯 복잡한 조건은 교과와도 맞아야 하며, 학생들에게도 적합해야 한다. 특히 학생의 요구, 개인차, 준비도, 학습 진도, 능력, 동기, 사전 경험, 흥미와 신체 조건에도 맞아야 한다. 또한 성격, 준비, 지식, 신념체계, 감정, 태도, 특유의 사고방식과 행동방식을 포함하여 교사에게도 맞아야 한다.

이와 같이 다양한 조건에 알맞은 특정한 방법을 찾기란 분명 불가능한 일이다. 정통한 교사, 저술가, 행정가, 장학관이 제안하는 가장 훌륭한 방법일지라도 특정한 교사와 그가 담당하고 있는 학생이나 조건들에 적합하도록 손질되어야 한다. 분명히 어떤 방법은 특정 시간, 특정 장소의 특정 교사에게 도움이 될 수 있다. 그러나 교사들이 사용하는 방법이란 단지 교사들의 매우 개인적인 목적과 지각을 보여주는 것일 따름이다. 방법이란 복잡한 일련의 교육과정, 목적, 학생, 학교의 조건을 다룰 방법을 찾고자 하는 교사의 시도이다. 효과적인 교수란 기계적인 기능이 아니다. 대신에 장기적인 계획뿐만 아니라 조건의 변화나 기회에 따라 매순간 문제에 대처할 수 있고, 적절한 해결책을 찾을 수 있는 전문적이고 창조적인 사람을 필요로 한다.

위로부터 내려온 방법이나 절차를 통해서 개혁하게 되면, 교사들은 별로 중요하지도 않은 목적에 매달리게 될 뿐이다. 예를 들어, 최근 십여년 간 행동목표를 지지하는 출판물들이 초래한 결과는 교사들로 하여금 손쉽게 성취하고 정확하게 측정할 수 있는 특정한 행동에 주의를 집중시키는 것이었다. 이것은 종종 교사들로 하여금 단순화된 목적에 관심을 기울이도록 함으로써 더욱 큰 목표를 무시하게 하는 결과를 초래하였다. 선의의 입법자, 학교위원회, 장학관 혹은 행정가에 의해서 제시된 방법은 이미 과중한 업무를 담당하고 있는 성실한 교사들을 좌절시키는 것 이상의 의미를 갖지 않는다. 심지어 이것은 성취하고자 계획된 바로 그 목표를 방해할 수도 있다. 예를 들어, 최근에 실시된 전국 규모의 수학 학력평가에 따르면, 수학을 '기본으로 돌아가서' 가르치자는 운동이 오히려 학생들의 문제해결능력을 감소시키는 예기치 못한 결과를 초래했음을 보여주고 있다. 특별한 것에 몰두해서 보다 폭넓고 중요한 목표를 소홀히 다룬 결과는 분명하다. 교사들을 얽매이게 하고, 창조성을 방해하며, 불안으로 쇠약하게 하는 방법을 청산하는 데 치뤄야 할 대가는 너무나 클 것이다.

방법에 관심을 집중하는 것이 개혁에 적당하지 않은 두번째 이유는, 방법의 효율성은 학생들에게 어떠한 의미를 갖는가에 의해서만 판단될 수 있다는 사실 때문이다. 어떤 방법의 효과는 방법 그 자체가 아니라 학생들이 방법에 대해 갖는 독특한 의미의 결과이다. 따라서 방법은 전달하는 메시지로 판단되어야만 한다. 학생이 받아들이는 메시지는 제삼자가 일어날 것이라고 보고하는 것이나 교사들이 의도하는 것과는 매우 다를 수 있다. 방법들은 의도한 결과를 파괴하거나 왜곡시킬 수 있는 메시지를 수반하여 전혀 예기치 못한 결과를 초래할 수도 있다. 때로는 흥미롭게도 전체 프로그램을 뒤엎거나 혹은 부메랑처럼 성취하고자 의도한 바로 그 목적을 파괴할 수도 있다.

방법이란 교사들이 스스로 탐구하고 발견해야 하는 개인적인 문제로 이해되어야만 한다. 그것은 교사들에게는 좋은 소식임에 틀림없다. 보편적으로 옳고 좋은 방법이란 존재하지 않기 때문에, 교사들은 지금처럼 자신만의 독특한 방법으로 업무를 수행해야 좋은 교사가 될 수 있다. 이것은 교사들이 사용하는 방법을 가지고는 공정하게 판단할 수 없음을 의미한다. 장학관, 행정가, 국민들이 교사들에게 어떤 정해진 방법을 요구한다면, 이것은 개혁가들이 성취하고자 애쓰는 목적을 파괴하는 위험을 감수해야 한다.

모델, 방법, 기법들은 기본 가정을 나타내는 것들이다. 기본 가정의 변화없이 추진되는 개혁이란 현상을 영원히 세련시키는 다람쥐 쳇바퀴를 도는 것에 불과하다. 자기재생적 제도는 목적, 가정, 과정에서의 근본적인 변화를 요청한다. 그렇게 함으로써 현명한 전문가들은 실질적으로 수행할 수 있는 적절한 기법들을 찾아내거나 고안해낼 수 있다.

인간중심의 자기재생적 학교

제2장과 제3장에서 대략적으로 살펴본 시대적 추세와 새로운 지식에 비추어보면, 아주 정확하게는 아니더라도 우리가 필요로 하는 학교가 대략 어떠한 것인지 윤곽을 알아낼 수 있다. 사회와 젊은이들의 요구 변화, 젊은이들이 준비해야 하는 미래의 성격, 건강한 성장과 학습에 대한

최신의 개념들은 모두 인간중심적인 학교와 교사가 필요함을 지적한다.
여기에서는 인간중심의 학교가 관심을 기울여야 하는 주요한 내용을 몇
가지 살펴보고자 한다.

학생들의 요구와 밀접한 관련

전통적인 학교의 구조나 대부분 교실의 교수전략에서 학생의 요구는
대수롭지 않게 간주된다. 학생의 동기와 참여, 책임은 교사와 행정가들
에게는 항상 다루기 어려운 문제이다. 좋은 교사들은 단순히 아이들을
좋아하기 때문에 학생들의 요구에 민감하다. 그럼에도 불구하고 교사들
은 이런 가치로운 정보를 충분히 활용하지 못하는데, 그 이유는 활용하
는 방법을 모르거나 아니면 전통적인 학교조직과 활동의 제약으로 요구
와 관련된 학습이 가능하지 않은 일에 매달리기 때문이다. 대규모화, 획
일화, 집단화 그리고 산업형 모델은 학생의 요구에 관심을 기울일 여지
를 남겨두지 않는다. 학생들의 요구와 동기를 고려하기 위해서는 최소
한의 개별화 수업, 소규모의 자율적인 학교뿐만 아니라 학습과정에서
요구의 중요성을 명확하게 알고 그런 지식을 활용하는 방법을 자유롭게
시도할 수 있는 교사가 필요하다.

전통적인 학교는 표준화된 교육과정에 따르기 때문에, 학생들이 어
떻게 받아들이느냐에 관계없이 싫든 좋든 간에 언제나 필수과목을 부과
해야만 한다. 제공되는 교육과정은 학생들의 현재 요구와 전혀 일치하
지 않는다. 따라서 교사들은 등수나 혹은 학습에 동기를 부여할 수 있는
다양한 보상이나 처벌처럼 학습에 필요한 인위적인 요구를 만들어내야
한다. 이것은 몇몇 학생들에게는 효과가 있으며 교사들은 계속해서 그
런 식으로 노력하도록 고무된다. 그 결과, 내일 실시될 간단한 시험 준
비에 급급하는 학습, 지루해 하고 활기가 없는 학생들, 학교란 개인적인

삶을 가능한 가장 적게 방해받고 경쟁해야 하는 게임이라는 신념 등을 초래하였다. 대부분 학교는 재미없고 시시한 곳이고 종종 끓어오르는 힘이 간신히 억제되고 있는 압력솥으로 여겨진다. 오늘날 많은 학생들이 자신을 발휘하지 못하거나, 학교란 '너무나 부적절한 곳'이라고 불평하거나 혹은 중등학교 수준에서 중퇴하기를 결심하는 것은 우연이 아니다. 더군다나 저학년 아동들에게는 그러한 선택권마저도 없으며, 어쨌든지 학교제도에서 참고 견뎌야 한다.

개혁을 위한 메시지는 분명하다. 학교는 학생들의 요구에 어둡다. 이러한 실패가 중요한 것은 단지 동기가 학습을 위해 필요하기 때문만은 아니다. 학생들의 요구를 충족시키는 것, 그 자체는 인간의 성장과 발달에서 필수적이다. 학교의 주요 목적은 학생의 발달 요구를 충족시키고, 학생들 스스로 보다 효과적으로 그렇게 하는 법을 배우도록 돕는 것이다. 학생들의 요구를 충족시키고 그들이 새로운 요구를 충족시키는 법을 찾아내도록 돕기 위해서는 요구를 알아낼 수 있을 정도로 충분히 학생들과 가깝고 학습과정에 관련된 요구를 능숙하게 다루는 인간중심의 교사가 필요하다.

도전하는 젊은이

최근에 다른 나라 학생과 비교하여 미국 학생들의 "지식과 기술 수준이 심각하게 낮다"는 연구가 잇따르고 있다. 통계 자료에 근거한 연구 결과와 그에 따라 내려진 처방에 다소 문제가 있기는 하지만, 현재의 학교에서 학생들은 충분히 자극받고 있지 못하고 있다는 것이 사실이다. 너무나 많은 학생들이 지루해 하고, 어떻게든 어려운 과목이나 프로그램을 피하고자 하며 그렇게 되면 기뻐한다. 이들은 중퇴자나 자포자기한 학생으로 분류되지 않는다. 우리는 너무나 많은 젊은이들에게 도전감을 심어주는 데 실패하고 있다. 지금이 도전과 위협의 역동성에 관해 알고 있는 모든 것을 인간중심의 학교와 프로그램, 그리고 교실활동으로 구성하는 데 활용해야 할 때이다.

앞장에서는 도전과 위협의 경험이 학습에 미치는 영향을 살펴보았다. 사람들은 도전감을 지닐 때와 위협의 경험으로부터 자유로울 때 가장 잘 학습한다. 학생들이 도전하거나 위협을 느끼는 것은 매우 개인적인 문제로, 자신에게 일어나는 일을 인식하는 나름의 독특한 방식과 관계가 있다. 학습자들을 위협하지 않고 그들에게 도전감을 고취시키기 위해서 학교와 교사는, 한편으로는 학생 개개인에게 일어나는 일에 예민하게 반응해야 하고, 다른 한편으로는 그들 자신의 행동이 초래하는 예상되는 결과들을 인식하고 있어야 한다. 교사들은 감정이입을 할 수 있어야 한다. 학생의 관점에서 사물을 보는 방식을 이해할 필요가 있다. 수업은 개별화되어야 하며, 학생의 요구와 준비도에 따라 조정될 필요가 있다. 교육자들은 개별화 수업이 필요하다는 것을 오래 전부터 알고 있었지만, 그 문제에 적극적으로 달려들지 못했다. 지금이 이처럼 중요한 것의 실행을 위해 진지하게 노력할 때이다.

개인적 의미로서의 학습

대부분의 학교에서는 정보를 학생들에게 제공하는 훌륭한 기제를 발달시켜 왔다. 현대식 전자장치를 이용해서 많은 양의 정보를 보다 빠르고, 보다 재미있으며 인상적으로 처리할 수 있게 되었다. 그러나 정보에 노출시키는 것이 학습의 전부는 아니며, 학습의 처음 절반 정도에 불과하다. 학생들로 하여금 정보의 개인적 의미를 발견하도록 돕는 것이 더욱 중요한 측면이다. 이것은 객관성과 힘의 조작화 접근이 가치롭다고 훈련받은 대다수의 교사와 행정가들에게 친숙하지 못한 전략과 전술이다. 학습이란 객관적 현상이 아니다. 그것은 따뜻하고, 매우 개인적이고, 인간적이고, 주관이며, 사회적인 과정이다. 학습의 성격에 대한 이러한 새로운 이해는 너무나 중요해서 제도의 모든 측면, 특히 교실과 학생-교사의 상호관계에 대한 개혁을 필요로 한다.

여러 세대 동안 학교는 학습에 대한 힘의 조작화 가정에 따라 움직여 왔다. 그러한 준거틀에 따라 학교를 설계했고, 교육과정과 프로그램을 계획했다. 대부분의 학교와 교사들은 학습에 대한 경험적(experiential) 관점보다는 기계적(mechanical) 관점에 선호한다. 교사들은 힘의 조작화 관점을 주입받았고, 직무를 수행하는 데 사용하도록 배웠다. 따라서 교사들은 내용, 교과, 교수기법을 중시한다. 이러한 조건에서 소수의 학생들은 성공적으로 잘 성장하지만, 대부분의 학생들은 최상의 성취에는 미치지 못한 채 학습과정을 따르기로 마음먹는다. 그러나 과정이 학생들의 요구나 능력을 적절히 반영하고 있지 못하기 때문에 상당수의 학생들은 능력을 제대로 발휘하지 못하고 있다. 적절치 못한 가정은 적절치 못한 결과를 초래한다. 우리는 너무나도 오랫동안 힘의 조작화 가정과 함께 살아왔고 일해 왔다. 지금은 학교 제도가 기초하고 있는 학습개념의 간극을 좁히고 새롭게 해야 할 때이다. 행동과 학습에 대해 알고 있는 최선의 개념과 학교를 보다 조화롭게 하기 위해서는, 인간중심의 학교가 되어야 한다. 학교는 뇌의 특성에 알맞아야 하고, 사용자들에게 친숙해야 한다.

긍정적인 자아관의 증진

건강이나 충족에 대한 연구결과에서 인간중심적인 학교를 추구해야 하는 보다 절실한 이유를 발견할 수 있다. 현대의 지각-경험심리학은 인간 행동에서 자아개념이 너무나 중요함을 보여준다. 사람들은 사물을 어떻게 보느냐에 따라, 특히 자기 자신과 그들이 맞서야 하는 세계를 어떻게 보느냐에 따라 행동한다. 자신에 대해 생각하는 것은 모든 행동과 관련되어 있으며, 가장 하찮은 행동까지도 그러하다. 예를 들어, 학생들이 자신을 믿고 있는지의 여부는 학습하는 능력에 결정적으로 중요한 영향을 미친다. 이러한 사실만으로도 학생의 자아개념을 발달시키는 것을 교육과 교육개혁의 주요한 관심사로 하기에 충분하다.

학생들이 자신이나 다른 사람에 대해 믿는 바는 교육의 적절한 목표로 널리 받아들여지지 않았다. 학교들은 대체로 학생의 성장이라는 측면은 피하고, 학구적이고 교육과정에 관련된 문제에만 주의를 기울여 왔다. 제도는 객관성과 교육과정, 사물에 치중하였다. 학생들은 종종 '필요하고 바람직한' 정보라고 결정된 것을 주입하거나 주조되어야 하는 대상으로 간주된다. 긍정적인 자아관은 건강하고 책임있는 인간의 특징이며, 긍정적 자아의 개발은 공립학교의 가장 우선되는 목표가 되어야 한다.

다행스럽게도, 긍정적인 자아개념을 기르는 일은 예산, 경비, 건물이나 장비에 구애받지 않는다. 그것은 경험을 통해 그리고 다른 사람들과의 상호작용을 통해 학습된다. 긍정적인 자아개념의 기르는 데 필요한 것은, "사람들이 좋아하지 않는 그녀를 어떻게 하면 좋아하도록 할 수 있을까?", "사람들이 원하지 않는 그를 어떻게 하면 필요한 존재로 느끼게 할 수 있을까?", "사람들이 인정하지 않는 그녀를 어떻게 하면 인정받도록 할 수 있을까?", "성공하지 못한 학생들에게 어떻게 하면 자신감을 느끼게 할 수 있을까?", "정직하고 성실한 사람으로 대접받지 못하는 그/그녀를 어떻게 하면 그렇게 대접받게 할 수 있을까?" 등과 같은 물음만으로 찾을 수 있다. 이러한 질문의 답을 찾는 중에 우리는 보다 인간중심적인 학교에 필요한 행동의 중요한 지침을 발견할 수 있을 것이다.

실패에 대한 잘못된 생각

실패란 사람에게 유익하다든지 또는 학습과 동기를 위한 훌륭한 경험을 제공한다는 생각은 교육계 안팎에서 당연하게 받아들여지고 있다. 그러나 사실과는 거리가 멀다. 실패는 너무나 자주 성격과 동기를 꺾어버린다. 연구에 따르면 가장 건강한 사람은 자신을 긍정적으로 본다. 그러한 자기지각은 실패가 아닌 성공한 경험의 결과이다. 심리적으로 실패한 경험은 육체적 질병에 비유될 수 있다. 질병이란 육체가 대항하는데 실패했음을 나타내는 것이다. 우리는 "어린이가 튼튼하고 건강하게 자라도록 도와주기 위해 우리가 전염할 수 있는 모든 질병을 그에게 주자"라고 말하지 않는다. 대신에 "가능한 오랫동안 어린이가 병에 걸리지 않도록 하자"라고 말한다. 혹은 "어린이에게 병에 대한 성공적인 경험을 하도록 병에 맞설 수 있는 예방접종이나 백신주사를 맞추자"라고 말한다. 약화된 형태의 질병에 성공한 경험은 어린이가 나중에 실제로 병에 걸렸을 때 이겨낼 수 있는 힘을 키워준다. 성공은 사람을 강하게 하지만, 실패는 사람을 약하게 한다. 과거에 성공한 경험은 어떤 사람이 미래에 성공할 것임을 가장 확실하게 보증해준다. 따라서 긍정적인 자아를 조성할 수 있는 인간중심의 학교가 필요하다.

인간중심 학교란?

최신의 뇌의 기능, 학습, 동기, 학생의 성장과 발달, 미래 등에 관한 개념에 교육 제도를 맞추기 위해서는 자기재생적인 인간중심의 학교가 요망된다. 그렇다면 교육개혁은 수많은 인간중심적 대안학교의 발달을 자극하는 데 집중되어야 한다. 해결책을 강요하는 상명하달의 방식으로 제도를 변화시키는 것이 아니라 최신의 가정에 의거하여 교육문제들과 씨름하는 일선의 사람들을 포함하여 아래로부터의 개혁을 추구할 필요가 있다. 이것은 개혁을 수행할 책임이 있는 사람들에게 개혁에 대한 주인의식을 심어준다는 추가적인 이점이 있다. 최신의 개념들을 현장의 젊은이들과 서로 조화시키고자 노력하는 적극적인 사람들로 인해, 교육은 젊은이들의 요구를 보다 효율적으로 충족시킬 수 있을 것이다. 그러한 프로그램이 누적됨으로써 제도는 현재보다 더욱 효율적이고 확실하게 개혁되고, 동시에 계속해서 자기재생이 가능하게 될 것이다.

이렇게 볼 때 입법부, 학교위원회, 학부모 조직 혹은 상급의 학교행정 단계에 관계하는 교육개혁가의 임무는 인간중심적 대안학교의 발달과 혁신적 기능을 촉진하는 일이다. 그러나 이러한 일은 매우 뿌리깊은 전통과 좌절을 낳는 관료제의 타성에 직면해야 하기 때문에 쉽지 않을 것이다. 위로부터 추진된 개혁이 대체로 실패해왔다는 사실을 돌아볼 때, 대안학교의 빌딩을 통해 아래로부터의 개혁에 이르는 것이 앞으로 나아갈 방향처럼 보인다. 또한 자기재생의 대안학교를 통해 개혁을 성취해야 한다는 점은 「위기에 선 국가」(A Nation At Risk, 1983)와 같은 연구들과 국가교육협회(NEA)의 퍼트렐(Futrell) 회장이나 전미교사협회(AFOT)의 샹커(Shanker) 회장이 확실하게 밝혔듯이 교육계의 지도자들에 의해서도 주장된 바 있다.

오늘날 대부분의 학교는 본질적으로 교육과정중심이다. 일반적으로 학교의 기본 목적은 학생들로 하여금 정해진 교육과정이나 기술을 습득케 하는 것이다. 교사들은 교육과정의 관리자나 지도자로 간주된다. 반면에 학생들은 대상으로 여겨지고 필수 교육과정을 배우게 된다. 이와 대조적으로, 인간중심의 학교는 학습자와 그/그녀의 성장과 발달에 기본적인 초점을 둔다. 이때 교사는 관리자나 지도자 대신에 촉진자의 역할을 한다. 과정과 학습자의 내부에서 일어나는 일이 중요시된다. 교사는 안내자, 조력자, 다정한 사회의 대표자의 역할을 담당한다.

　인간중심의 학교에서는 학습자와 학습과정에 대해 알고 있는 가장 최선의 것을 실행하고자 한다. 개혁의 선두에 선 교육자들은 수년 동안 인간중심 접근으로 교수와 프로그램의 수립을 시도하고 있다. 많은 지역에서 교사들이 계획하고 실천하는 데 다양한 최신의 개념을 적용하고 있는 것을 발견할 수 있다. 어떤 교사들에게 이것은 인간중심의 사고를 일에 적용하려는 의도적인 시도이다. 다른 교사들은 단지 '그것이 올바르다고 느껴지기 때문에' 인간중심 접근에 슬며시 동참하고 있다. 대개 이러한 노력들은 전해지지 않으며 좋은 결과를 얻지 못한다. 하지만 그것이 자신들의 직업을 보다 행복하고 생산적이게 하는 접근이라는 것을 발견함에 따라 인간중심 실천가의 수는 서서히 증가한다. 어떤 교사들은 옆 반의 교사들이 하는 것과는 아무런 관련없이 단독으로 인간중심 방식에 따라 자신의 학급을 운영한다. 또한 도처에서 인간중심 교수방법을 엄격히 시험하는 교사집단들과 만날 수 있고, 때때로 학교 전체가 그러한 방향으로 나아가는 경우도 찾아볼 수 있다.

　올바른 방법이라는 것이 존재하지 않는 것처럼, 인간중심의 학교란 무엇이어야 하는가에 대한 정확한 정의 또한 없다. 인간중심 실천은 비슷한 기본 가정에서 비롯되지만 그 실행은 반드시 교사의 신념체계, 그 지역의 학생, 교육목적, 지역사회의 자원 및 조건들과 조화되어야 한다. 인간중심의 학교는 마주한 학생과 환경에 적당한 철학과 전략을 세우는 마음이 맞는 교직원들의 작품이다. 그런 학교는 서로 바꿀 수 없다. 인간중심에는 규칙이 없다. 그것은 학생, 학습, 목적에 대한 사고방식이다. 그것이 어떻게 이행되는가는 학교에 따라, 심지어는 교실에 따라 매우 다양할 수 있다. 한 학교의 프로그램을 가져다가 똑같은 결과를 기대하면서 다른 곳에 성공적으로 적용할 수 없는 것이다. 인간중심의 학교는 대규모화, 위로부터의 상명하달식 경영, 규격화에 기여할 수 없다. 오히려 독창적이다. 즉, 공통의 가정에 근거하고 있지만 그것을 어떻게 실행하는가는 매우 다양하다.

인간중심 학교의 공통 특성

새로운 개념의 실행

인간중심 학교에 딱 들어맞는 정의란 있을 수 없지만, 몇 가지 비슷한 특성을 발견할 수 있다. 예를 들어, 인간중심 학교는 학생의 본성과 학습과정에 관한 최신의 사고를 실행에 옮기고자 하는 관심을 공유하고 있다. 내가 아는 바로는, 어떠한 학교도 지금까지 알려진 모든 것을 체계적으로 실천에 옮기려고 하지 않았다. 대신에 여기 저기의 인간중심 학교는 하나 혹은 그 이상의 원리를 학교나 교실활동으로 옮길 수 있는 방법을 모색하면서 실험하는 경향이 있었다. 예컨대, 정서교육에의 관심, 등수, 평가, 진급을 대신할 방법, 학생요구, 자아개념, 준비도에의 관심을 보라.

제2장과 제3장에서 개략한 새로운 시식들은 수없이 열거되는 새로운 사고와 실천을 위한 기본 가정을 제공한다. 때문에 어떤 학교가 그 모든 것을 실행하기를 기대하는 것은 아마도 지나친 요구일 것이다. 학생과 마찬가지로, 교사들도 새 것을 다루는 준비 상태가 다양할 것이다. 얼마 동안은 교사들로 하여금 준비되었다고 느끼고, 다루고 싶어하는 가정들을 탐구하도록 격려하는 데 만족해야만 할 것이다.

인간중심

일반적으로 인산중심 학교는 '사람'에게 깊은 관심을 둔다. 전통적인 내용과 교과 외에도 신뢰할 만한 가치나 개인적 신념과 태도를 학생들이 발달시키록 도울 방법을 모색한다. 교육과정을 융통성있게 운영하며, 학생의 요구와 사회 및 지역사회의 최근 관심사를 잘 받아들인다. 교과서의 채택이나 상업적으로 만들어진 학습지에 덜 의존하는 대신, 수업을 개별화하는 데 진지한 노력을 기울이고, 연구물과 도서관의 자료, 현장학습, 실험실, 교사/학생이 고안한 도구, 자료와 경험에 관한 지역사회의 자원을 많이 이용한다.

과정중심

인간중심 학교는 목적보다는 과정에 더욱 많은 관심을 갖는다. 다시 말해 특별한 정보의 획득보다는 교수 – 학습과정에서 학생들에게 일어나는 것에 더 높은 가치를 둔다. 또한 학습과정에의 참여가 특정한 해답을 아는 것보다 중요하며, 학습하는 법을 아는 것이 '올바른' 사실을 아는 것보다 의미있다고 여긴다.

유연성

인간중심 학교는 학생의 요구, 지역사회의 자원, 아이디어 변화에 쉽게 적응할 수 있기 때문에, 학교의 구조가 상당히 유연하다. 엄격한 규칙, 규정 혹은 절차를 반대한다. 인간중심 학교에서는 조직이나 방법론을 잠정적인 것으로 여기는 경향이 있다. 즉, 이것들은 목적을 탐색하는 것을 촉진하기 위한 현재의 시도일 뿐이다. 따라서 목적이나 사정이 용납되면 조직이나 방법론은 계속해서 수정되거나 파기되기도 한다.

규 모

인간중심 학교는 제한된 현장의 시설과 학생 요구에 최신의 가정을 독특한 방식으로 실행하고자 애쓰는 뜻을 같이 하는 교사들의 고안품이다. 인간중심 학교에 필요한 마음이 맞은 교사와 특정한 학생들에게 적합하기 위해서는 규모가 엄격하게 제한된다. 더군다나 혁신적인 교사는 서로 친밀한 관계에서 일해야 하기 때문에, 집단은 효과적인 의사소통이 충분히 가능하도록 작아야 한다. 이와 함께 인간중심 학교는 각 학교에 알맞은 최적의 학생 규모를 알아야만 한다.

과도기적 성격

인간중심 학교는 아이디어의 변화, 목적, 자원, 학생들에게 적응해야 하는 지속적으로 유동적인 상태로 존재한다. 따라서 번창했다가 자취를 감추거나, 다른 철학이나 프로그램으로 대체될 수 있다. 이것은 개혁가들에게는 상당히 고민스러운 문제이다. 당신이 좋은 것을 지녔을 때, 그것을 지키는 것이 합리적인 것처럼 보인다. 그러나 불행하게도 영속성이란 혁신, 변화, 창조성, 실험에는 도움이 되지 않는다. 또한 인간중심 학교는 뜻이 맞는 교사들의 작품이다. 그러나 교사들도 인간이기에 마음을 곧잘 바꾸고, 이런 저런 이유로 조직이나 지역사회를 떠난다. 이것이 혁신적인 프로그램이나 학교가 시간이 지남에 따라 변하거나 자멸하게 되는 가장 중요한 원인이다. 언뜻 보기에 이러한 인간중심 학교의 박약한 특성은 실망을 주지만, 동시에 제도에 대해 자기재생의 속성을 보장하는 것이다.

인간중심 학교의 체크리스트

많은 교육자들은, 개인적으로나 집단적으로 우리에게 필요한 인간중심 학교의 종류를 알아내고자 노력하였다. 이들 중에서 가장 잘 된 것 몇 가지는 이른바 인간주의 운동과 관련된 교육자들에게서 나온 것이었다. 불행히도 이들은 최근 들어 이 운동을 파괴적이고 불경스럽게 바라보는 보수적인 극단론자들로부터 지독한 비난을 받고 있다. 비판론자들은 이 운동에 "세속적인 인본주의"라는 딱지를 붙이며, 수많은 인간중심 교사들을 재야로 내몰면서 격렬히 반대한다. 물론 그러한 비난은 터무니없는 것이다. 인간중심 학교 역시 현대 과학이 학습과 성장에 대해 제공할 수 있는 최선의 것을 젊은이들의 교육에 적용하고자 한다. 더군다나 생활방식의 개선을 위해 과학을 적용하는 것은 애플파이만큼이나 미국적이다. 그럼에도 이러한 불행한 오해는 교육의 이론과 실제에서 필요한 개혁을 심하게 늦추는 결과만을 초래하였다. 수십년 동안 추진되어 온 교육개혁에 대한 가장 유망한 접근 중의 어떤 것을 위협을 주어가며 거부할 여유가 우리에게는 없다.

1976년 장학과 교육과정 개발협회(ASCD)는 일단의 저명한 교육자들을 인간주의 교육연구회의 회원으로 임명하였다. 이들은 인간주의 교육을 정의하고 그것을 평가할 수 있는 방법을 모색하도록 책임을 부여받았다. 2년 뒤에 이 모임은 「인간주의 교육 : 목표와 평가」라는 보고서를 제출하였다. 연구회의 특별 조사단은 신중하게 수집되고 광범위한 검증을 거친 100개항의 '인간주의적 학교를 알아보는 기준'(Brown, 1978)을 만들어냈다. 이 체크리스트는 부모나 교사 그리고 자신이 살고 있는 지역사회의 학교가 얼마나 인간중심적인지를 평가하는 데 관심이 있는 사람을 위한 것이었다. 인간중심 학교의 성격을 보다 깊이 탐구하고 싶어하는 독자들을 위해, 우리는 이 책의 부록에 체크리스트를 다시 수록하였다.

인간중심 학교의 표준이란 없는가?

일반적으로 인간중심 학교와 실천을 말할 때 제기되는 우려는 인간중심의 실천이 제도화될 때 다른 어떤 것이 무시될 것이라는 걱정이다. 그러나 이러한 우려는 근거가 없는 것이다. 왜냐하면 인간중심이란 양자택일의 문제가 아니기 때문이다. 그것은 관대하고 멋대로인 활동방식이 아니다. 학교가 학생중심이고 공감적이라는 것은, 좋은 것이 좋다는 식이나 방임을 하거나 혹은 전통적인 교과와 표준들을 가치절하하는 것을 의미하지 않는다. 오히려 정반대이다. 인간중심 접근이란 교과와 표준들이 보다 충실하고 성공적으로 달성되도록 보장하기 위해 고안되었으며, 젊은이들이 최대한의 성장과 발달을 이루도록 하는 보다 효율적인 방식이다.

전국적으로 통용되는 표준화 검사를 가지고 전통적인 교과와 기술을 측정한 결과 인간중심 접근의 교육이 보다 좋은 성적을 거두었다는 것을 연구에서는 분명히 보여준다. 아마도 가장 종합적인 연구는 인간주의 교육을 위한 국가 컨소시움의 애스피(David Aspy)와 뢰벅(Flora Roebuck), 그리고 그의 동료들에 의해 이루어졌다.『충분히 긴 지렛대』(A Lever Long Enough, Aspy, 1976)와『어린이들은 좋아하지 않는 교사로부터는 배우지 않는다』(Kids Don't Learn From Teachers They Don't Like, Aspy, 1977)라는 두 권의 책에서 42개 주와 7개 국가로부터 인간중심의 가르침은 교과 성적을 현저하게 높일 뿐만 아니라 지능 측정치를 높이고, 중퇴와 장기결석 그리고 훈육을 줄어들게 할 것이라는 주장을 지지하는 증거를 제시하였다. 저자들은 이제 더 이상 전통적인 접근의 비효율성을 참아낼 수 없다고 주장한다.

인간중심 운동은 헛된 이상이나 용두사미로 끝나는 것이 아니다. 그것은 생물학, 심리학 그리고 미래지향의 교육학에 대해 우리가 알고 있는 최선의 것을 적용하고자 하는 확고하고, 필요하며, 불가피한 것이다. 또한 우리가 살고 있는 사회와 변화하는 시대의 요구에 대한 대응이다. 구체적이고 실질적인 사안에 연구의 결과를 응용하는 것이 미국을 위대하게 만든 동인 중의 하나이다. 인간중심 교육운동은 교육에 대해 바로 그렇게 하고자 하는 것이다. 그것은 세계적인 인간 사상의 추세를 교육적으로 표현한 것이다. 철학, 신학, 심리학, 인류학, 의학 그리고 정치학에서도 유사한 인간주의자들의 운동이 있다. 공립학교가 그곳에 이르는데 너무 오래 걸렸다는 것은 이상한 일이다.

대안학교와 개혁

현실과 일치하지 않는 제도가 되풀이되는 것을 막기 위해, 개혁의 노력이 문제에 대한 일회성 접근으로 그쳐서는 안 된다. 계속해서 아이디어를 탐구하고, 혁신을 계획하며, 모든 수준에서의 실험에 참여하는 것이 가능한 자기재생적인 제도를 필요로 한다. 수많은 인간중심의 대안학교를 세우는 것도 그러한 목표를 충족시키는 한 가지 방법이다. 현재와 같은 대규모화, 획일화, 산업형 모델, 힘의 조작화 사고와 위로부터의 개혁은 뜻을 같이 하는 교사들로 충원된 인간중심의 학교를 만들고, 그들의 활동을 촉진하는 방향으로 바뀌어야만 한다. 현재의 철학, 활동 그리고 오랜 전통과 확연히 구별되는 필요한 전략을 만드는 일은 어려울 것이다.

다행스럽게도, 우리는 이런 새로운 개념의 개혁을 무(無)에서 시작하지 않아도 된다. 제3장에서 개략한 학습의 7가지 원리에 따라 탐구하고 적용할 수 있는 가능성은 믿을 수 없을 만큼 많으며, 최소한 몇 십년 동안 우리를 바쁘게 하기에 충분하다. 또한 인간발달, 동기와 학습, 지각-경험심리학, 뇌 연구, 정신요법, 집단과정, 건강 그리고 자아실현과 같은 분야는 새롭고 매혹적인 가정들이 거의 매일같이 모색되고 있다. 문제는 특정한 교사와 지역사회를 탐구하는 데 가장 가치있는 가정을 선택하는 것이다. 또한 가정을 실행하는 데 필요한 기법들은 여러 지역의 좋은 교사들에 의해 고안되어 발표된 금쪽같은 것들을 활용할 수 있다. 아이디어와 실천에 관한 추가적인 자원은 이미 많은 지역에 세워진 대안학교의 혁신적인 프로그램에서도 찾을 수 있다. 우리는 혁신적인 사고와 활동을 위한 풍부한 가정들의 값진 창고를 두드리지도 않았다. 본 장과 다음 장의 참고문헌에서 인간중심의 대안학교를 통한 개혁과 혁신에 흥미를 가진 사람들을 위한 풍부한 자료원이 제시되었다.

주와 참고문헌

일반자료 :

Bredekamp, S. 1989. *Developmentally appropriate practice.* Washington, D. C. National Association Of Young Children.

Educational Commission of the States, 1985. *Reconnecting youth: The next stage of reform.* Denver, Co. Education and Business Advisory Commission.

Michaels, K. 1988. "Caution: Second wave reform taking place" *Educational Leadership,* 45, 3-4.

Miles, M. and Hubermann, M. 1984. *Innovation up close.* New York, Praeger

National Commission on Excellence In Education. 1983. *A Nation at risk: the imperative for educational reform.* Washington, D. C. Government Printing Office.

Timar, T. and Kirk, D. 1989. "Educational reform in the 1980's: Lessons from the states". *Phi Delta Kappan*. 70, 504-511.

학습에 관한 자료 :

A. S. C. D. 1969. *Humanizing the secondary school*. Alexandria, Va. Association for Supervision and Curriculum Development.

Baron, J. and Sternberg, R. 1987. *Teaching thinking skills: Theory and practice*. New York, Freeman.

Combs, A. 1985. *Helping Relationships: Basic Concepts For the Helping Professions. Boston, MA* Allyn and Bacon.

Della-Dora, D. and Blanchard, L. 1979. *Moving toward self-directed learning*. Alexandria, Va. Association for Supervision and Curriculum Development.

Knowles, M. 1975. *Self directed learning: A guide for learners and teachers*. New York, Association Press.

Welch, I. and Usher, R. 1978. "Humanistic education: The discovery of personal meaning", *Colorado Journal of Educational Research*. 17, 17-23.

Rogers, C. 1967. "The interpersonal relationship in the facilitation of learning". IN *Humanizing education: the person in the process*. Alexandria, Va. Association for Supervision and Curriculum Development.

인간중심 학교에서의 자아에 관한 자료 :

Canfield, J. and Wells, H. 1976. *100ways to enhance self concept in the classroom*. Englewood Cliffs, N. J. Prentice Hall.

Hamachek, D. 1970. *The self in growth, teaching and learning*. Englewood Cliffs, N. J. Prentice Hall.

Purkey, W. 1970. *Self concept and school achievement*. Englewood Cliffs, N. J. Prentice Hall.

인간중심 학교에 관한 자료 :

Boyer, E. 1988. "A generational imperative: Educate all our children." *The Generational Journal,* 1988, 1-5.

Combs, A. 1978. *Humanistic education: The person in the process.*

Alexandria, Va. Association for Supervision and Curriculum Development.

Combs, A. 1988. "Is there a future for humanistic person-centered education?" *Person-centered Review,* 3, 96-103.

Gregory, T. and Smith, G. 1987. *High schools as communities: The small shool reconsidered.* Bloomington, IN, Phi Delta Kappa.

Glasser, W. 1975. *School without failure.* New York, Harper and Row.

Holt, J. 1988. *How children fail.* New York, Dell Publishers.

Holt, J. 1989. *Learning all the time.* Reading, Ma. Addison-Welsley.

Howard, E. et. al. 1987. "Handbook for conducting school climate improvement projects" Bloomington, IN. *Phi Delta Kappa* Education Foundation.

Howe, L. and Howe, M. 1975. *Personalizing education: Values clarification and beyond.* New York, Hart Publishers.

Jeter, J. 1980. *Approaches to individualizing instruction.* Alexandria, Va. Association for Supervision and Curriculum Development.

Johnson, D. and Johnson, R. 1975. *Learning together and alone.* Englewood Cliffs, N.J., Prentice Hall.

인간중심 내안을 위한 요구에 관한 자료 :

Aspy, D. and Roebuck, F. 1976. *A lever long enough.* Washington, D. C. The National Consortium for Humanistic Education.

Aspy, D. and Roebuck, F. 1977. *Kids don't learn from teachers they don't like.* Amherst, Ma. Human Resources Development Press.

Brown, D. 1978. "A Checklist for humanistic schools" IN ASCD, *Humanistic education: Objectives and assessment,* Alexandria, Va. Association for Supervision and Curriculum Development.

Combs, A. 1981. "Humanistic education: Too tender for a tough world?" *Phi Delta Kappan,* 1981, 446-449.

Futrell, M. 1989. "Mission not accomplishered: Educational reform in retrospect" *Phi Delta Kappan.* 71, 8-14.

McDaniel, T. 1989. "Demilitarizing public education: School reform in the era of George Bush" *Phi Delta Kappan.* 71, 15-18.

Raywid, M. 1987. "Public Choice, yes; Vouchers, no!". *Phi Delta Kappan.* 1987, 766.

Raywid, M. 1984. "Synthesis of research on schools of choice." *Educational Leadership,* April, 1984, 71-78.

Shanker, A. "The end of the traditional model of schooling : and a proposal for using incentives to restructure our public schools" *Phi Delta Kappan,* 71, 344-358.

제 5 장

전체적 전략

현재의 학교를 효과적으로 개혁하는 데 필요한 변화를 이끌어내기 위해서는 규정, 시설, 장비, 기법 등을 단편적으로 고치는 것으로는 부족하다. 우리가 시도하고자 결정한 모든 것은 추구하는 목적과 소중히 여기는 원칙, 목적과 원칙이 통용되는 환경 그리고 계획을 수행할 것으로 기대되는 사람들에게 맞아야 한다. 우리는 학습에 대한 기본 가정에 근거하여 인간중심의 자기재생적인 대안학교가 필요함을 입증하였다. 그러한 제도를 달성하기 위해 우리는 닫힌 체제(closed system)와 열린 체제(open system)라는 두 가지의 전체적인 전략을 활용할 수 있다.

이 두 가지 체제는 각각 변화의 문제에 접근하기 위한 준거틀이다. 또한 인간중심 학교와 교실의 운영 그리고 이러한 학교와 교실을 만드는 데 사용될 전략을 포함하여 교육 전반과 밀접하게 관련된다. 어떤 하나의 전략을 채택하게 되면 교사, 행정가, 관련인사들은 물론이고 철학, 목적, 교육과정, 행정, 가치, 교사-학생 관계 등에 관한 총체적인 관점을 견지하게 된다.

닫힌 체제와 열린 체제

닫힌 체제적 사고는 매우 명확하게 정의된 목표에서 출발하여, 그것에 도달하는 데 필요한 기구와 기법을 선택하고, 계획을 실행에 옮기고, 그리고 나서 목표가 실제로 달성되었는지를 판단하고자 결과를 평가한다. 이것은 산업체에서 물건을 만들어내거나 혹은 아동들에게 셈하는 방법을 가르치고자 할 때 이용되는 접근법이다. 닫힌 체제적 사고는 과학기술 사회의 많은 경우에 매우 유용하게 사용되었다. 또한 입법자, 기업인, 학교위원회, 행정가 그리고 학부모들에게는 상당한 호소력을 가지며, 그들에게 익숙한 사고방식이다. 사실, 닫힌 체제적 사고는 너무나 논리적이고, 간단하며, 능률적으로 보이기 때문에 그것을 문제삼는 사람은 거의 없었다. 그것은 교육문제에 대한 가장 우선되는 접근법이었으며, 오랫동안 의지해 오고 있다. 힘의 조작화 준거틀도 닫힌 체제적 사고의 한 표현이며, 지난 40여년 동안 추진된 대부분의 개혁 시도들도 그렇게 만들어진 것이었다.

반면에, 열린 체제는 종종 명쾌한 목적이나 목표없이도 움직인다. 오히려 문제에 직면하고 나서야 해결책을 찾는 식이다. 왜냐하면 해결책의 성질이 처음에는 분명하게 알 수 없기 때문이다. 이것은 내담자로 하여금 자신의 문제를 찾도록 돕기 위해 상담자들이 사용하는 접근법과 같은 것이다. 열린 체제는 입법부가 쟁점을 논의하는 데, 실험실에서 암 치료제를 찾는 데, 미술가가 작품을 만들어내고, 현대적인 교수방법을 '발견' 하는 데 이용되는 체제이다. 그러나 불행히도 열린 체제적 사고는 사회적으로 이해가 부족한 편이며, 따라서 널리 활용되고 있지 못하다. 그럼에도 교실 상황을 비롯한 도처에서 교사들에 의해 사용되고 있다. 열린 체제적 사고는 교육, 특히 교육개혁에 있어 매우 중요하다.

두 가지 접근법을 비교하기 위해, 대도시 중심부의 저소득층 거주 지역이 안고 있는 문제 – 게토 주민의 삶을 개선한다는 – 에 그것들이 어떻게 적용되는지를 생각해보자. 닫힌 체제를 준거틀로 하여 문제에 접근하는 사회복지 행정가는 그의 사무실에 앉아서 신나는 계획을 생각해 낸다. 도시 부유층의 봉사클럽에게 게토의 '한 지역을 맡겨서' 삶의 개선에 필요한 수단을 제공하도록 하면 어떨까? 그는 이런 계획을 몇몇의 봉사클럽에 타진하여, 동의를 얻게 되자 너무나 기뻐했다. 의기양양해진 행정가는 선택된 지역에 사는 사람들을 만나서, 열정적으로 그 계획을 발표하였다. 그는 반발이 있으리라고는 전혀 예상하지 못했다. 그러나 '선택된' 사람들은 그 제안에 의해 격하되고 모욕을 받았다고 생각했다. 그들은 화가 나서 선의의 행정가에게 말했다. "당신, 그 계획을 집어치우시오! 우리는 흰둥이들의 도움 따위는 필요없소!"

몇 년 후 열린 체제적 접근을 따른 다른 행정가는 상당한 성공을 거두었다. 그녀는 그 지역 사람들과 어울렸고 몇 달이 지난 후 "우리가 이 도시에 사는 부자들에게 우리 지역을 위한 보조금을 내놓으라고 하면 어떨까요?"라고 제안했다. 사람들은 그 의견에 대해 흥미를 보였다. 많은 논의를 거쳐 그 계획은 적극 채택되어졌다. 그들은 사업의 명칭 또한 '지역 선택(Adopt a block)' 대신에 '지역의 힘(Block Power)'이라 불렀고, 대다수의 지역 주민들이 동참했다. 적합한 사업을 선택하기 위해 위원회가 구성되었고, 도시의 몇몇 봉사클럽 앞으로 그들의 계획을 알렸다. 그 사업은 찬성을 얻었으며, 성공적으로 수행되었다.

어떠한 준거틀이 변화의 근거로 선택되든, 그 준거틀은 필연적으로 선택한 사람을 다양한 상황과 관계성에 관련된 전체 결과들에 연루되게 한다. 〈표 5-1〉은 각 체제의 특성을 도표로 소개하고 있다. 보다 자세히 살펴보기로 하자.

〈표 5-1〉 개혁에 대한 열린 체제와 닫힌 체제의 사고

구분	닫힌 체제	열린 체제
관점	행동관리, 통제, 조작화 행동주의 심리학에 기초	과정중심, 조건을 촉진 지각-경험심리학에 기초
리더	전문적 진단가 모든 책임을 짐 명확한 목적과 기술 감독자, 힘의 조작화와 결과	안내자, 조력자 책임의 공유 포괄적인 목적 상담, 도움, 촉진자
교육과정	"해야만 한다" 정답 세계에 대한 준비 구체적 목적, 등수, 평가	과정 목적 조건의 조성 문제중심 요구충족, 새로운 요구의 개발
기법	산업형 경쟁과 평가의 중시 행정지배 목표의 달성을 강조	개인적 성장모델 협동적 노력 문제중심 집단의 의사결정 중시 현명한 문제해결을 중시
철학	통제와 감독 영도자 개념 동기에 대해 회의적	성장 철학 민주적 인간에 대한 신뢰
참여자	수동적 리더를 적으로 간주 의존적 헌신의 부족 획일적 가치 긴장의 연속	적극적, 책임감 리더를 협력자로 간주 의사결정에 참여 관여 창조성을 중시 타자에 대한 관심
가치	단순한 기술 분명하게 인지가 가능한 목적 리더가 변화에 필요한 조건을 장악	포괄적인 목적 정확하게 예측이 가능하지 않은 목적 인간적 관심이 우선

초 점

닫힌 체제는 가능한 가장 분명한 용어로 정의되는 행동결과(behavioral outcomes)에 관심을 둔다. 그리고 그러한 결과를 달성하는 데 가장 효과적인 방법들이 만들어지고 실행에 옮겨진다. 이 체제의 심리학적 기초는 행동심리학에서 알아낸 힘의 조작화 준거틀이다. 미리 계획된 결과를 성취하기 위해 자극 혹은 결과의 관리가 강조된다. 이러한 방식에 따라서 일하는 교사와 행정가들은 결과에 영향을 미치는 사람이나 힘을 조종하고 통제하는 데 관심이 있다. 이 입장에서 동기란 명확하게 정의된 목표로 나가도록 참여자들에게 지도자가 행하는 것이다. 목적은 참여자에 의해 세워질 수도 있다. 그러나 전문가, 기존 정책, 교육과정 혹은 행정가에 의해 규정되는 경우가 더욱 많다. 70년대와 80년대의 '행동목표' 운동은 닫힌 체제 사고가 교육개혁에 적용된 주요한 예이다.

열린 체제 사고는 과정을 지향하는 준거틀이다. 특히 기대되는 결과가 미리 명확하게 규정되지 않은 상황에 적절하다. 대신에 리더는 문제를 밝혀내고, 해결책을 공동으로 찾아내는 데 도움이 될 만한 조건을 만들어내기 위해 노력한다. 열린 체제 사고는 심리학적 토대를 지각-경험 심리학에 두고 있다. 그것은 행동뿐만 아니라 행동을 유발하는 태도, 감정, 신념, 가치 혹은 지각에 관심을 둔다. 참여자들이 해결책을 찾도록 격려하고 탐구와 발견의 과정에 최적인 조건을 조성해주면 변화의 과정이 진척되게 된다. 이러한 체제에서 동기란 참여자의 필요, 호(好), 불호(不好), 목적 그리고 포부와 관련된 내적인 문제로 간주된다.

리 더

닫힌 체제에서는 목적이 적절히 성취되도록 하는 모든 책임이 지도자에게 부여되어 있다. 그 과정은 의료 모델과 비슷하다. 어떤 사람이 의사에게 자신의 문제를 이야기한다. 그러면 의사는 상황을 진단하고, 달성할 목표를 정하고, 의사의 지시를 따르도록 처방을 한다. 통제하고 지시하는 책임은 전적으로 지도자의 손에 있고, 참여자는 수동적이고 보조적인 역할을 할 뿐이다. 이 모델은 현대의 산업구조, 군대 그리고 다른 많은 기관에서 발견된다. 닫힌 체제에서 지도자는 예상되는 목적으로 나아가도록 하는 책임을 진다. 이 일이 잘 이루어지려면, 지도자는 언제나 일어나고 있는 일에 대해, 그리고 다음 단계로 이어지는 연결점에 대해 아는 전문적인 진단가여야 한다. 지도자는 목적을 정하고, 그것을 달성하는 데 있어서 거의 모든 책임을 떠맡는다. 지도자는 예상되는 목적을 성취하기 위해 힘의 조작화와 결과를 책임지는 감독자나 관리자의 역할을 담당한다.

열린 체제는 책임의 소재가 아주 다른 데 있다. 최종 결과를 미리 정확하게 알 수 없기 때문에, 결과에 대한 책임은 문제에 처해 관여하고 있는 모두가 분담하게 된다. 더군다나 많은 사람이 논의를 함께 하기 때문에, 더욱 가능성이 있는 해결책들이 만들어진다. 열린 체제는 참여와 권한과 의사결정의 분담을 강조한다. 이러한 공동책임은 지도자에게서 많은 부담을 덜어준다. 지도자가 반드시 옳을 필요는 없다. 지도자의 역할은 지휘자나 관리인이 아니라 조력자나 촉진자인 것이다. 그/그녀의 전문성은 과정을 진행하고 변화의 조건을 만들어내는 데 있다. 지도자는 진행중인 탐구와 발견의 과정에서 상담자로서 돕거나, 지원하거나, 거들거나 혹은 원조하는 조력자이다.

교육과정

닫힌 체제의 관점에서 볼 때, 교육과정은 학생들에게 주입되는 일단의 지식, 교과, 정보 혹은 기술로 이루어진다. 이것들은 학교교육의 중요한 목표로서 사회, 입법자, 행정가, 장학관, 교사 혹은 부모들에 의해 '해야만 한다'라는 식으로 표현된다. 대부분의 교수는 이러한 목표를 중심에 둔다. 평가, 경쟁, 등수 그리고 다양한 형태의 보상이나 처벌과 같은 힘들은 학생들이 최대한의 성취를 하도록 하기 위해 만들어진다.

열린 체제의 입장에서도 교육과정은 학생들이 유능한 시민이 되기 위한 지식과 기술을 얻도록 돕는 것과 관련된다. 그러나 목적은 명료하게 표현되지 않으며, 다양성과 개인적 선택의 가능성이 많다. 교육과정의 대부분도 문제해결, 창조성, 책임성, 학습하는 방법의 학습 혹은 더욱 광범위하고 덜 명료하게 규정되는 교과목표와 같은 과정중심 용어들로 표현된다. 목적이 매우 포괄적이고 개인적이기 때문에, 협동이 더욱 강조되고 평가와 성적은 덜 강조되는 것 같다. 열린 체제는 개인적 필요를 충족시키고 새로운 필요를 발견하는 것을 더욱 중요하게 여긴다.

기법과 방법

닫힌 체제는 관리와 통제에 초점을 둔다. 따라서 방법들도 산업 혹은 의료의 모델을 본뜨고, 방법의 통제는 명백한 목표를 성취하는 데 여념이 없는 '전문가' 혹은 보스에게 맡겨진다. 기법들은 바람직한 목적으로 행동을 바꾸기 위해 고안된 사물이나 힘에 집중되는 경향이 있다. 그러한 체제에서는 경쟁과 평가기법들이 매우 중요하게 다루어지고, 목표의 성취, 표준 그리고 처벌에 많은 관심을 둔다. 위계적인 행정조직은 리더와 그를 따르는 사람들이 명확하게 구분되어 일사분란하게 움직이는 경향이 있다.

열린 체제의 방법들은 성장 모델을 따른다. 건강한 식물을 재배하는 것처럼, 가장 좋은 땅을 찾아 씨를 뿌리고, 씨가 가장 잘 자랄 수 있는 조건을 만들어 자라게 한다. 열린 체제는 참여자가 탐구하고 발견하는 과정과 최적의 조건을 조장하는 데 전력을 기울인다. 참여자와 리더 사이의 협동이 중요하게 여겨지며, 집단의 결정이 당연시되는 경우가 많다. 정답보다는 이성적인 문제해결이 더욱 강조된다.

철 학

통제와 감독 그리고 리더에 의해서 목적이 결정되는 것을 강조하는 닫힌 체제는 극단적으로는 '영도자(great man)' 개념을 이끌어낸다. 닫힌 체제의 철학은 그/그녀 혹은 관련된 사람들이 확실히 성공하기 위해서 어디로 가야만 할지를 아는 '영도자'를 원한다. 이 입장은 인간의 동기나 능력의 적절성을 불신하고, 무지한 사람들을 이끌고 지도할 사람을 찾는다.

성장 철학에 따라 움직이는 열린 체제적 사고는 인간에 대한 기본적인 신뢰로부터 시작하고 인간 자원의 작용을 촉진하는 조건을 만드는 데 주의를 집중한다. 이 접근은 본질적으로 민주적이다. 그것은 인간이 근본적으로 존엄하고 완전한 존재라고 보고, "사람은 자유로울 때, 최선의 길을 찾을 수 있다"라는 믿음을 이행하고자 한다.

참여자에 대한 영향

닫힌 체제적 사고에서는 리더가 대부분의 결정을 내리기 때문에, 참여자는 수동적으로 그들에게 요구되는 일만 하는 경향이 있다. 또한 리더에게 문제를 해결하고 결정을 내리도록 맡겨져 있다. 닫힌 체제는 종종 리더가 '적'으로 여겨지고 공공연하게 혹은 암암리에 적대적으로 여겨질 수 있는 지지관계로 발전한다. 스트레스와 불안은 닫힌 체제에서 자주 나타나는 특성이다. 사람은 자신의 인생에 영향을 주는 의사결정에 참여하지 못할 때, 그 체제에 순응하거나, 반란을 일으키거나, 그만두거나 떠나버리는 경향이 있다. 그들은 종종 자신의 운명에 대한 통제력을 가지지 못했다고 믿는 '학습된 무기력(learned helplessness)'의 피해자가 된다.

열린 체제에서 리더는 조력자나 친절한 대표자로 여겨진다. 결과적으로, 참여자는 더욱 적극적으로 참여하게 된다. 그들은 의사결정에도 참여하고 따라서 더욱 협동적이며 책임감이 강하다. 더욱 많은 사람들이 문제의 탐구과정에 참여하기 때문에, 보다 가능성이 큰 해결책들이 모색된다. 참여자들은 과정을 '함께' 했기 때문에, 내려진 결정에 잘 따르는 것이다. 문제의 해결을 강조하는 열린 체제는 순응을 요구하기보다는 창조적이다. 열린 체제에서 긴장의 수준은 일반적으로 낮고, 참여자들은 서로에게 보다 많은 관심을 보인다.

가치와 이용

앞에서 우리는 닫힌 사고와 열린 사고 체제 그리고 그것이 교육활동에 어떠한 함의를 가지는지를 알아보았다. 이것은 두 가지 입장을 대조하기 위해 의도적으로 행한 것이다. 물론 그러한 뚜렷한 차이가 하루하루의 일상에서는 나타나지 않음을 인정해야만 한다. 이것들은 양자택일의 문제가 아니다. 오히려 교육자들은 상황의 요구에 따라 특정 준거틀도 이용하고 있음을 관찰할 수 있다. 그러한 운영방식은 중요한 가치들을 지닌다. 즉, 배타적으로 어떤 한 입장을 채택하는 것이 아니라, 각각의 입장을 충분히 이해하고 경우에 따라 이것들을 적절하게 활용하는 것이다.

일반적으로 말해, 닫힌 체제적 사고와 관리기법은 다음과 같은 상황에서는 매우 유용할 수 있다. ① 결과가 분명할 때, ② 결과가 미리부터 간단하게 정해져 있을 때, ③ 지도자가 사안을 통제하는 수단을 확실히 가졌을 때. 또한 닫힌 체제적 접근은 사물을 다룰 때 그리고 참여자들에 대한 영향이 무시되어도 좋을 때 유용하다. 닫힌 체제를 효과적으로 사용할 수 있는 조건은 종종 교실 상황에서도, 특히 특정한 기술이나 초등학교 수준에서 명확하게 정의된 행동을 가르치는 것과 관련하여 나타난다. 때로는 행정가와 교사 사이에서도 그러한 조건이 형성될 수 있다. 그러나 사람을 마주해야 할 필요와 서로간의 상호작용이 더욱더 중요하게 됨에 따라 닫힌 체제적 사고의 효율성은 급속히 사라지게 된다. 개혁의 주요한 문제에 적용했을 때도 그러한 한계는 닫힌 체제적 접근의 유용성을 크게 제약한다.

대체로 열린 체제적 사고는 교육개혁의 목적을 달성하는 데 보다 유용하다는 것이 입증될 것이다. 열린 체제는 특히 다음과 같은 상황에 적절하다 ;

① 광범위한 목적의 달성을 위해, 혹은

② 목표를 한정된 말로 명쾌하게 설명할 수 없을 때.

③ 또한 우리가 사람의 내적인 경험 - 감정, 태도, 신념, 가치, 개인적 의미 혹은 헌신 등에 어떤 변화를 일으키는 데 관심이 있을 때, 특히 유용할 것이다. 우리가 확인했듯이, 교육이란 인간의 문제이고, 교육개혁의 문제들은 사람들을 움직이기 위해 독특하게 입안된 준거틀을 요구한다. 닫힌 체제적 사고도 개혁의 과정에서 이따금씩 적용되지만, 열린 체제의 준거틀로부터 우리가 필요로 하는 변화를 훨씬 많이 이끌어낼 수 있을 것이다.

개혁을 위한 체제는 어떤 것인가?

대부분의 경우, 전통적인 학교나 교실은 닫힌 체제적 사고에 따라 계획되고 운영되어진다. 목적이나 교육과정은 처음부터 분명하게 정해지고 전문가로 간주되는 교사들이 일어나는 일들을 감독하고 통제한다. 반면에, 학생들은 가르침을 받는 사람으로 간주되고 그 과정에 협력할 것으로 기대된다.

그러나 변화하는 사회와 젊은이들이 앞으로 살아갈 미래 그리고 학습자와 학습과정에 대한 최근의 지식은 인간중심의 학교를 요구한다. 이러한 인간중심 학교의 계획과 운영에는 열린 체제적 사고가 중요하게 활용되어야 한다. 열린 체제적 사고의 원리들은 인간중심의 학교가 자리잡을 수 있는 중요한 기본 가정을 제공하며, 교사와 행정가들의 전문적 활동을 위한 지침들을 포함한다.

닫힌 체제석 사고는 결국 감독, 통제 그리고 관리방법으로 귀착된다. 그것은 위로부터의 전략을 옹호하고 사물을 중시하는 힘의 조작화에 의한 개혁을 장려한다. 닫힌 체제적 사고에 따를 때, 개혁의 문제는 전형적으로 다음과 같은 식으로 제기될 것이다 ;

문제를 분석하고 목적을 설정하면서
전문가와 상의하고 문헌을 참고하면서
계획을 작성하면서
일할 사람과 책임을 할당하면서
문제와 관련이 있어 보이는 힘들을 통제하고 새 방향으로 돌리고자 시도하면서.

우리는 50여년 이상 별다른 성과를 보지 못하면서도 닫힌 체제적 접근을 이용해 왔다. 이 책의 주요한 논제는 한뜻으로 학생의 성장과 학습에 대한 새로운 이해를 실행에 옮기고자 하는 교사를 중심으로 조직된 대안학교의 발전을 통해 효과적인 개혁이 보다 잘 이루어질 수 있다는 것이다. 그러한 인간중심 학교를 세우고 운영하기 위해서는 열린 체제적 사고와 활동에 주의를 기울일 필요가 있다. 그것은 제도 전반에 걸친 개혁의 기본적인 지침으로서도 중요하다. 그러나 열린 체제적 사고를 대규모로 적용하는 것은 쉬운 문제가 아니다. 그러한 사고는 일반적으로 서로가 효과적으로 상호작용할 수 있을 만큼의 소집단에 한정된다. 따라서 우리는 ① 실망스러운 결과를 반복하면서도 다수에게 적용할 수 있는 관리전략을 계속할 것인가, 혹은 ② 보다 작은 단위에 한정되지만 사람을 변화시키고자 하는 더욱 유망한 전략을 채택할 것인가 하는 선택에 직면하게 된다. 전자는 비록 부적절할지라도 크게 노력하고 있다는 환상을 준다. 후자는 교육의 모든 부분에 걸친 전략에 대해 혁명적인 변화를 요구한다. 만약 우리가 인간중심 접근의 개혁이 필요하다는 것을 인정한다면, 학교 내의 모든 사람들은, 특히 교사와 상급 장학관들은 열린 체제로 일하는 방식을 익힐 필요가 있다.

무엇이 좋은 교사를 만드는가?

가르치고 관리하는 일의 성격과 효과적인 조력자의 특성에 대한 새로운 개념은 개혁에 대한 전반적인 전략에 있어 다른 또 하나의 주요 변화를 요구한다. 뇌의 기능, 동기, 학습 그리고 미래에 대한 새로운 개념들이 교육에 널리 확산되어 있던 생각을 변화시켰듯이, 무엇이 좋은 교사나 행정가를 만드는가에 대한 우리의 생각에도 변화가 있어야 한다.

교과에 대한 지식과 교수기술

　오랫동안 우리는 좋은 가르침이란 주로 교과에 대한 지식과 그것을 효과적으로 가르치는 기술의 문제라고 생각해 왔다. 그러나 최근에 위의 두 가지 가정이 잘못된 것이라는 결론을 내리지 않을 수 없게 되었다. 교과에 대한 지식이 효과적인 교수를 위해 중요하지 않다고 주장하는 사람은 없다. 물론 그것도 중요하다. 그러나 지식만으로는 좋은 가르침을 보장할 수 없다. 교과에 대해서는 잘 알면서도 그것을 효과적으로 가르치지 못하는 교사 때문에 고생해보지 않은 사람은 없을 것이다. 교과란 전달되어야 하는 물건과 같은 것이다. 그것을 전달하는 일은 학습의 과정을 쉽게 하는 교사의 기술에 달려 있다. 아동들에게 수학, 과학, 읽기, 사회과, 미술, 음악, 체육, 건강, 지리, 역사, 철자법, 쓰기, 약물 사용 그리고 성교육 등 10 내지 15과목을 소개해야만 하는 초등학교 교사들은 특히 그러하다. 초등학교 교사들에게는 교과에 대한 철저한 지식보다는 아동들과 그들이 어떻게 성장하고 학습하는지를 이해하는 것이 훨씬 더 중요하다. 교육이 더욱 세분화되는 중등학교와 대학 수준에서는, 교과에 대한 교사의 상세한 지식이 보다 중요하게 되지만 그렇다고 그것만으로는 좋은 가르침을 보장할 수 없다.

방법과 좋은 교수

　또한 좋은 가르침이란 '올바른' 방법을 채택하는 문제가 아니다. 앞 장에서, 수많은 시도들에도 불구하고 좋은 전문적 조력자와 그렇지 못한 전문적 조력자를 확실하게 구별할 수 있는 방법을 찾는 연구가 성공하지 못했음을 보았다. 방법은 너무나 복잡하고 너무나 다양한 변인에 알맞아야 하기 때문에 절대적으로 옳은 방법을 찾고자 하는 바람은 헛된 노력일 뿐이다. 그러나 모든 사람들은 학생 시절의 개인적 경험을 통해 교수나 행정에 질적 차이가 존재함을 안다. 그러한 차이가 지식이나 방법에 있지 않다면, 그것은 과연 무엇일까?

신념체계의 중요한 특성

그간 가르침이란 적절한 시간에, 적절한 방법으로, 적절한 일을 행하는 기계적인 활동이라고 생각해 왔다. 따라서, 개혁에 대한 노력은 방법과 사물로 모아졌다. 그러나 좋은 가르침과 그렇지 못한 가르침에 대한 최근의 연구에 따르면, 효과적인 가르침이란 지식이나 방법의 직접적인 기능이 아니라 태도와 신념의 문제이다. 즉, 좋은 가르침이란 교사의 신념체계, 특히 교사들이 그들 자신과 학생, 교과와 자신의 직업에 대해 믿고 있는 바에 따라 좌우되는 것이다. 이러한 이해는 가르침에 대한, 교사교육의 문제에 어떻게 접근해야 하는가에 대한, 교실에서의 교사들의 업무를 수월하게 하는 것에 대한, 그리고 효과적인 개혁을 이루기 위해 해야 할 일에 대한 생각을 완전히 바꾸는 것이다.

좋은 조력자에 대한 연구

최근 교사와 행정가를 포함하여 좋은 조력자(helper)와 그렇지 못한 조력자에 대한 연구에 따르면 좋은 실천가들은 신념체계의 성격에서 그렇지 못한 실천가들과 뚜렷하게 구별되었다(참고문헌 참조). 사람들은 그들의 지각, 감정, 태도 혹은 신념에 따라 행동한다. 교사들도 그렇다. 따라서, 좋은 교사를 만드는 것은 자기 자신, 다른 사람들, 교수의 목적 그리고 교사가 설정한 목적을 얻기 위한 개인적 전략과 전술에 대한 교사 신념의 기능이다. 좋은 교사란 자신을 스스로와 사회의 목적을 위해 효과적인 도구로 사용하는 법을 터득한 사람이다. 그들은 자신, 학생, 교과 그리고 가르치는 일을 분명하고 정확하게 이해하고 있었다. 그러한 지각이나 신념은 개인적 지론이나 지침으로서 교사들이 생각하고 행동하는 데 도움이 된다. 그것은 복잡한 일에 직면해서 적절하고 효과적인 해결책을 즉각적으로 찾아내는 것을 가능하게 한다. 좋은 교사란 기계가 아니다 ; 그들은 사고하는 문제해결자로서 직무에 책임을 다하는 창조적이고 전문적인 사람이다. 그런 일을 얼마나 잘 할 수 있는가는 훈련과 경험의 과정을 통해 습득한 신념체계에 달려 있다.

여기서는 사람을 돕는 직업의 종사자 중에서 어떤 사람이 유능하고 어떤 사람이 그렇지 못한지에 대한 18개의 연구에서 뽑은 연구결과를 간략하게 살펴보겠다(주 참조).

좋은 교사와 행정가는 인간중심이다

그들은 자신과 함께 일하는 사람들이 사물을 어떻게 보는지에 대해 주의를 기울이고(혹은 민감하고) 마음으로부터 공감한다. 자신이 가르치고자 하는 사람들의 개인적 의미나 지각에 관심을 갖고, 이러한 자료들을 자신의 사고나 행위를 위한 지침으로 사용한다. 반면에, 무능한 실천가는 사물이 자신에게 어떻게 보이는지에만 관심을 갖는다. 사람들은 사물이 그들에게 어떻게 보이는지에 따라 행동하기 때문에, 좋은 조력자의 특성인 감정이입은 그들로 하여금 자신들의 기능을 효과적으로 수행하기 위해 필요한 기본적인 자료들을 계속해서 접촉하게 한다. 그들은 사물지향이 아니라 인간지향적이고 규칙, 규정, 직무의 역동성이나 세세한 점보다는 학생이나 동료들에게 어떤 일이 일어나고 있는지에 대해 더욱 관심을 둔다. 인간중심의 학교와 프로그램을 생각해내고 운영하는 데 필요한 사람이다.

좋은 조력자는 자기 자신을 긍정적으로 본다

그들은 자신을 존엄성과 고귀함을 갖추고 호감이 가고, 없어서는 안되며, 유능한 존재라고 생각한다. 좋은 교사와 행정가는 자신을 긍정적으로 생각하기 때문에, 자신감을 가지고 행동하며 성공할 것을 기대하고, 그들의 직무에 접근하여 대개는 성공한다. 긍정적 자아개념은 문제에 직면해서 독창적인 해결책을 가지고 혁신하고 실험할 수 있는 자신감과 안도감을 제공한다. 좋은 실천가는 자기 자신을 믿기 때문에 자신감을 가지고 행동하게 되고, 대신에 학생들과 동료들은 신뢰와 존경의 마음으로 그들을 대하게 된다. 따라서 그들의 노력이 성공할 가능성은 더욱 커진다. 여기서 개혁을 위한 메시지를 찾을 수 있다 : 교사나 행정가의 직업과 자아개념을 훼손하는 것은 어떤 것이든 개혁에는 해가 되는 것이다. 대신에 교직에 대해, 특히 실천가의 자기존중감에 대해 진가를 인정하고 강화하도록 하는 일에 개혁의 노력을 기울여야 한다.

효과적인 교사와 행정가는 함께 일하는 사람들을 긍정적으로 본다

그들은 함께 일하는 사람들을 존엄성과 고귀함을 갖추고, 신뢰할 수있고, 다정하고, 유능한 존재로 본다. 무능한 조력자는 함께 일하는 사람들의 인격과 능력을 심각하게 의심한다. 그러한 태도는 개혁에 해가되는 것이다. 교사는 그들에게 개혁의 과정이 달려 있는 최일선의 운영자이다. 만약 당신이 사람들이 할 수 있다고 믿지 못한다면, 감히 그들에게 일감을 줄 수 없을 것이다! 만약 당신이 사람들을 믿을 만하다고 생각하지 않는다면, 감히 그들에게 책임을 부여할 수 없다. 다른 사람들과의 협력에 의존해야 하는 개혁은 어떤 것이라도 그 개혁이 영향을 끼치고자 하는 사람들에 대한 긍정적인 믿음으로부터 출발해야 한다. 효과적인 개혁을 위해 필요한 자기재생적이고 인간중심적인 학교는 학생들과 그들을 가르치는 사람을 긍정적으로 바라보는 교육자와 행정가들을 필요로 한다.

좋은 실천가의 행동은 목적과 목표에 대한 자신의 신념에 의해 동기가 부여된다

예를 들어, 좋은 조력자는 통제하고 제한하기보다는 개방적이고 자유로운 목적과 목표들을 갖는 경향이 있다. 이들은 인간중심의 학교와 프로그램에서도 필요한 특성이다. 무능한 조력자들은 목표에 대해 막연해 하거나 혼란스러워한다. 그런 상황에서 벗어나기 위해 교사와 행정가들은 새로운 가정과 활동방식을 실험할 준비를 하고 또한 자진해서 그렇게 하는 것이 필요하다. 자유로움, 개방성, 대범한 태도는 창조성과 자기재생의 혁신적이고 실험적인 개혁을 위해 필수적이다.

좋은 실천가의 신념체게는 자신을 감수기보다는 드러내는 경향이 있다

좋은 교사와 행정가는 본질적으로 믿을 만하다. 그들의 행동은 마음속 깊은 곳에서 우러나는 감정과 신념에서 나온다. 그것은 가장하거나 그럴듯하게 꾸밀 수 있는 것이 아니며, 그들이 채택하는 전략과 방법도 마찬가지이다. 무능한 조력자는 자신을 감추려는 경향이 있다. 좋은 실천가는 믿는 것을 용기있게 실행한다. 그들은 학생과 환경에 적합하고, 주위의 것과는 상당히 다를지라도 자신의 신념체계에 맞는 방법들을 이용한다. 그러한 개인적 성실함과 기꺼이 위험을 감수하는 특성은 효과적인 개혁을 위해서 그리고 인간중심의 학교에 참여하기 위해서도 필수적이다.

개혁 전략을 위한 몇 가지 함의

인간중심 학교에 적합한 효과적인 교수가 제대로 이루어지려면 진정으로 전문적인 교사와 행정가들이 있어야 한다. 이들은 학생, 교육과정, 다양한 학습 상황과 요구들을 효과적이고 창조적인 방식으로 다룰 수 있다. 교사들을 판에 박힌 교육과정에 얽매이게 하여 요리책처럼 기법이나 필요한 방법들을 자세하게 안내함으로써 구속하는 것은 부끄러운 낭비이며 비능률적인 일이다. 또한 그 일에 종사하는 사람들의 사기를 꺾는 일이다. 교사들은 진정한 전문가로서 자유롭게 행동하고, 가능하면 간섭받지 않고 자신의 지식과 기술을 충분히 발휘하도록 고무되어야만 한다. 개혁의 마지막 책임은 그들의 몫이다. 따라서, 진정한 전문가로서의 그들의 작업을 용이하게 할 수 있는 모든 시도들이 이루어져야 한다. 이러한 시도에는 교실뿐만 아니라 상급 조직에서의 교육계획과 의사결정과정에 깊이 참여하는 것도 포함된다.

교육현장에서의 변화를 위해서는 다음의 세 가지 과제가 있다 :
① 교사와 행정가들이 중요한 정보를 손쉽게 이용할 수 있도록 해야 한다.
② 새로운 개념들이 그들의 신념체계 안으로 쉽게 들어오도록 해야 한다.
③ 교사와 행정가들이 자신의 직업환경에서 자유롭게 새로운 개념들을 실행에 옮길 수 있어야 한다.

교사와 행정가들은 그들이 인정받는 것보다 훨씬 더 현명하고 창조적이다. 만약 그렇게 하도록 격려되고 허용된다면 그들은 교실을 변화시킬 수 있고 그리고 변화시킬 것이다. 자기재생적이고 인간중심의 학교를 통하여 개혁에 다가서기 위해서는 열린 체제 방식에 따라 효과적으로 일할 자질을 갖춘 교사와 행정가들을 모으고 개발할 것이 요구된다.

폭넓은 관심

효과적인 성취가 교사와 행정가들의 신념체계에 따라 나타난다는 사실을 이해하는 것은 개혁에 대해 상당한 의미를 지닌다. 첫째로, 그것은 어째서 그렇게 많은 선의의 노력들이 결국에는 성과도 없이 끝났는지를 이해하는 데 도움이 된다. 과거 50여년 간 위로부터의, 사물지향의 시도들이 왜 그렇게도 실망스러웠는지를 설명한다. 그러한 노력들은 잘못된 목표를 겨냥했던 것이다. 인간 대신에 사물에 전념하며, 일선 현장에서 개혁에 참여하는 사람들의 신념체계를 근본적으로 변화하는 데 실패했다. 우리는 행동의 역동성에 대한 보다 정확한 지식을 이용하여 개혁의 기회를 증진시켜야 한다.

개혁이 보다 효과적으로 이루어지기 위해서는 관계자들의 신념체계에 어떤 변화가 일어나야 한다. 개혁을 위한 노력은 인간지향이어야 한다. 불행하게도(혹은 다행스럽게도) 사람들의 신념은 직접적인 조종을 쉽게 받아들이지 않고 책임있는 사람들의 어느 정도 개인적인 관여 없이는 변화될 수 없다. 이것은 개혁을 위한 노력의 초점을 사물에서 인간으로 변화시키고 개인적 의미의 변화를 쉽게 하도록 계획된 전략을 필요로 하며, 동시에 닫힌 체제적 사고와 실천보다는 열린 체제적 사고와 실천을 요구한다.

물론 열린 체제적 철학에 따라 개혁에 접근하면 많은 점에서 당혹스리운 경험을 하게 된다. 어떤 이는 "그러나 우리에게는 시간이 없다. 보다 신속하게 결과를 손에 넣어야만 한다라는 말을 할 것이다." 대안은 무엇인가? 우리는 지금까지 수행해 온 일에 더욱 매진할 수 있다. 우리는 더 나은 결과를 얻을 것이라는 별다른 희망도 없이 문제에 보다 많은 돈을 쏟아 부으며, 오래 전부터 견지해 온 입장에서 더욱 열심히 노력할 수 있다. 혹은 낡은 가정을 변화시켜야 된다는 점을 인정하고 보다 유망한 준거들에 따라 일에 시작할 수도 있다. 사람들은 쉽게 변화하지 않는다. 물론 새로운 접근을 위해 준비시키는 데에는 많은 시간을 필요로 할 것이다. 그러나 생각하는 만큼 그렇게 오래 걸리지는 않을 것이다. 뇌의 기능, 학습동기, 자아실현 그리고 아동들이 살아갈 미래의 성격에 대해 지금까지 알려진 것들을 보면 그 이유를 알 수 있다. 또한 기술공학을 선택하는 기준이 되는 방법과 과정들이 많이 있다. 결정적으로 필요한 것은 실천가들로 하여금 쓸모있는 지식을 이용하고 그것을 실천에 옮길 수 있도록 자유를 부여하는 일이다.

열린 체제적 사고와 개혁에 대한 인간중심 접근은 교사와 최일선 행정가들이 대단히 중요한 역할을 지니고 있다는 것을 인정하고, 그들을 격려하여 현재의 문제에 맞서게 하여 새롭고 더욱 유망한 접근법을 찾아내려는 노력들을 촉진한다. 모든 교실, 부서, 학교에서 실험과 혁신이 고무되고 격려되며 지원되어야 한다. 개인으로서의 교사는 팀이나 학교 단위로 그들 앞에 놓인 문제들을 최신의 가정들에 비추어 다룰 수 있는 자유가 있으며 격려되어야 한다.

불행하게도, 우리에게는 인간중심의 대안학교를 만들어내고 운영할 준비를 갖추고, 자발적으로 그렇게 할 만한 능숙한 교사와 행정가가 없다. 최근에 임용된 대부분의 교직원들은 힘의 조작화, 닫힌 체제 사고에 의해 교육받았고, 경험의 대부분을 우리가 지금 개혁해야 한다고 말하는 바로 그 학교에서 축적했다. 그들은 열린 체제와 인간중심의 작업방식에 대한 요구와 기대를 쉽게 받아들이지 않을 것이다. 생각이나 확립된 행동습관을 근본적으로 바꾸기란 어려운 일이다. 많은 교사들은 적절히 적응하지 못할 것이고, 새로운 사고를 기꺼이 받아들이는 사람들조차도 절망하고 고생할 것이며, 시행착오로 뒤덮일 것이다. 또한 오랫동안 견지해 온 신념이나 활동방식을 바꾸는 데는 시간이 필요할 것이다. 그러한 과업에 맞는 교사와 행정가를 채용하고 성공을 경험할 정도로 충분히 계속해서 그들에게 그 일을 시키려면 지역사회의 참을성과 장학관과 행정가, 새로운 전문가 모두의 세련된 인간관계가 필요하다. 아이디어가 더 이상 없기 때문에 우리가 실패한 것이 아니다. 우리는 구상과 가능성들로 충만해 있다. 오히려 문제는 적절한 개혁을 선택하고 고안해낼 수 있는 방법과 그 일을 수행할 사람들이 사용할 방법이다. 개혁이 진정으로 효과적이려면, 사람들은 문제와 필요한 해결책을 자신의 일처럼 생각해야 한다.

주와 참고문헌

일반 자료 :

Atkin, J. 1989. "Can educational research keep pace with educational reform?" *Phi Delta Kappan.* 71, 200-206.

Cawelti, G. 1989. "Designing high schools for the future." *Educational Leadership*, 47, 30-35.

Crowell, S. 1989. "A new way of thinking: The challenge of the future". *Educational Leadership*, 47, 60-63.

ECS Task Force on Education for economic growth. 1983. *Action for excellence: A comprehensive plan to improve our nation's schools.* Washington, D. C. Educational Commission of the States.

Fullan, M. 1982. *The meaning of education change.* New York, Teachers College Press.

Naisbitt, J. 1982. *Megatrends.* New York, Basic Books.

Sarason, S. 1982. *The culture of the school and the problem of change.* Boston, Ma. Allyn and Bacon.

Timar, T. 1989. "The politics of school restructuring". *Phi Delta Kappan.* 71, 264-275.

좋은 조력자와 나쁜 조력자에 관한 연구 :

Aspy, D. and Buhler, K. 1975. "The effect of teachers inferred self concepts upon student achievement." *Journal of Educational Research*, 47, 386-389.

Benton, J. 1964. *Perceptual characteristics of Episcopal pastors.* Doctoal dissertation, Gainesville, FL. University of Florida.

Brown, R. 1970. *A study of the perceptual organization of elementary and secondary "Outstanding Young Educators".* Doctoal dissertation, Gainesville, FL. University of Florida.

Choy, C. 1969. *The relationship of college teacher effectiveness to conceptual systems of orientation and perceptual organization.* Doctoal dissertation, Greeley, CO. University of Northern Colorado.

Combs, A. 1969. *Florida studies in the helping professions.* Social Science Monograph #37, Gainesville, FL. University of Florida Press.

Combs, A. 1982. *A personal approach to teaching: Beliefs that make a difference.* Boston, Allyn and Bacon.

Combs, A. and Soper, D. 1963. "The perceptual organization of effective counselors." *Journal of Counseling Psychology*, 10, 222-227.

Dedrick, C. 1972. *The relationship between perceptual characteristics and effective teaching at the junior college level.* Doctoal dissertation, Gainesville, FL. University of Florida.

Doyle, E. 1969. *The relationship between college teacher effectiveness and inferred characteristics of the adequate personality.* Doctoal dissertation, Greeley, CO. University of Northern Colorado.

Dunning, D. 1982. *A study of the perceptual characteristics of Episcoal priests identified and nat identified as most effective.* Doctoal dissertation, Santa Barbara, CA. The Fielding Institutes.

Gooding, C. 1964. *An observational analysis of the perceptual organization of effective teachers.* Doctoal dissertation, Gainesville, FL. University of Florida.

Harvey, O. 1970. "Belief and behavior: Some implications for education." *The Science Teacher*, 37, 10-14.

Jennings, G. 1973. *The relationship between perceptual characteristics and effective advising of university housing para-professional residence assistants.* Doctoal dissertation, Gainesville, FL. University of Florida.

Koffman, R. 1975. *A comparison of the perceptual organizations of outstanding and randomly selected teachers in open and closed classrooms.* Doctoal dissertation, Anherst, MA. University of Massachusetts.

O' Roark, A. 1974. *A comparison of perceptual characteristics of elected legislators and public school counselors identified as most and least effective.* Doctoal dissertation, Gainesville, FL. University of Florida.

Usher, R. 1966. *The relationships of perceptions of self, others and the helping task to certain measures of college faculty effectiveness.* Doctoal dissertation, Gainesville, FL. University of Florida.

Vonk, H. 1970. *The relationship of teacher effectiveness to perceptions of self and teacher purposes.* Doctoal dissertation, Gainesville, FL. University of Florida.

제 6 장

변화를 촉진하기

우리가 원하는 인간중심 학교를 실현하기 위해서는 교사와 행정가들로 하여금 개혁운동에 동참하도록 격려하는 것이 필수적이다. 제4장에서 사람이란 자신에게 중요하다고 생각되는 문제를 마주할 때, 그리고 그 문제를 해결할 수 있다고 느낄 때라야 도전의식을 갖게 된다는 것을 알았다. 교사와 행정가들은 문제를 개인적으로 느낄 수 있어야 하며, 그렇지 못하다면 특별한 변화란 일어나지 않을 것이다. 그렇다면 중요한 개혁을 이끌어낼 수 있도록 교사들의 참여를 자극할 수 있는 방법에는 무엇이 있을까?

참여를 자극하기

개혁가란 변화의 필요성을 인식하고 있는 사람이라고 정의할 수 있다. 그들은 변화를 당연하고 바람직한 것으로 바라보기 때문에 '분별있는 사람이라면 지금 우리가 하고 있는 일이 필요하다는 것을 이해할 거야'라고 가정하기 쉽다. 그러나 학교조직의 구성원들은 사물에 대해 서로 다른 관점을 지닐 뿐만 아니라 필요한 것이나 바람직한 것에 대한 생각도 천차만별이다. 학교위원회, 입법가, 행정가들이 제안한 훌륭한 아이디어들도 그것을 실제로 활용할 사람들에게는 그렇게 매력적이지 않을 수 있다. 일선의 교사들은 문제해결을 위한 자기 나름의 바람과 제안을 지니고 있다. 따라서 그들은 상부에서 내려오는 요구를 '정말로 문제가 무엇이지도 모르는 작자'들에 의해 제시된 '별것도 아니고 귀찮게만 하는 것'으로 무시할 수 있다. 반면에 상부에서는 자신들의 제안이 지지부진한 것을 발견하고, "역시 교사들은 무감각하고 사기가 없으며, 전문적이지 못하고 자기보신적이다"는 편견을 더욱 확신하게 된다. 학교조직의 위, 아래 전문가들은 서로를 스치고 지나가는 다시는 만나지 않을 사람 정도로 생각하고 있기 때문에 개혁을 위한 시도는 실패하게 된다.

학교에서 혁신을 지속적으로 추진하는 것은 기대하는 결과를 얻는 것보다 더욱 중요할 것이다. 이를 위해서는 구성원들로 하여금 혁신에 동참하게 하는 일이 중요하다. 물론 어떤 혁신을 성공하는 것이 행복한 일이고 제도를 보다 효과적으로 만들겠지만, 우리가 원하는 자기재생적 학교와 건강한 교육을 위해서는 교사들의 참여를 계속하게 하고, 그들의 창조성을 격려하며, 실험정신을 자극하는 것이 보다 중요하다. 왜냐하면 비록 혁신이 실패하더라도 성장에는 기여할 수 있기 때문이다. 즉, 실패는 그렇게 해서는 되지 않는다는 교훈뿐만 아니라 심화된 탐색을 위해 적극적인 참여와 준비가 필요하다는 교훈을 알려준다. 교사와 행정가들이 혁신에 참여하면 할수록 개혁의 가능성 또한 커지게 된다.

자기재생적 교육 제도를 이룩하기 위해서는 일선의 교육현장뿐만 아니라 입법가, 주와 연방 정부의 교육부, 학교위원회, 행정가 등 여러 차원에서 새로운 목적과 이해가 필요할 것이다. 이 모든 것에도 불구하고 변화가 성공하려면 개혁을 행동으로 옮길 교사와 행정가들의 협력을 어떻게 해서든 얻어내야만 한다. 인간중심의 대안학교를 일선 현장에서

실현하기 위해서는 적어도 다음과 같은 중요한 5단계를 거쳐야 한다 :

① 기대와 도전의식의 창출
② 적절한 문제의 발견
③ 인식의 확대
④ 전략의 수립
⑤ 장애의 제거

기대와 도전의식의 창출

무엇보다도 혁신을 자극하기 위해서는 혁신이 가능한 분위기를 만드는 것이 중요하다. 변화와 실험, 혁신이라는 것은 매우 중요하고, 실수란 그 과정에서 일어날 수 있는 일이며, 혁신이 보기에도 좋고 그것을 시도하는 것은 즐겁다는 태도가 일선 현장에 널리 확산될 필요가 있다. 능숙한 교육지도자는 이러한 혁신 정신을 집단적으로 형성할 수 있어야 한다. 그러나 불행하게도 이런 태도는 대다수 관료들의 특징인 '애써서 나설 필요없음' 또는 '현상유지'와 상충되는 것이다. 자기재생적 분위기를 조성하기 위해서는 기존 세력과 타성을 약화시키려는 노력을 하면서 동시에 탐색과 모험을 계속해서 자극하는 일관된 노력이 필요하다.

변화에 적합한 감정을 깆기

앞에서 우리는 도전이란 홍미를 일으키며, 그/그녀가 적절히 다룰 수 있다고 느끼는 사안에 대응하게 하는 것으로 정의했다. 따라서 중요한 문제에만 대응하는 것은 도전의 원래 의미를 절반 정도밖에 만족시키지 못한다. 어떤 문제에 대해 도전할 만하다는 생각을 갖기 위해서는 그것에 합리적으로 대처할 수 있다고 느끼는 감정이 필요하다. 이를 위해서 교사는 스스로를 어떻게 생각하고 있는가에 관심을 기울여야 한다. 도전을 경험하는 것은 자신에 대한 긍정적 혹은 부정적인 감정의 기능이기도 하지만, 다른 한편으로는 교사의 기대와 마주한 문제의 규모 및 난이도의 기능이기도 하다. 연구에 따르면, 좋은 교사는 자신을 긍정적으로 바라보며, 존엄하고 성실하며, 누구나 좋아하고 필요로 하며, 수용적이고 능력있는 인간으로 바라보는 경향이 있다. 반면에 무능한 교사는 그렇지 못하다. 따라서 긍정적인 자아개념을 일으키는 것은 무엇이든지 교사들에게 보다 확신을 심어주고 개혁을 위협으로 받아들이기보다는 도전할 만한 것으로 바라볼 수 있게 해준다.

자기존중감을 북돋우기

자기 자신을 좋게 생각하는 교사와 행정가들은 더욱 자진해서 그리고 성공에 대한 확신을 가지고 새로운 일에 임할 수 있다. 인간은 자신에 대해 확신할 때 위험을 감내할 수 있다. 확신이 없는 사람은 안정지향적이고 변화에 저항적이다. 개혁을 추진하는 데 있어 책임자의 위치에 있는 사람은 구성원들이 스스로를 어떻게 느끼고 있는가를 파악해야 하며, 그들이 자기존중감을 북돋울 수 있도록 해야 한다. 심리학자와 상담자는 그러한 능력을 공감(empathy)이라 부른다. 공감이란 다른 사람의 입장에서 사물을 바라보는 능력을 말한다. 이것은 교사, 상담자, 사회사업가, 행정가 등과 같이 다른 사람들의 행동에 영향을 미치는 사람들에게 특히 중요한 기술이다. 좋은 교사와 무능한 교사에 관한 최근 연구에서는 좋은 실천가의 기본 자질이 공감적 태도라는 것을 밝혀낸 바 있다. 좋은 교사와 행정가는 그들과 늘 함께 활동하는 사람들이 사물을 어떻게 바라보는가에 대해 언제나 관심을 가지고 있으며, 그들의 행동과 결정을 돕기 위해 정보를 활용한다. 그러나 무능한 실천가는 사물을 보는 자신의 방법에만 빠져 있다.

공감적으로 되는 자질은 발견하기 어려운 신비스러운 기술이 아니다. 오히려 그 반대이다. 그 모든 것은 어린 시절에 이미 배웠던 기술이다. 어린이들은 그들을 둘러싼 어른들이 어떻게 생각하고 느끼는가에 대해 아주 어렸을 때부터 감성적이 되도록 배운다. 그들은 마땅히 그래야 한다. 왜냐하면 그것이 생존의 문제이기 때문이다. 아주 어린애가 "엄마 계시는가 봐! 엄마는 좋아하지 않아"라고 하는 말을 들을 수 있다. 성장과정에서 우리는 주변 사람들이 자신의 감정과 신념에 따라 행동하는 것을 발견한다. 따라서 우리는 자신을 둘러싼 중요한 사람들이 어떻게 생각하고 느끼는가에 대한 감수성을 예민하게 발달시키며 그러한 지식에 행동을 맞춘다.

우리를 둘러싼 사람들의 감정과 태도에 감성적으로 되기 위한 노력은 일생 동안 계속된다. 그러나 불행하게도 이러한 노력은 성장과정에서 종종 제약받기도 한다. 어른이 되면 우리에게 중요한 사람들, 즉 연인, 남편, 부인, 사장, 친구 또는 적에 대해서는 매우 감성적이 된다. 그들과 함께 우리는 자주 그리고 너무나 잘 공감능력을 활용한다. 그러나 사회적 위계구조에서 우리보다 낮은 곳에 위치한 사람들의 경우는 다른 문제이다. 우리는 어린이, 피고용인, 이방인 또는 사회적 부적응자들의 감정과 태도를 무시하고, 그들에 대한 공감의 사용을 생략하곤 한다. 교육자로서 공감적이 된다는 것은 새로운 하나의 기술을 배우는 것이 아니라, 목적을 가지고 세계적이고 보다 넓은 관점에서 우리가 이미 알고 있는 것과 우리에게 중요한 사람들이 생각하고 있는 것이 어떤 관련이 있는가 하는 것을 아는 일이다.

　교사가 자기 자신을 어떻게 생각하고 있는가를 파악하는 것은 자기 존중감을 개선하기 위해 필요한 것을 결정하는 첫번째 단계이다. 앞서 자주 언급한 것처럼 우리는 "김선생님으로 하여금 언제나 자기 자신을 더욱 사랑하고, 필요한 사람이며, 수용적이고, 능력과 존경심이 있으며, 가치있는 전문가라고 생각하도록 도울 수 있는 방법은 무엇일까"라고 질문하는 것이 필요하다. 이 질문에 대해서는 여러 가지 대답이 가능한데 그 중에서도 우리는 동료들이 보다 긍정적인 자아개념을 갖도록 하는 것이 필요함을 제안할 것이다.

직업적 기대

　사람들은 자신에 대해 어떠한 기대를 하고 있느냐에 따라 문제를 대하는 정도가 달라진다. 즉, 사람들은 자신에 대해 기대하는 대로 살아가는 경향이 있다. 'A' 학점을 받은 학생은 'D' 학점을 받은 학생보다 우등생이 될 가능성이 보다 높다. '농땡이'로 낙인찍힌 교사는 마지못해 일을 하는 경향이 있으며, '장의 대리인'으로 대우받는 행정가는 장이 하는 것처럼 완력을 행사하기 쉽다. 교사와 행정가들은 자신의 직업에 대한 기대에 따라 어떠한 일감의 중요성을 판단한다. 그들은 교육현장에서 오랫동안 내려온 방식에 따라 문제를 처리한다. 그러나 교사들이 스스로를 단지 '전달수단'이나 '자동차 바퀴'처럼 생각하는 것은 심각한 일이다. 그런 정도의 기대를 가지고 그렇게 행동한다면 그다지 놀라운 일이 아니다. 교직에 자부심이 없는 교사는 개혁에도 별다른 관심을 보이지 않을 것이다.

　의사는 수입이 성취 정도에 따라 직접적으로 결정되며, 나아가 새로운 의학적 지식이나 치료법의 발견은 다양한 언론 매체를 통해 중요한 뉴스거리가 된다. 의사들은 늘 새로워지도록 강하게 동기를 부여받고 있다. 그러나 교육에서의 진전은 그다지 드라마틱하지 않다. 생과 사의 문제도 아니고 새로운 기계나 처방의 발견과 같이 구체적이지도 않다. 더군다나 교육과 행정에 왕도란 없으며, 대신에 교육적 진전이란 발견이나 통합된 아이디어가 실천가의 신념 속으로 녹아들어 가야만 가능하다. 결과적으로 교육은 신약이나 컴퓨터 단층촬영기술, 수술기법과 같이 극적인 성격이 부족하다. 대부분의 교사들은 대중들의 시선으로부터 벗어나 있으며 관료제라는 익명성에 의해 보호받으면서 교직에 임하고 있다. 교육에서 교사가 업무를 사리에 맞게 잘 수행한다면 아무도 더 이상의 의문을 제기하지 않을 것이다. 이런 상황에서는 교사가 최신의 사조를 익힌다거나, 실패를 각오하면서까지 실험이나 혁신을 시도하려는 동기를 부여받기 어렵다.

교육자로 하여금 유능한 전문가의 일을 맡도록 하려면 그들을 전문가로 대우할 필요가 있다. 자기 자신과 자신이 하는 일에 자부심을 갖는 전문가는 효과적인 개혁을 위해서 필수적이다. 사기가 떨어진 전문가에게시는 필요로 하는 변화를 기대하기 어렵다. 따라서 스스로를 역동적이고 자기재생적인 교직에서 창조적인 문제해결자로서 일하고 있다고 생각하는 교육자가 필요하다. 그런데 이러한 기대는 교직에 대한 대중들의 태도에 의해 키워지고 인정받게 된다. 교사와 행정가는 문제를 제기하고, 해결책을 찾으며, 아이디어를 실천하는 기업가처럼 행동해야 한다. 이러한 개인적 기대를 얻기 위해서 교사는 소중한 전문가로 대우받아야 하며, 특히 행정가, 입법가, 학교위원회, 학부모들에 의해 권한이 자주 침해되어서는 책임감있는 전문가가 되기 어렵다는 것을 알아야 한다.

현장연구

1940년대 말부터 50년대 초반에 걸쳐 미국에서는 현장연구(action research)라고 알려진 열정적인 운동이 있었다. 현장연구라는 아이디어는 교사와 행정가라면 누구나 그들이 일하는 현장의 적극적인 연구자이어야 한다는 것이었다. 현장의 실천가들은 어떠한 문제라도 다룰 수 있었으며, 그것에 대한 유망한 해결책을 실험하기도 했다. 한동안 거의 모든 학교가 이 운동에 연루되기도 하였으나, 불행히도 스푸트니크(sputnik, 1954년 구 소련이 발사한 세계 최초의 우주선-역주)의 발사와 함께 중지되고 말았다. 미국인들은 러시아인들이 우주선을 먼저 쏘아 올린 이 엄청난 현실을 두려워하였다. 그들은 러시아에 뒤지게 된 원인으로 학교를 지목하고 사회에서 필요로 하는 과학자를 학교가 길러내는 데 실패했다고 비난하였다. 그 결과 이 문제를 처방하기 위하여 수백만 달러가 연구전문가를 육성하는 일과 교육연구에 쏟아 부어졌다. 그러나 이러한 노력은 여러 가지 부정적인 결과를 낳았는데, 그 중에 하나는 연구라는 것이 상당한 수준의 통계적 지식과 연구의 계획능력을 지닌 사람에 의해서만 수행될 수 있는 신비한 활동이라는 생각을 교사들로 하여금 갖도록 한 것이었다. 따라서 모든 교육전문가들이 이러한 신념을 갖게 되었고, 결국에는 개혁과 혁신을 심각하게 방해하기에 이르렀다. 우리는 모든 교사와 행정가들이 학생들에게 보다 좋은 방법을 찾는 데 참여하는 것을 자극할 수 있는 현장연구 아이디어의 부활을 요구한다.

현장연구 운동의 부활은 절대적으로 필요하다. 효과적인 개혁 프로그램은 모든 교사와 행정가들이 적극적으로 언제나 무엇인가 새로운 것을 시도하려는 자세를 필요로 한다. 이러한 우리의 기대는 교사를 채용하는 계약 조건에 반드시 포함되어야 한다. 많은 주에서는 대학에서의 학점취득과 현직교육 등의 방법을 통해 교사들로 하여금 정기적으로 자격을 갱신할 것을 요구한다. 우리는 이러한 것들이 확대되기를 바란다.

이것을 위한 하나의 방법은 채용의 자격요건으로서 개인적 탐구와 발전에 관한 계획서를 요구하는 것이다. 교육자들은 각자 그/그녀의 고용계약서에 앞으로 몇 년 동안 추진할 특정한 혁신에 관련된 계획안을 제출해야 한다. 비슷한 신념을 갖고 있는 교사들은 특정한 혁신에 대한 집단 계획서나 공동 계획안을 제출할 수도 있다. 이들 계획안은 해마다 정례적으로 행해지는 고용협의 때에 안건이 된다. 사람들은 스스로를 기대하는 만큼 살아가는 경향이 있다. 바로 지금이 제도를 계속해서 개선하기 위해 교사와 행정가를 헌신적이고 창조적이며 책임감있는 전문가로 대우해야 하는 시기이다.

적절한 문제를 발견하기

일선 현장의 문제

사람들은 개인적 요구에 의해 동기부여가 가장 잘 된다. 때문에 개혁을 위해 가장 유망한 방법은 교육 현장에서 중요하다고 생각하는 문제로부터 시작하는 것이다. 그러나 이러한 제안은 아마도 개혁에 호의적인 사람들을 좌절시킬 수도 있다. 왜냐하면 현장의 문제는 사소하게 보이고, 상급 행정가와 '전문가'들이 인식하고 있는 '거창한 계획'과 그다지 관련이 없는 것처럼 보이기 때문이다. 그들은 거창한 계획과 아무런 관련도 없는 문제에 매달리고 있는 교사를 보면서 귀중한 시간과 에너지를 쓸데없이 허비한다고 괘씸히게 생각할 수도 있다. 그러나 사실은 그렇지 않다. 즉각적이고 개인적인 요구는 외국이나 현실과 동떨어진 어떠한 요구보다 우선한다. 그것이 바로 현실이다. 우리는 마치 현장에 요구가 존재하지 않는 것처럼 행동하기보다는 현장의 요구를 적극 수용함으로써 더욱 발전할 수 있다. 주요한 개혁들은 순식간에 일어나지 않을 것이다. 과업은 너무나 크고 거기에 연루된 사람들은 그보다 훨씬 많다. 교사들이 썩 내켜하지 않는 마음으로 개혁에 참여하여 유망한 개혁안을 망치게 하는 것보다 헌신적으로 문제에 매달리게 하는 편이 더욱 바람직하다.

사실, 일선 현장의 교사들이 느끼는 문제라고 해서 보다 큰 목적과 배치되는 것은 아니다. 국어, 수학, 지리를 어떻게 잘 가르칠 수 있을까? 어떻게 하면 보다 책임감있는 학생이 되도록 도와줄 수 있을까? 징계문제를 보다 효과적으로 다룰 수 있는 방법은 없을까? 학생들을 취업이나 대학입학에 잘 준비시킬 수 있는 방법은 무엇일까? 이와 같은 현실적인 물음은 학교와 교사들에게 중요한 것들이다. 인간중심 학교는 이러한 문제를 해결하는 데 더욱 기여할 것이다. 왜냐하면 인간중심 학교는 단지 하나의 방법이 아니라 마주할 수 있는 다양한 문제나 안건을 다루는 준거들이기 때문이다. 요컨대 앞서 제기한 문제들은 인간중심의 목적을 향하도록 하는 데 중요한 발전을 가져올 것이다. 읽기, 수학, 지리 등의 교과에 대한 인간중심적 접근은 이들 교과의 성취 수준을 개선할 것이다. 학생을 인간중심적으로 계획하고 대우하는 것은 학생들에게 보다 많은 책임감을 부여하는 대신에 징계를 줄어들게 할 것이다. 학업성적을 향상시키고 학생들의 목적에 관심을 보임으로써 취업과 진학 준비를 잘 시키게 될 것이다. 그렇다고 학교를 인간중심 가정에 근거하여 운영하기 위해서 모든 전통적인 목적을 포기할 필요는 없다. 인간중심 사고의 적용은 현장의 문제를 해결하는 데 도움을 줄 것이고, 동시에 학교가 개혁에서 요구되는 새로운 모습으로 나아가도록 할 것이다.

개인적 문제는 언제나 우선권을 지닌다. 따라서 개인이 안고 있는 문제를 깡그리 무시하기보다는 그 문제를 해결하도록 도와주는 것이 보다 유익하다. 직접 느끼고 있는 요구를 만족시켜줌으로써 보다 상위의 요

구를 생각하는 것이 가능하게 한다. 대체로 현실과 거리가 있는 교과과
정을 달성하기 위해 노력하고, 별로 흥미도 없는 방법을 사용하여 다루
기 힘든 학생들과 함께 실패하지 않고자 필사적으로 애쓰는 교사들은
개혁이 매력적이냐 혹은 바람직한 것이냐에 관계없이 개혁을 호의적으
로 바라보지 않는다. 지금 개인이 처한 문제에 성공적으로 대응하는 것
은 다른 상황에서의 개인적 문제를 다루는 방법을 알려줄 것이다.

요구를 발견하기

요구를 발견하는 방법에는 질문지와 '요구조사(needs assessment : 요
구사정이나 요구분석이라 부른다-역주)'라는 두 가지 전략이 일반적으로
사용된다. 요구를 발견하는 방법은 교사들에게 그들이 원하는 것을 물
어보는 것인데, 이는 논리적으로는 단순해 보인다. 요구를 발견하는 한
방법은 질문지를 만드는 것이다. 교사들에게 여러 질문 중에서 사신의
요구를 가장 잘 표현하고 있는 항목에 체크하도록 하며, 이렇게 종합된
결과가 교사들의 생생한 요구를 대변한다고 가정한다.

요구를 발견하는 두번째 전략은 '요구조사'이다. 교사들에게 자신의
일을 잘 수행하기 위해 필요하다고 생각되는 모든 것들을 찾아내도록
격려한다. 다음에는 찾아낸 요구들 중에서 가장 잘 표현되었고 중요하
다고 생각되는 몇 가지로 줄인 다음 집단별로 항목화하고 우선 순위를
정한다. 이렇게 해서 만들어진 항목들은 개혁의 목표들로 간주되며, 집
단은 그것을 행동으로 옮기기 위한 방법을 찾는 데 관심을 쏟는다. 요구
조사와 질문지는 학교와 교사의 요구를 조사하는 데 논리적이며 간편해
보인다. 사람들은 이런 방법이 종종 매우 불만스러운 결과를 내린다는
것을 알고 있음에도 불구하고 상당히 효과적이라고 생각한다.

이러한 방법을 통해 얻어진 요구를 만족스럽지 않게 하는 다양한 이

유가 있다. 그럼에도 불구하고 사람들은 단순히 질문을 통해 인간의 요구를 정확하게 찾아낼 수 있다고 생각한다. 무엇보다도 이런 방법이 안고 있는 문제점은 **개인적 요구**를 제대로 찾아내지 못한다는 것이다. 질문지는 응답자들에게 의미가 있는지 없는지에 관계없이 검사지를 만든 사람이 중요하다고 믿는 제한된 질문 문항 중에서만 요구를 체크하도록 요청한다. 이와 비슷하게 요구조사도 기꺼이 자신들의 요구라고 진술하도록 유도된 것들만을 뽑아낸다. 이렇게 뽑아낸 요구들은 교사들에게 동기를 부여하는 실질적 요구와는 상당한 거리가 있다. 개인적 요구는 외적인 요구에 비하여 우선 순위에 있다. 요구가 있다는 사실에 모든 사람들이 합의한다고 해서 그것 자체가 요구의 실현을 보증하는 것은 아니다. 좋은 교사와 무능한 교사에 대한 연구에 따르면 두 부류의 교사 모두가 업무에 관한 검사에서 동일한 점수를 기록했다. 즉, 두 집단은 모두 자신들이 생각하고 **해야 하는** 것이 무엇인지에 대해 잘 알고 있다. 차이가 있다면, 단지 좋은 교사는 알고 있는 지식을 행동으로 옮길 뿐이다. 교사들이 직업적 요구에 대해 합의에 이를 때, 그들은 개인적 요구로 바꾸어 행동할 것이다. 개혁을 추진하는 과정에서 직업적 요구를 어떻게 하면 개인적 요구로 변환시킬 것인가 하는 문제를 계속 고민해야만 한다.

가설을 발견하기

혁신하기에 너무나 좋은 많은 기회가 문제를 파악하고, 행동으로 옮길 사람이 부족하여 사라진다. 일선 현장에서 느끼는 문제야말로 혁신을 위한 가장 훌륭한 (가설의) 원천이다. 교사들은 늘 문제를 마주하고 있으며, 교사회합이나 휴게실에서의 대화, 점심시간 등에서 자주 회자된다. 그러나 대부분의 문제는 행동으로 옮겨지지 못하고 공중을 맴돌

다가 사라진다. 만일 누군가 그 자리에서 "당신은 그 문제의 원인이 무엇이라고 생각합니까?", "우리는 무엇을 할 수 있을까요?", 또는 "그것이 우리가 함께 해야 하는 일이 아닐까요?"와 같은 문제를 제기한다면, 그것들은 혁신을 위한 유용한 가설로 바뀔 수 있다.

다른 또 하나의 가설의 원천은 전문적인 회의에 참석하고 돌아온 사람의 보고이다. 회의에 참석한 사람은 회의에서 논란이 되고 일어난 일에 의해 자극을 받는다. 그러나 대부분의 경우는 회의에 참석하고 돌아와 후속조치를 취하지 않기 때문에 실제 행동으로 옮겨지는 경우는 매우 드물다. 전문적인 회의에 참석한 교사나 행정가들은 그들이 배운 것을 함께 나누기 위해 초대되어야 한다. 보고자와 청중들이 관심을 보이는 것이라면 무엇이든지 곧바로 앞서 제기한 것과 같은 질문을 할 수 있다. 이외에도 컨설턴트와 유명한 연사의 방문이, 그리고 전문 학술지의 글을 읽은 후에도 실천하는 데 필요한 후속조치를 취할 수 있다.

발명가가 혁신적 아이디어를 짜내기 위해 사용하는 기법이 개혁가에게도 똑같이 사용될 수 있나. 누구나 할 수 있다 혹은 아무도 할 수 없다는 가정에서 출발하여, 조사자는 수많은 대안을 찾을 수 있을 것이다. 어느 정도의 상상력만 있다면 이러한 기법은 교육문제를 탐구하는 사람이나 교사들에게도 쉽게 사용될 수 있다. 대체로 대안의 모색은 '등수는 학생들의 학습에 필수적이다', '어린이들에게 경쟁은 좋은 것이다', '학생들은 시키지 않으면 공부하지 않는다', '어느 상황에서나 승자와 패자가 있게 마련이다' 등과 같이, 그들이 믿는 아이디어나 경험을 주장함으로써 시작된다. 다른 사람들은 '학생들에게 등수를 매겨서는 안된다' 혹은 '반드시 승자와 패자는 있어야 하는 것은 아니다'라는 식으로 앞서의 주장을 부정한다. 우리는 '새로운 가정과 관련해 무엇을 해야 하는가!'를 브레인스토밍을 통해 찾아야 한다. 이러한 과정을 통해 제안된 대안 중에는 혁신을 위해 가치있는 가설이 분명히 있을 것이다.

문헌에서 가설찾기

교육과 관련된 문헌에는 탐구를 위해 유익한 가설들이 풍성하게 담겨 있다. 예를 들면, 장학과 교육과정 개발협회에서 출판한『지각, 행동, 성장 : 교육에 대한 새로운 관점』(1962)과『인간주의 교육 : 목표와 평가』(1978)에는 최근의 연구와 사조에서 추려진 상당히 많은 가정을 제공하고 있다. 앞의 책은 협회의 1962년도 연보이고, 나중의 것은 인간주의 교육에 관한 협회의 연구 보고서이다. 두 책 모두 혁신을 위한 가설로서 효과적으로 활용될 수 있는 아이디어들로 가득 채워져 있다.

여기에서는『인간주의 교육』에서 뽑은 교육개혁을 위한 7가지 목적(pp.9-10)을 살펴보기로 하자 ;

"목적 1. 교육은 학습자의 요구와 목적을 수용하고, 학습자의 독특한 잠재능력을 중심으로 프로그램이나 학습경험을 전개한다.

목적 2. 교육은 자아실현을 촉진하고, 모든 학생들이 개인적 적절성을 발달시키도록 힘써야 한다.

목적 3. 교육은 다문화 사회를 살아가는 데 필요한 학문적, 인간적, 대인관계, 의사교환 그리고 경제적 생존능력 등을 포함한 기본 기술의 획득을 촉진한다.

목적 4. 교육적 의사결정과 실천을 개별화한다. 이를 위해 학생들은 자신이 받는 교육의 모든 과정에 민주적으로 참여한다.

목적 5. 교육은 인간의 감정이 가장 중요하다는 것을 인식하며, 개인적 가치와 지각을 교육적 과정의 통합요소로 활용한다.

목적 6. 교육은 참여하는 모든 사람들에게 도전의식을 불러일으키고, 이해와 협동이 가능하고, 흥미를 느끼며, 두려움으로부터 자유로운 학습환경을 발달시키도록 힘써야 한다.

목적 7. 교육은 타인의 가치에 대하여 진정으로 관심을 기울이고 갈등을 해결할 수 있는 기술을 학습자에게 개발한다."

이러한 목적들은 혁신과 실험에 적절한 보다 구체적인 목표로 잘게 나누어질 수 있다.

여기에서는 『지각, 행동, 성장』(1962, p.237)에서 제시한 '창조적 교수와 학습의 14가지 징후'를 살펴보기로 하자.

교사는 지배를 줄인다. 학생들 스스로 만족하는 해답을 찾을 수 있다는 신뢰를 더욱 많이 한다.

교사는 말을 더 적게 한다. 학생들의 말에 보다 귀를 기울이며, 학생들이 찾아낸 아이디어를 교사와 집단을 통해 검증하도록 한다.

정답을 위한 질문을 줄인다. 다양한 대답이 가능하고 서로 다른 답이 나올 여지가 있는 열린 질문을 보다 많이 한다.

파괴적인 비평을 줄인다. 교사는 어린이들이 명료화와 이해를 위해 자기 자신의 감정에 충실하도록 도와준다.

실패를 강조하지 않는다. 실수를 보다 많이 허용한다. 어린이늘이 실수했을 때, 그것이 어린이들의 특성이라 생각하고 받아들인다. 이때 학생들은 '선생님은 우리를 궁지에 몰아넣지 않아'라고 느낀다.

어린이들의 일에 가치를 부여한다. 그러나 어린이들이 하지 않은 일에는 칭찬하지 않는다.

목적을 명확하게 정의한다. 그리고 목적의 체계는 집단구성원들에게 이해되고 받아들여진다.

적당한 한도 내에서 어린이들에게 자신의 일에 대한 자유와 책임을 부여한다. "이번에는 선생님께서 우리들 스스로 그것을 할 수 있다고 했어. 정말이야."

어린이들이 느끼고 있는 것을 사유롭게 표현하고, 선생님들은 그렇게 하는 것을 좋아한다는 확신을 갖게 한다.

아이디어를 탐색한다. "찾아보자"와 같은 태도나 근거가 확실한 정보는 진심으로 인정한다.

공동의 과제와 독특하여 공유할 수 없는 특수 과제에 대한 개인적 책임은 균형을 이룬다.

교사는 학습이란 스스로 하는 것이라는 의사를 어린이들에게 분명히 전달한다. 이러한 믿음은 모든 어린이들이 성장하기를 바라고, 학생들 스스로 성장을 인식하고 만족감을 보이는 것으로 알 수 있다.

평가는 모두가 함께 하는 과정이고, 학업 성적 이상의 것을 포함한다.

동기가 높으며 내면을 지향한다. 학생들의 활동이 "내가 하고 싶은 일을 해"라는 것처럼 보인다.

이러한 목적들이 어떻게 목표로 만들어질 수 있으며, 효과적으로 평가될 수 있느냐에 대한 보기는 앞서 인용한 『인간주의 교육 : 목표와 평가』에서 구할 수 있다.

여기에서 제시된 것들은 단순한 예에 불과하다. 오히려 위에서 나열한 '목적들'과 '징후들'을 실천하기 위한 방법을 찾는 데 관심이 있는 교사들에 의해 보다 많은 목표들이 만들어질 수 있다. 특히 현장에서 만들어진 목표가 현장의 관심과 조건에 보다 적합할 것이다. 관련 문헌들에는 탐구의 가능성이 있는 아이디어들로 가득 차 있다. 그러나 아이디어를 실천에 옮길 계획을 짜면서 현장의 요구와 관심에 알맞게 하기 위한 교사들의 토론과 노력이 없다면 그다지 효과를 얻을 수 없을 것이다.

인식을 확장하기

내세울 문제를 선정하기

우리는 앞에서 수많은 개혁이 실패한 이유가 위로부터 해결책을 모색했기 때문이라는 것을 지적했다. 위로부터의 개혁은 교사들이 안고 있는 문제가 아니라, 누군가에 의해 교사들이 지니고 있을 것이라고 생각되는 문제를 상정하고 있기 때문에 그다지 효과적이지 못하다. 우리는 행동이란 개인적 요구와 신념의 직접적 기능임을 알았다. 따라서 우리는 교사들이 안고 있는 문제에서 출발하는 아래로부터의 개혁을 주장하였다. 그러나 '거창하게 계획된' 문제에 비해 현장의 문제를 다루는 것은 위기 관리의 한계를 벗어나지 못할 위험이 있다. 근본적인 원인은 여전히 남겨둔 채 단지 위기에만 반응하는 것은 개혁을 위한 노력을 계속 위협하는 증상에 대한 반응일 뿐이다. 상담자와 심리치료사들은 '표출된 문제'가 실질적인 문제가 아니라는 것을 안다. 이와 유사한 관찰이 개혁에서도 가능하다. 즉각적인 문제는 단지 증상에 불과하다. 이것을 극복할 수 없다면 개혁 또한 성공할 수 없을 것이다. 예컨대, 보다 많은 어린이들에게 의미있도록 가르치는 일을 개선함이 없이 평균성적을 올리기 위한 어떠한 노력도 실패할 것이다. 중퇴생을 단지 개별지도하는 것은, 이들이 어렸을 때 효과적으로 학업습관을 익히도록 도움을 받지 못했으며, 적절한 동기를 부여받지 못했다는 사실을 간과한 것이기 때문에 성공하기 어렵다. 많은 규칙을 제정하여 학생문제를 해결하고자 하는 것은 더욱 많은 교칙 위반을 초래할 것이다. 이와 같이 비록 교사와 행정가들이 인식하고 있는 일선 현장의 문제로부터 출발한다고 해도 심층적인 논의가 없다면 여전히 혁신할 준비가 안 된 것이다.

어떻게 하면 즉각적이고 개인적인 문제에 동기를 부여하는 정열을 보다 근본적이고 큰 관심사에 쏟아 붓도록 하는 데 활용할 수 있을까? 이에 대한 해답은 관심의 초점을 위기에 대한 반응으로부터 원인을 탐색하고 발견하는 방향으로 돌리는 데 있다. 이 과정은 직면하고 있는 문제의 타당성을 검토하는 것으로 시작되며, 더욱 깊은 이해를 위해서는 많은 시간이 소요된다. 개혁을 시작하면서 가정에 대한 검토도 없이 해결책만을 모색하는 것은 동일한 주제를 끊임없이 반복하게 하고, 닫힌 사고체제로 귀착하게 한다. 참여자들의 신념체계를 고려함이 없이 방법, 명령, 사물의 조작화에 의해서도 변화가 일어날 수 있다는 가정은 개혁가를 기존 입장에 계속해서 안주하도록 할 것이다. 따라서 가정을 탐색하기 위해 사용된 시간은 소비가 아니며, 오히려 신념과 혁신이 달성될 수 있는 **기본 원리**를 제공할 것이다. 따라서 일단 문제에 직면하게 되면, 다음 단계는 기본 가정과 관련된 정보를 검토해야 한다. 예를 들어 다음과 같은 문제에 직면했다고 생각해보자.

만일 학생들이 중퇴한 이유를 묻는다면, 우리는 문헌, 연구물, 중퇴생 및 학부모와의 인터뷰, 학교기록의 검토, 학교의 상담자 등의 다양한 자료원으로부터 정보를 구할 수 있다. 이들 정보에서 중퇴생 문제를 심층 연구하기 위해 필요한 일련의 가설을 만드는 것이 가능할 것이다. 가설에는 다음과 같은 내용이 포함될 것이다 :

학생들이 느끼는 실패감, 거부감, 당혹감, 소외감, 무력감, 두려움 또는 불안감.

학생들의 요구에 부적절한 교육과정, 학생들의 능력을 벗어난 교육과정, 도전하기 어려운 교육과정.

자동차를 갖고 싶으며, 데이트하고 싶다는 등의 직업세계의 유혹.

교사 - 학생관계의 실패, 규칙에의 저항, 불공정하고 고압적인 대우, 자신의 운명에 대한 통제감 상실.

눈에 보이는 문제에 대한 인식을 확대하는 방법에는 크게 두 가지가 있다. 하나는 임시변통이어서 실패할 것이 틀림없는 단순한 힘의 조작화 관점을 벗어나는 일이며, 다른 하나는 증상보다는 원인에 관심을 집중하고, 개혁을 계속하는 데 가능성이 큰 인간중심의 탐색을 행하는 것이다. 이것이 개혁에 대한 연구와 이해의 단계이다. 이것이 제대로 될 경우에는 종종 자체적으로 혁신이 제안된다. 만일 중퇴생이 방황하고 있다는 것을 안다면, 학생들 스스로 자신을 발견하는 방법을 제공할 수 있다. 만일 학생이 교육과정에 의욕을 갖지 못한다면, 흥미를 자극하는 교육과정으로 개편한다. 학교를 감옥처럼 느낀다면, 학생들에게 보다 친근하게 학교를 대할 수 있는 방식을 찾는다.

'그것은 너무 오래 걸린다'

언뜻 보기에 현장의 문제에서 시작하고, 인식을 확대하기 위해 시간을 투자하는 것은 불필요한 낭비처럼 보일 것이나. 그러나 상당수의 개혁이 실패한 주된 이유는 문제를 해결하기 위해 힘의 조작화 접근을 맹목적으로 적용했기 때문이다. 이 접근은 본질적으로 반응적이며, 개혁에 참여한 사람들의 신념체계를 고려하지 않은 채 단지 무엇인가를 하는 데에만 관심이 있다. 예를 들어, 학생들의 반항이 아마도 첫 구속 때문에 일어나게 되었다는 사실에도 불구하고, 더욱 심하게 구속함으로써 비행을 야기하게 된다. 성적의 부진은 그 원인이 되는 교수방법을 개선하지 않고 단지 기준을 높임으로써 해결하려고 한다. 또는 너무나 귀찮게 하는 세세한 규칙으로 야기된 교사들의 반발도 오히려 문서를 통해 보고를 요구함으로써 더욱 성가시게 한다. 이처럼 반응 전략은 원인을 고려하지 않고 단순한 해결책만을 이끌어낸다.

많은 교육자들은 그들이 보인 처음의 반응이 문제의 핵심을 제대로 잡지 못했다는 사실을 알아도, "그 문제를 보다 깊이 생각할 시간이 없다"는 이유를 내세우며 반응적으로 계속 행동한다. 태평양의 어느 외딴 섬에 사는 원주민들은 인간에게 일어날 수 있는 가장 나쁜 일로 영혼이 육체로부터 분리되는 것이라는 신념을 갖고 있다. 원주민들은 아플 때 의사를 부르고, 기도하기 위해 환자 둘레에 모여든다. 환자의 상태가 악화되면 풀, 진흙, 나뭇잎을 섞어 환자 몸에 난 모든 구멍을 막는다. 이러한 처방 중에 환자는 언제나 세상을 떠나게 된다. 그러나 모든 사람들은 환자에게 무엇인가를 했기 때문에 상태가 나아질 것이라고 느낀다.

교육문제에 대한 반응적 해결도 이것과 별다른 차이가 없다. 근본적인 해결이나 개혁에는 시간이 걸리고, 가정과 원인에 대해서는 충분한 검토가 필요하다. 지름길이 있거나 쉬운 방법이란 있을 수 없다. 많은 유망한 혁신들은 그것을 수행하는 사람들이 지나치게 서둘렀기 때문에 파기되었다. 중요한 개혁은 순식간에 이루어지지 않을 것이다. 일반적으로 개혁이 중요하면 할수록 그 일을 추진하는 데 더욱 많은 시간이 필요하게 된다. 선행연구는 사람을 다루는 데 있어서 민주적(열린 체제) 방식에서 독재적(닫힌 체제) 방식으로 변화하는 것이 더욱 쉽다는 것을 알려주고 있다. 그러나 반대 방향으로 가는 것은 훨씬 더 많은 시간을 필요로 한다. 닫힌 체제는 참여자들에게 쉽게 강요할 수 있지만, 열린 체제는 참여자들의 용인과 협력을 필요로 한다. 효과적인 실험은 인내를 필요로 한다. 필요한 시간을 충분히 고려하는 것은 일을 추진하면서 겪게 될 수 있는 많은 좌절을 피하도록 해준다. 특히, 시간은 혁신을 계획하는 단계, 즉 문제가 무엇이고 그 문제를 어떻게 다루어야 할 것인가에 대한 많은 사람들의 공통된 신념을 모으는 시작 단계에서 특히 중요하다. 이를 위해서는 시작 단계에서 시간에 구애받지 않고 아이디어를 충분히 끄집어낼 수 있도록 회합 시간이 탄력적이어야 한다.

'선택을 잘못하고 있지는 않은가 생각하라?'

두번째 문제는 비록 우리가 원인을 찾는 데 많은 시간을 투자했다손 치더라도, 사람들이 개혁을 위해 필요한 것들을 과연 선택할 것인가 하는 점에 확신할 수 없다는 것이다. 물론 전적으로 확신하는 것은 불가능하며, 더군다나 사람들에게 선택권을 부여할 경우에, 우리가 원하지 않은 것을 선택할 가능성도 있다. 그럼에도 불구하고 사람들에게 선택하도록 하는 것은 시도할 만한 충분한 가치가 있다. 왜냐하면 반응적 해결은 임시변통 이상의 결과를 가져올 경우가 거의 없기 때문이다. 기초 연구의 결과와 경험에 따르면, 인간중심의 개념은 부정확한 가정에 근거해서 만들어진 반응적 해결에 비해 실패할 가능성이 적다. '제값을 하는' 개혁안들도 때로는 선택을 잘못할 수 있다는 것을 **기대해야만** 한다. 실수하는 것을 두려워하는 것은 실험 정신과 창조성을 좌절시키는 확실한 방법이다. 똑같은 가정에 기초할 경우 실질적 탐구의 자유가 주어질 경우, 그리고 현명한 사람들이라면 아마도 유사한 결론에 도달할 것이다. 만일 유사하지 않더라도, 어떻든 결론에는 이르게 될 것이다.

전략을 만들기

잘못된 전략

개혁이 실패하게 되는 수요 원인은 기본 가정이나 개혁을 수행할 교사의 준비 정도와 능력을 고려하지 않은 채 전략과 기법을 채택하는 데 있다. 오늘날 교육에서 발견되는 많은 어려움은 방법과 사물에 집착하

는 데 그 원인이 있다. 이 책의 첫 장에서 제시한 불만스러운 사물지향
의 개혁 노력은 그 좋은 본보기이다. 그것들은 제도에 일반적으로 적용
되기에 옳은 것들이라고 가정된 방법들이기 때문에 아무런 의심없이 힘
의 조작화를 채택하는 것은 당연하다. 행동이 교사와 학생들에게 가해
진 직접적인 힘의 결과 나타났다고 생각할 때, 행동에 영향을 미칠 수
있는 방법은 교사와 학생들에게 행사되는 힘을 관리하는 것이 된다. 결
과적으로 상명하달식의 제도는 방법에 집착하게 한다. 생각하고 있는
어떤 문제가 있을 때 교사와 행정가들이 제일 먼저 제기할 수 있는 전형
적인 질문은 '어떻게 할 수 있을까?', '무엇을 해야 할까?', '어떻게?',
'그/그녀/그들은 무엇을 할까?' 등이다. 반면에 기본 가정, 목적에 대
한 신념, 이들 둘 사이의 관련성, 학습과 성장의 본질 등과 같이 보다
중요한 질문은 상대적으로 관심을 끌지 못한다.

　방법이라는 것은 실제적 문제보다 뻔한 문제에 적용되는 경향이 있
기 때문에 많은 교육문제는 해결될 수 없다. 행동은 단지 증상에 불과
하다는 것을 이해하지 않으면 안 된다. 오로지 행동의 관리만을 목적으로
하는 전략은 기껏해야 임시변통에 불과하고 더구나 상당히 파괴적일 수
있다. 예를 들어, 14-15살이 되도록 "아무도 나를 좋아하지 않아. 아무
도 나에게 관심이 없어. 모두가 나를 좋게 생각하지 않아"라는 식으로
학습한 전형적인 비행 소년을 생각해보자. 그가 내릴 수 있는 결론은
"그래, 나는 아무도 좋아하지 않아!"라는 감정일 것이다. 그리고 그런
결론에 따라 도전적이고 분열적인 행동(심리학자의 표현으로는 억압된 감
정을 행동으로 옮긴다)을 보이게 된다. 물론 이러한 행동은 교사나 교육
행정가들이 싫어하고 수용하기 어려운 분열적인 것이다. 교사와 행정가
들은 체벌, 조롱, 정학, 무안, 실패, 혜택의 거부, 규칙과 질서의 적용
등과 같은 관리기법에 따라 그 소란스러운 행동을 통제하고자 한다. 그
러나 이 모든 것들은 단지 비행 소년이 이미 믿고 있는 "아무도 나를 좋
아하지 않아, 아무도 나에게 관심이 없어, 모두가 나를 반대해!"라는 것

을 확증시켜줄 뿐이다.

전략을 원인과 관련짓기

진정으로 전략이 효과적이기 위해서는 피상적인 증상이나 조짐보다는 원인과 관련되어야 한다. 따라서 전략을 선택하는 첫번째 단계는 인식을 확장하기 부분에서 제안한 것과 같이 문제의 역동적 관계를 명확히 이해하는 것이다. 적절한 전략이 결정된 후에도 부작용 등의 문제 또한 고려되어야 한다. 전략이 문제를 더욱 나쁘게 만든다면 가치있다고 할 수 없다. 심지어는 매우 신중하게 계획된 전략도 예상하지 못한 부작용을 수반할 수 있다. 예를 들어보자. 어떤 초등학교 교사는 가장 좋은 행동 표본을 매주 학급에 게시하여 학생들의 행실을 개선하고자 하였다. 그러나 이러한 계획이 가져올 수 있는 결과를 전혀 고려하지 않았다. 실제로 1학년에서 3학년까지는 행실이 나아졌으나, 4학년에서 6학년까지 학생들은 그렇지 못했다. 어린 학생일수록 표본을 익히는 것을 영광으로 생각하는 반면에, 학년이 높은 학생일수록 불명예로 생각하였던 것이다. 다른 예를 들어보자. 어떤 고등학교에서는 학생자치를 승인했다. 학생들은 자율적으로 규칙을 만들어 제안하였으나, 교사들이 반감을 느끼고 거부하였다. 학생들은 그들이 제안한 규칙이 거부되자 곧다른 규칙을 제안하였으며 다시금 거부되었다. 그 결과 학생들은 "학생자치는 속임수에 불과해"라는 생각을 하게 되고, 그것을 하나의 책략으로 간주하기 시작했다. 이러한 학생들의 자연적인 반발은 학생자치에 대해 반감을 지닌 교사들에 의해 초래된 것이었다. 그러나 교사들은 이런 불행한 결과를 초래한 원인이 자신들의 행동 때문이라는 사실은 전혀 생각하지 못한 채, "왜 학생들은 신중하게 자치를 실시하지 못하지"라고 불평한다. 일을 더욱 나쁘게 하는 부작용을 내포하고 있는 전략으로부터는 아무것도 기대할 수 없다.

교육에는 보편적으로 올바른 방법이라는 것이 존재하지 않는다. 기법이나 전략은 수많은 조건에 알맞아야 하는 복잡한 활동이다. 개혁을 위해 채택한 원리 또한 마찬가지이다. 개혁을 위한 전략은 실제적인 문제, 학생, 교사, 교육과정, 현장 등의 조건에 맞아야만 한다. 또한 좋은 교사는 직면한 문제를 능숙하게 처리하고 적절한 해결책을 찾아내고 고안하는 기업가적 특성을 지녀야 한다. 바로 이와 같이 개혁을 효과적으로 추진하는 데 가장 유망한 자원이 되는 전략은 문제를 처음으로 마주한 사람에 의해 채택되고 만들어진다.

어떤 종류의 전략이든 사용자가 성공적으로 활용할 수 없는 것이라면 별로 가치가 없다. 방법은 실천가들에게 알맞아야 한다. 따라서 개혁의 전략으로 우선적으로 고려되어야 하는 것은 현장에서 전략을 직접 실천하고 책임지는 교사와 행정가들에 의해 선택되고 고안된 것들이어야 한다. 현장의 사용자들은 이러한 전략을 자신의 것이라 생각하게 됨으로써 개혁의 성공을 위해 개인의 모든 것을 바치게 되는 부수적인 이점이 있다. 설령 개인적으로 제시한 전략이 실패하더라도 그것은 더욱 좋은 새로운 안을 모색하는 방식을 찾도록 하고 잘못된 길을 포기하도록 하는 값진 결과를 제공할 수 있다.

전략을 채택하기

다른 사람에 의해서 제시되거나 만들어진 경험이나 전략이 모두 쓸모 없다는 것은 아니다. 물론 다른 사람의 경험도 사용자와 환경에 적합한 전략을 만드는 데 유익한 도움을 제공할 수 있다. 그렇지만 다른 학교, 교사, 행정가들의 방법은 단지 혁신가들에게 선택될 수 있도록 진열된 여러 가지 기법들 중 하나에 불과하다. 따라서 전략들은 새로운 사용자와 현장의 조건에 알맞게 수정되고 변화될 필요가 있다. 많은 유망한 전략들이 사용자들에게 맞지 않은 결과 임시방편으로 대충 적용되었기 때문에 실패하였다. 일선 현장의 조건이나 사람들에게 어떻게 활용될 수 있는가를 충분히 고려하지 않은 채 다른 누군가의 방법을 적용하는 실수는 자주 일어난다.

전략으로 활용될 가능성이 있는 제안은 도처에서 제기되어진다. 전통 교육은 오랫동안 방법을 중시해 왔으며, 그 결과 선택할 수 있는 전략이 상당량 축적되어 있다. 교사와 행정가는 다른 교사나 조직에서 성공적으로 활용된 전략을 풍성하게 담고 있는 많은 자료를 얼마든지 말할 수 있다. 여기에 관심이 있는 독자들은 각 장의 말미에 있는 참고자료에서 그러한 제안을 발견할 수 있을 것이다.

장벽을 없애기

공교육 제도에는 도처에 혁신을 가로막는 장애물들이 많이 있다. 철학, 행정, 수년 동안 소중하게 행해져 온 활동, 교육과정, 학생들, 교사들과 행정가들에게서 장애물을 발견할 수 있다. 사람들은 혁신을 요구하지만 동시에 다양한 반발도 드러내게 된다 ;

"그 일에 관한 한 새로운 것은 아무것도 없어. 우리는 수년 동안 그렇게 해 온 걸"

"이것은 단지 유행일 뿐이야. 곧 지나갈 거야"

"나는 시간이 없어"

"당신은 우리 컴퓨터를 망가뜨릴 거야"

"너를 가만 두지 않을 걸"
"그 일에 필요한 예산이 없어"
"결코 할 수 없을 거야"

개혁을 추진하고자 하는 사람은 이런 정도의 반대에는 준비하고 있어야 한다. 나는 개혁을 위해 일생을 송두리째 바쳤다. 이 과정에서 나는 다음과 같은 사실을 배웠다. 만일 혁신을 이루기를 원한다면 허가를 구하지 말라. 곧 바로 실행에 옮기고 혁신이 널리 알려지는 것을 피하라. 널리 알려지지 않게 함으로써 혁신에 대한 반발을 줄일 수 있을 것이다. 어떠한 삶의 상황에서도 어려움을 타개해나갈 여지는 항상 있다. 심지어 아주 경직된 환경에서조차도 계략을 활용할 여지는 남아 있다. 그러한 여지를 완벽하게 이용함으로써 얼마간 시간이 지나면 사람들은 당신의 입장을 받아들이게 될 것이고, 보다 많은 권한을 부여하게 될 것이다. 만일 사람들이 기존 방향을 계속해서 고수하면, 당신이 표준 절차로부터 벗어나 있다는 것을 그들이 인식하기 전에, 기존의 방식을 새로운 방향으로 옮기는 것이 가능하다. 어느날 당신이 전통 방식으로부터 멀어져 있다는 것을 그들이 발견할 때에는 이미 반발은 소용없게 된다. 그리고 당신은 그간의 기록을 통해 혁신이 얼마나 잘 이루어졌는지를 보여줄 수 있다. 그런 상황이 되면 대화는 다음과 같이 변하게 된다 ;

비판자 : "그러나 당신이 아는 것을 할 수 없지 않느냐"
혁신자 : "내가 할 수 없다구요? 정말이예요? 그러면 내가 거둔 성과를 보세요"
비판자 : "그래요, 그것은 좋아요. 그러나 규칙에 따르면…"
혁신자 : "그러나 이제는 되돌아갈 수 없어요"
비판자 : "그렇다면, 그것을 합법화할 수 있는 길을 같이 찾아봅시다."

교사와 행정가의 신념체계에는 혁신을 가로막는 세 가지 매우 중요한 장애가 있다. 그것들은 다음과 같다.

가르치고 운영하는 데 옳은 방법이 있다는 뿌리 깊은 신념이다

이런 신화는 전문가들에게 너무 깊이 스며들어 있으며, 특정 방법만이 '정도'라고 주장하는 '전문가'들에 의해 늘 지지된다. 또한 이러한 신화는 방법을 다룬 전문서적에 집착함으로써 더욱 고착되게 된다. 특정한 교육자가 사용한 방법은 특정 상황에 대한 반응에 불과하기 때문에 다른 교사와 행정가는 동료들이 사용한 방법과는 다른 것을 반드시 고려해야 한다. 진정으로 옳은 방법이 있다고 믿는 것은 자신이 사용한 방법이 엄격한 검증을 배겨내지 못할 것이라고 속으로 의심하는 실천가를 낳게 된다. 다른 사람의 방법을 억지로 활용하는 것은 그것을 사용하는 사람에게 맞지 않기 때문에 자주 실패한다. 그래서 교사와 행정가들은 무언가 '적합하지 않고', '부족하다'는 느낌을 갖게 되며, 새 방법을 찾는 혼란스러운 과정을 거치기보디는 자신들에게 친숙한 방법을 계속 사용할 결심을 한다.

이러한 잘못된 신념 때문에 조성된 무력감을 없애기 위해서 우리는 다음에 대한 폭넓은 인식을 갖는 것이 필요하다 ;

① 방법의 인간적 특성에 대하여.
② 방법의 중요한 결정요인으로서 '적합성'의 의미에 대하여.
③ 좋은 가르침과 행정에는 특별한 방법이 필요한 것이 아니라, 개개인의 조건에 적합한 기법을 발견하는 것이 필요하다는 데 대하여.

새로운 이론과 연구의 결과 얻어신 이러한 것들은 가능한 널리 교육자들에게 전파될 필요가 있다.

혁신, 연구 그리고 실험을 위해서는 상당한 수준의 연구설계와 통계 능력, 그리고 평가방법에 대한 기술이 필요하다는 신념이다

실제로 이러한 기술적 편견은 일선 현장의 혁신을 심각하게 방해할 수 있다. 혁신은 교사와 행정가들이 학교와 교실 수준에서 느끼는 현장의 문제로부터 일어나야 한다. 연구와 통계에 뛰어난 사람 중에서 현장에서 느끼는 문제를 이해하고 인식해본 적이 있는 사람은 별로 없다. 전문가들의 자질은 보다 넓은 관점에 적당하며, 따라서 현장 문제의 중요성을 자주 놓치게 한다. 그들은 다른 용어로 말하며, 일선의 개혁가들과 다른 목적을 지니고 있다. 전문가들이 문제 상황에 너무 자주 출입하면 전문적 연구기법에 알맞은 모습으로 현장의 문제를 왜곡하는 결과를 낳는다. 이는 또한 교사와 행정가들이 느끼는 문제를 원래와는 다른 모습으로 꼬이게 하고, 교육자들로 하여금 스스로 능력이 없다고 느끼게 만들며 나아가 연구하고 혁신하는 데 자신들이 적합하지 않다는 신념을 확신하게 한다. 일선 현장의 교육자들은 이러한 불행한 신념에서 깨어나는 것이 필요하다. 대신에 그들이 관심을 갖는 문제를 혁신하도록 고무되고 도움을 받는 것이 필요하다.

가치있는 혁신은 높은 수준의 연구설계나 통계분석의 기준에 맞출 필요가 없다. 문제에 대처하고 해결책을 찾는 실험과정에 참여하는 것, 그 자체가 바로 가치있는 경험이다. 의미있는 정보는 일선 현장에서 얻어질 수 있으며, 중요하고 새로운 실천은 이전에 없었던 가장 간단한 절차로 만들어지고 세련될 수 있다. 학생들이 자신을 보다 긍정적으로 느끼고, 보다 책임감을 갖고 배우며, 보다 효과적으로 글을 읽을 수 있도록 하는 방식을 실험하는 데 있어서 교사의 선의와 사려 깊은 관찰 이상은 필요하지 않다.

실수란 개인의 실패를 나타내는 지표로 혁신에 대한 광범위한 장애라는 신념이다

앞서 살펴본 바와 같이 모든 교육 제도는 정답으로 구성되어 있다. 잘못은 처벌받지 않으면 비난받아야 할 것으로 간주된다. 그러나 실수는 실험에서 불가피한 것이며, 의당 나오는 것이다. 실수는 두려워할 것이 아니라 예상해야 하는 것이다. 가르치는 일에서 좋고 올바른 방식이란 있을 수 없으며, 교사는 독특한 개인으로 이해되어야 한다. 좋은 교사는 모두가 똑같을 수는 없다. 실수와 잘못은 혁신과정에서 수용해야할 부산물로 간주되어야 한다. 나아가 그것은 자기를 갱신하려는 노력이나 사고와 실천을 배우고 개선하기 위한 가치있고 유용한 경험으로 간주되어야 한다.

혁신은 다양한 어려움을 수반한다. 혁신자가 이러한 어려움을 수월하게 극복하는 법을 배우지 못하고 대신에 난관을 두려워한다면 오랫동안 불행한 영향을 미칠 수 있다. 시나리오는 대체로 다음과 같이 진행된다. 어떤 교사가 혁신을 계획하고 그것을 실행에 옮기기 시작한다. 학생들은 '몸에 익은 방식'과 다른 혁신에 놀란다. 학생들은 걱정스러운 마음으로 새로운 방안의 한계를 섬도하기 시작한다. 이러한 행동은 교사로 하여금 혁신이 정말로 달성될 수 있을까 하는 불안감을 불러일으킨다. 교사의 불안해 하는 모습은 "어머나, 선생님은 우리가 하는 일에 확신이 없나 봐"라는 식으로 학생들이 생각하도록 하고, 불안감은 더욱 커진다. 따라서 계획했던 것이 기대처럼 되지 않으면 교사는 단념할 것이고, 혁신을 포기하고, 안전한 쪽으로 되돌아갈 것이다. 그 결과 가치여부를 결정하는 데 충분한 시간을 투자하지도 않은 채 훌륭한 혁신안은 폐기될 것이다. 더욱 심각한 문제는 30여년이 지난 후에도 교사는 여전히 "그 아이디어는 아무런 가치도 없어. 나는 그것을 한번 시도했는데 이루지 못했어!"라고 생각할 것이다. 그러나 근본적인 문제는 교사가 혁신안을 공정하게 시도할 수 없었다는 데 있었다.

이런 불행한 시나리오를 피하는 하나의 방법은 혁신을 시행할 수 있느냐의 여부가 그것을 수행할 사람의 능력에 달려 있음을 확신시키는

것이다. 새로운 아이디어에 지나친 의욕을 보이는 것은 다루기가 힘든
계획에 집착하게 만들 수 있으며, 앞에서 예로 든 시나리오와 같은 결과
를 초래할 수 있다. 많은 혁신안은 실천가가 문제를 진심으로 다룰 준비
가 되어 있지 않았기 때문에 실패한다. 이것이 과거에 실패했던 그렇게
도 많은 개혁안들이 안고 있었던 또 다른 문제이다. 혁신은 조금씩 다루
어질 필요가 있으며, 개혁안은 실천가가 이용할 수 있는 환경과 시간의
한도 내에서 안심하고 다룰 수 있는 것이어야 한다. 혁신이 현실적으로
달성될 수 있는가를 판단하기 위하여 시간을 투자하는 것은 예상되는
많은 골칫거리와 좌절을 줄여줄 것이다.

앞에서 제시한 세 가지 신화의 해로운 영향을 피하기 위해서는 그러
한 신화가 체계적으로 제거된 분위기를 조성하는 것이 필요하다. 올바
른 방법이란 없으며, 누구나 혁신할 수 있고, 실수는 큰 일이 아니라는
메시지가 지속적으로 길러져야 된다. 한 부분의 노력만으로는 충분하지
않을 것이다. 신화는 사라지기 어렵고 위의 세 가지는 오랫동안 있어 온
것들이다. 이들 신화와 투쟁하는 것은, 한편으로는 그 정체를 폭로하기
위한 쉼없는 노력이 필요하며, 다른 한편으로는 보다 긍정적인 대안들
을 주창하는 것을 필요로 한다.

장애에 대처하는 전략을 찾기

일찍이 나는 장애에 잘 대처할 수 있는 방법을 발견하였다. 이 방법
은 목적을 보다 원만히 달성할 수 있는 길을 분명하게 해주고 혁신을 제
안하도록 하는 두 가지 이점이 있다. 전략은 다음과 같은 질문으로 구성
된다. "도대체 나의 학생(동료, 협력자)들이 참여하고, 의문을 제기하며,
문제에 달려드는 것을 방해하는 것은 무엇인가?" 나는 이 물음을 내가
활동하는 모든 상황에 체계적으로 사용한다. 때로는 학생, 동료, 고용인

들에게 직접 묻기도 하였으며, 쉬는 시간에 자주 브레인스토밍 시간을 갖는다. 이런 식으로 내가 발견한 장애에는 여러 종류가 있었다. 어떤 것은 환경에, 어떤 것은 교육과정에, 어떤 것은 내가 사용한 방법에, 어떤 것은 나의 동료와 학생들에게 있었으며, 아쉽게도 너무나 많은 것이 내 자신에게 있었다. 일단 내가 장애를 인식하게 되면 나는 그것들을 하나씩 할 수 있는 한 최선을 다해 제거하고자 노력하기 시작하였다. 이러한 전략은 상당한 이득을 나에게 가져다주었으며, 내가 교사로서, 행정가로서, 그리고 연구자로서 성공하는 데 상당한 기여를 했다. 또한 내가 열정을 갖고 문제에 계속 관여하도록 하였고, 나를 직업적 소진의 고통과 절망으로부터 구해냈다

물론 대학교 일람, 입학허가, 예산, 장비, 공간, 학교교칙, 규정 등과 같은 어떤 장애는 내가 어찌할 수 없는 통제밖에 있는 것들이다. 그것들이 제기될 때면 언제나 그만하고 싶다는 유혹을 받는다. 이 경우에 "나는 그 일을 잘 할 수 있는데 **그것들은** 내가 일을 하도록 그냥 놔두지 않아"라는 직당한 변명으로 문세를 얼버무림으로써 불변함을 피하고자 한다. 그러나 나는 그러한 방해에 굴복하지 않았으며, 특별히 나에게서 발견한 장애를 극복하는 데 전념하였다.

주와 참고문헌

좋은 교사와 무능한 교사에 관한 참고자료 : 제5장 참고문헌 참고

자아개념과 자기존중감에 관한 참고자료 : 제3장 참고문헌 참고

일반 자료 :

Cincione-Coles, K. 1981. *The future of education: Policy issues and challenges.* Beverly Hills, Ca. Sage Publishers.

Combs, A. 1988. "New assumptions for educational reform". *Educational Leadership*, 45, 38-42.

Corbett, H. et. al. 1987. "Resistance to planned change and the sacred in school cultures". *Educational Administration Quarterly*, 33, 4, 36-39.

Sarason, S. 1982. *The culture of the school and the problem of change*, Boston, Allyn and Bacon.

자기존중감과 공감에 관한 자료 :

Georgiades, N. 1967. *A study of attitudes of teachers to educational innovation.* Doctoral dissertation, University of London.

Villars, J. 1989. "Schooling redesign: A key to educational restructuring". IN Hennes, J. Restructuring education: *Strategic options required for excellence.* Denver, Co. Colorado Department of Education.

교사의 기대와 현장연구에 관한 자료 :

Hopkins, D. 1985. *A teacher's guide to classroom research.* Philadelphia, Pa. Open University.

Inman, V. 1984. "Certification of teachers lacking courses in education stirs battle in several states." *Wall Street Journal.* January 6, 39.

McKernan, C. 1988. "The countenance of curricular action research: Traditional, collaborative and critical-emancipatory conceptions". *Journal of Curriculum and Supervision*, Spring, 173-200.

Sanford, N. 1970. "What ever happened to action research?" *Journal of Social Issues*, 26, 3-23.

Wallace, M. 1970. "A historical view of action research". *Journal of Education for Teaching.* 13, 97-115.

혁신적인 가정을 위한 자원들 :

ASCD, 1962. *Perceiving, Behaving, Becoming: A new focus for educatioin.* Alexandria, Va. Yearbook, Association for Supervision and Curriculum Development.

ASCD, 1978. *Humanistic education: Objectives and assessment.* Alexandria,

Va. Yearbook, Association for Supervision and Curriculum Development.

Combs, A. W. 1982. *A personal approach to teaching: Beliefs that make a difference*. Boston, Ma. Allyn and Bacon.

Combs, A. and Avila, D. 1985. *Helping relationships: Basic concepts for the helping professions*. Boston, Ma. Allyn and Bacon.

Hamachek, D. 1970. *The self in growth, teaching ahd learning*. Englewood Cliffs, N.J. Prentice Hall.

Purkey, W. 1970. *Self concept and school achievement*. Englewood Cliffs, N.J. Prentice Hall.

혁신 전략에 관한 자료 :

Brandt, R. 1988. ˝On changing secondary schools: A conversation with Ted Sizer˝. *Educational Leadership*. 46, 30-36.

Hall, G. and Hord, S. 1987. *Change in schools: Facilitating the process*. Albany, N.Y., State University of New York Press.

Ornstein, A. 1982. ˝Change and innovation in curriculum˝. *Journal of Research and Development in Education*. 15, 27-33

제 7 장
대안학교와 평가

　모든 교사와 행정가는 교육전문가로서 기대되는 것처럼 지속적으로 실험에 참여해야 한다. 학교는 하나의 공동체이기 때문에 개혁 또한 개인적으로 뿐만 아니라 집단적으로 접근되어야 한다. 집단적 차원에서 혁신에 참여하게 되면 많은 이점을 얻을 수 있다. 앞서 제3장에서 살펴본 최신 학습이론에 따르면 소속감과 일체감은 학습을 개선하는 데 도움이 된다. 집단 활동은 더 많은 사람을 개혁의 과정에 동참시킴으로써 개혁의 노력을 확대하고 촉진하게 된다. 보다 많은 사람들이 문제를 개혁하기 위해 노력한다는 것은 문제해결의 단서가 되는 좋은 아이디어와 자원을 제안할 가능성이 그만큼 많아진다는 것을 의미한다. 또한 집단 활동은 구성원들간에 상호 자극과 훈련을 제공한다는 이점이 있다. 집단에의 소속감은 책임을 서로 미루는 것을 방지하고, 갈등을 종식시키며, 성취의 기쁨을 함께 나누도록 격려한다. 나아가 집단이 하나가 된다는 것은 외부의 비판과 압력에 공동으로 대처하게 하고, 공동으로 개혁을 위한 노력을 수행하도록 한다.

개혁을 위한 집단의 조직

일반적으로 생산적인 집단은 유사한 신념을 가지고 공동의 관심사를 해결하려는 사람들로 이루어져 있다. 집단에서는 의사소통과 참여가 필수적이기 때문에 모두가 서로를 잘 알고, 각자가 말하는 것을 잘 들을 수 있도록 규모가 작을 필요가 있다. 최적 인원은 8, 9명에서 최대 14명이 적당하다. 우선 구성원들은 문제에 관심을 가져야 하고, 해결과정에 기꺼이 참여해야 한다. 그들은 처음부터 똑같은 생각을 가질 필요는 없다. 왜냐하면 그들은 합의에 도달하는 것이 불가능할 정도로 전혀 다르지 않기 때문이다. 일반적으로 성공적인 집단의 구성원들은 개혁의 과정에 공정하고 신속하게 참여함으로써 다른 사람들과 친밀하게 된다. 따라서 구성원들이 참여하는 과정이 필요 이상으로 어려워서는 안 된다. 대부분 효과적인 집단은 제4장에서 살펴본 것처럼 열린 체제로 운영된다. 집단의 구성원들은 자신들이 담당할 일을 결정하는 과정에 참여할 뿐만 아니라, 문제를 정의하는 초기의 과정과 계속 이어지는 결과의 탐색에도 깊이 관여하게 된다. 가능한 자유롭고 적극적인 회합이 이루어질 수 있도록 모든 노력을 기울여야 한다.

집단은 리더의 능력에 많은 것들이 달려 있다. 집단이 개혁에 필요한 노력을 계획하고 실행하도록 하기 위해서는 상당한 노력이 필요하다. 예를 들어 집단 내에서 역동적인 상호작용과 토론을 촉진하는 능력, 참여자를 보호하고 격려하는 능력, 집단의 준비 정도와 예상되는 반발을 파악하는 능력, 목적 달성에 가장 효율적으로 집단을 돕는 능력 등에 대한 깊은 이해가 필요하다. 모든 학교 제도는 이러한 집단적 과정의 능력을 소유한 유능한 사람을 필요로 한다. 몇 명의 교직원들이 집단 내의 역동성에 대한 훈련을 받을 수 있도록 보조하는 것은 개혁을 보다 신중하게 추진하도록 하는 가치있는 투자이다. 외부에서 개혁의 촉진자를 고용하는 것은 차선의 문제이며, 훌륭한 촉진자를 자체적으로 보유하고 있다는 것은 어느 학교에서든 좋은 자산이 된다.

합의의 필요

집단 차원에서 개혁을 추진하기 위해서는 합의를 이루는 것이 중요하다. 혁신이 성공하느냐의 여부는 구성원들이 비슷하고 합치된 신념체계를 지니고 있느냐에 달려 있다. 합의를 도출하는 데 있어서 투표를 사용하는 것은 적절하지 않다. 종종 투표에 호소하는 것은 토론을 중지하게 하는 것 이상의 의미를 갖지 않는다. 대체로 다수가 결론을 내려야 된다고 느끼게 될 때에 투표에 호소하게 된다. 투표의 결과는 승리자에게는 만족을 주지만 실패자에게는 줄곧 강제라는 느낌을 갖게 한다. 투표는 결론이 도출되는 과정을 뒤집고, 반발을 잠복하게 하는 위험성이 있다. 집단의 구성원들이 명시적 혹은 잠재적 적대감을 갖게 되거나 제안하는 것을 주저한다면 혁신은 지지부진하게 된다. 합의를 이루는 데에는 많은 시간이 필요하고, 그 과정에서 종종 좌절을 겪기도 하지만 궁극적으로는 성공을 위한 큰 예측을 제공한다. 효과적인 집단의 혁신은 비슷한 마음을 갖고 있는 교사와 행정가를 필요로 한다. 구성원간 상호 존중과 개방적인 커뮤니케이션, 기본 가정과 전략에 대한 전체적인 합의는 매우 중요하다. 구성원들이 비슷하게 생각하고 서로를 믿을 때에만 일관성있고 모순되지 않은 행동을 기대할 수 있다.

효과적 혁신은, 집단의 철학과 의도에 어긋나지 않는 해결책을 모색할 수 있는 비슷한 신념을 지니고 있는 구성원들에게 달려 있다. 따라서 구성원들이 비슷한 마음을 갖도록 하기 위해서는 많은 시간이 필요하다. 그것은 토론과 상호경험을 통해 형성되며, 일단 확립되고 나면 신중하게 조성되어야 한다. 집단 차원의 혁신이 실패하게 되는 가장 주된 원인은 일이 착착 진행되고 있는 집단에 새로운 사람이 들어오는 것이다. 새로운 구성원들은 기존의 방식을 파괴하는 경향이 있기 때문에, 그들로 하여금 기존의 관계를 인식하도록 하는 것이 집단을 위해서 필수적이다. 새로운 구성원들을 집단에 신속하게 적응시키기 위해서 귀중한 시간이 사용되어야 한다. 새로운 구성원의 출현은 모든 관계에서 좌절과 파괴적인 경험을 줄 수 있으며, 대부분 발전을 지체시키며, 협력하여 노력하는 데 필수적인 합의를 깨뜨림으로써 집단의 목적을 패퇴시킬 수도 있다.

혁신이 사라지는 이유

상당히 유망한 혁신안도 성공적으로 운영되고 난 뒤에는 얼마 되지 않아 사라지는 일이 자주 발생한다. 그 주된 이유는 집단에 새로운 사람이 들어오고 기존의 구성원들이 떠나기 때문이거나, 혹은 개혁을 제도화하려는 시도 때문이다. 혁신적 집단의 원년 구성원들이 떠날 때 집단은 통합적 요소를 잃게 된다. 최초의 구성원들이 떠나고 난 자리를 집단적 사고와 경험이 도출되었던 합의과정을 공유하지 않고, 다른 신념을 지닌 사람이 대체하면서 이러한 손실은 더욱 커지게 된다. 새로운 구성원들이 혁신에 적대적일 경우나 자신의 신념체계를 집단의 목적과 과정에 기꺼이 맞추고자 하지 않는다면, 그 영향은 매우 파괴적이 될 것이다.

이러한 역동성은 혁신이 제도화되는 것이 어려운 이유 중의 하나이다. 예를 들어보자. 정말로 좋고 혁신적인 교사준비 프로그램이 70년대에 12명의 교수들에 의해 개발되어, 기존의 프로그램을 단계적으로 대체하였다. 새로운 프로그램은 상당한 성공을 거두었다. 그 결과 그 프로그램은 미국뿐만 아니라 외국에서도 관심을 끌었다. 몇 년이 지난 후 교육부는 단계적으로 옛 프로그램을 없애고 새로운 것을 모든 학생들에게 실시할 것인가를 결정하기 위하여 투표를 실시하였다. 그러나 프로그램의 제도화를 목표로 실시된 이 시도는 실패로 끝났다. 기존의 프로그램과 운영에 오랫동안 익숙해져 있던 교수들은 전혀 다른 철학과 운영방식에 갑자기 빠져드는 자신을 발견한 것이다. 좋은 생각을 가지고 새로운 프로그램의 채택을 찬성한 교수들조차도 혁신 집단에 의해 개발된 사고와 계획, 신념체계에 재빨리 편입되지 못하였다. 이러한 현상은 신임 교수들에게는 상당한 불안을 초래하고 최초의 구성원들에게는 좌절감을 맛보게 한다. 교수들의 확신이 없는 태도는 전통적인 수업과는 확연히 다른 새로운 프로그램을 선택한 학생들에게 금방 전달된다. 이어 나타나는 학생들의 불안은 교수들의 확신이 없는 감정을 확인하는 것에 불과하다. 혁신적인 프로그램의 개념이나 실천을 이해하고 실행하는 일에 신임 교수가 무능하다면, 이러한 혁신은 급속하게 붕괴하기 시작한다. 교육부의 헌신적인 노력에도 불구하고 많은 교수들은 보다 친숙하고 편인한 사고방식과 교수방식으로 되돌아가기 시작한다. 혁신의 붕괴는 몇몇 혁신의 주창자들이 떠나고 새로운 사람으로 대체되면서 더욱 재촉된다. 2년 이내에 상당히 중요한 혁신안은 사라지게 되고, 그것이 대체하였던 전통적인 프로그램과 거의 구별되지 않게 되고 만다.

혁신적 프로그램의 본질은 철학이나 장비, 기법에 있는 것이 아니라 주창자와 실천가의 신념체계에 있다. 방법과 정보에 대해 의미와 일관성을 부여하는 공통의 신념체계가 없다면, 혁신은 빠르게 붕괴되거나 혹은 불협화음 때문에 자멸할 것이다. 구성원들로 하여금 함께 개혁에 열심히 동참하도록 하는 것은 실천가들의 훌륭하고 일치된 신념이다.

참여자 보호의 필요

몸에 익숙한 활동으로부터 벗어나는 것은 반발을 낳는다. 전통적 운영방식과 상당히 다른 혁신은 비판의 대상이 된다. 따라서 새로운 일을 추진하기 위해서는 낯이 두꺼워야 하고 용기가 있으며 도전적인 정신을 지녀야 한다. 사소한 잘못은 어떤 창조적인 노력의 과정에서 불가피한 것이며, 초기 단계에서는 시행착오와 서투른 노력이 나타나게 된다. 또한 혁신은 시간을 필요로 하며, 의미있는 결과는 실험이 정식 과정으로 운영되고 난 후에야 비로소 나타날 것이다. 따라서 장학관의 주된 책임은 현상으로부터 이탈한 혁신자들을 파괴적인 비판으로부터 보호하는 일이다. 혁신적인 프로그램이 그러한 위협을 넘어서 원만하게 항해를 계속하도록 하기 위해서는 행정적인 보호 조치가 필요하다.

비판과 반대를 줄일 수 있는 하나의 방법은 새로운 프로그램에 '실험적'이라는 딱지를 붙이는 것이다. 학교와 제도가 실험에 다소 우호적이라면 많은 파괴적인 비판은 피할 수 있다. '실험적'이라는 말은 잠정적으로 들리며 보는 이로 하여금 위협을 덜 느끼게 한다. 혁신을 '실험적'이라 지칭하는 것은 종종 관례화된 규칙이나 규정의 적용을 유예시켜줌으로써 혁신적인 계획안이 자리잡을 때까지 충분히 보호할 수 있다. 혁신이 가장 중요한 관심사가 되면 많은 사람들이 참여하게 되고, 파괴적인 비판자들도 현저히 줄어들게 된다. 그럼에도 불구하고 특정한 혁신적 노력은 오해받기도 하며, 공격의 대상이 되기도 한다. 개혁의 의지를 유지하고 지원하기 위해서 행정가들은 가치있는 실험에 참여한 사람들을 보호할 필요가 있다.

복합적 혁신

개혁을 위한 시도들은 종종 하나의 노력, 건물, 또는 체제에 집중된다. 이상적인 개혁지향 체제는 모든 사람들이 개인적으로든 집단적으로든 하나 이상의 혁신에 참여하는 것이다. 이것은 몇 가지의 개혁이 협력하여 추진되어야 함을 의미한다. 혁신을 동시에 추진하게 되면 많은 이점이 있다. 많은 사람들이 혁신에 참여하면 비판의 대상이 되는 문제가 상당히 줄어들고, 불만에 가득 찬 참여자들이 선택할 수 있는 대안이 제공될 수 있다. 복합적인 실험은 여러 프로그램들간에 비교를 가능하게 하고, 개혁에 속도를 붙인다. 또한 소비자들을 위한 선택의 기회를 증진한다는 이점이 있다. '이 프로그램이 아니면 그만 두라' 는 것이 아니라, 소비자들은 그들의 목적을 달성하는 데 있어서 대안을 선택할 수 있다. 예를 들어, 오타와 대학에는 세 가지 종류의 교사교육 프로그램이 있다. 이 프로그램들은 동시에 운영되며, 학생들은 자신들의 요구에 가장 알맞은 것을 선택할 수 있다. 북콜로리도 대학에서 운영하는 실험학교는 마음이 서로 맞는 3명의 교사와 15명의 어린이로 구성된 '가정(family)'으로 조직되었다. 각 가정은 신념, 교육과정, 그리고 학생들의 요구를 고려한 방식으로 교사팀에 의해 인도된다. 각 가정의 패턴은 혁신적인 학교 전체의 사명과 일치한다. 이러한 협력적 프로그램화가 갖는 부가적 이점은 교사들간의 토론과 새로운 아이디어와 가설이 일어나게 한다는 점이다.

감사(監査) 준비

혁신을 위한 노력은 기한(期限)과 검토과정이 있어야 한다. 혁신자들은 자신들이 하는 일을 사람들에게 설명할 필요가 있다. 이를 위한 방법으로는 참여자들이 목표로 하는 계획과 예상되는 결과, 그리고 검토하고 확인할 사항과 일정 등을 기록한 합의된 '계약'을 통해 혁신을 정당화하는 것이다. 혁신을 감사받을 날짜가 다가오면 가급적이면 외부 인사가 포함된 사람들에게 프로그램을 감사받는 것이 필요하다. 감사 결과에 따라 프로그램을 계속 실시할 것인가, 수정할 것인가 혹은 그만둘 것인가 하는 결정이 내려진다. 만약 혁신 프로그램의 중단이 결정되면 참여자들은 새로운 제안의 기록이나 진행중인 프로그램으로부터 벗어나게 된다.

일단 검토가 시행되면, 불필요한 보고서 제출이나 치명적인 제약를 가함으로써 혁신이 방해받는 것을 방지하는 것이 필요하다. 감사를 계획하고 감사받을 기준을 설정하는 것은 혁신에 참여한 모든 사람들에 의해 만들어야져 한다. 기한을 정하고 감사를 실시하는 취지는 프로그램을 통제하거나 지시하기 위한 것이 아니라, 참여자들에게 가설을 검증하고, 결과를 증명하고, 목적과 실행을 수정하게 하는 데 충분한 시간을 갖도록 하는 것이며, 나아가 편견에 좌우되지 않고 개혁의 노력을 중단할 수 있도록 하기 위한 것이다.

대안학교

우리는 교사들과 행정가들을 전문가로 대우하고 기대함으로써 혁신을 격려하고 개혁을 달성할 수 있다고 생각한다. 또한 프로그램을 개발하는 단계에서 집단 차원의 혁신이 필요하다고 생각한다. 논리적으로 다음 단계는 대안학교이다. 교실과 프로그램뿐만 아니라 학교도 다양성과 혁신이 필요하다. 개인 수준과 프로그램 수준에서 혁신이 진정으로 성공하기 위해서는 반드시 다양한 종류의 대안학교가 뒤따라야 한다. 학교 안팎의 많은 교육전문가들로부터 거대한 학교를 줄이고 대신에 보다 작은 학교를 세우자는 요구가 점증하고 있다. 국가보고서 「위기의 국가」와 국가교육위원회의 지도자 그리고 전미교사협회에서는 교육개혁의 필수적인 단계로서 대안학교를 주장하였다.

한편 '학교선택'에 대한 대중들의 요구도 높아가고 있다. 대부분의 공립학교는 획일적인 특징만 가지고 있으며 다양성은 거의 없다. 또한 현재 실시되고 있는 선택도 공립학교에 가느냐 아니면 사립학교에 가느냐에 한정되어 있다. 소비자들에게 진정한 선택을 제공하고, 학교 제도가 진실로 자기재생적이 되기 위해서는 보다 많은 다양성이 필요하다. 서로 비슷한 생각을 지닌 교육전문가들에 의해 추진되고, 학생과 지역사회의 독특한 요구에 적응하는 건전한 기본 가정에 근거한 수많은 대안학교가 세워져야 한다.

대안학교란 학생들의 다양성과 학습방법을 고려한다는 의미이다. 교육자는 학생들의 개인차가 중요하다는 것을 지식으로 오래 전부터 알고 있으며, 이론상 공립학교가 그러한 차이에 적합하다고 주장해 왔다. 그러나 실제로 학교는 개인차의 존재를 부정하는 방법을 찾는 데 보다 많은 에너지를 소비해 왔다. 계열, 성적, 심리검사, 장애아나 특수아를 위한 특별학급 등의 방법을 통해 학생을 동질적으로 구분하고자 하였다. 그러나 문제는 사라지지 않았다. 일찍이 켈리(E. Kelley)는 "우리는 이렇듯 훌륭한 학교, 풍부한 교육과정, 뛰어난 교사를 가지고 있다. 그런데 제기랄 부모들은 왜 나쁜 자식들만 우리에게 보내는 거야!"라고 지적한 바 있다.

최근에는 뇌 연구와 아동발달 연구를 통해 학생들이 서로 다른 학업 스타일을 가지고 있음을 알았다. 이러한 사실을 인식하지 못하는 것은 학생들의 발달을 저해하고 심지어 모든 학생들의 학습을 어렵게 한다. 더구나 최근의 연구들은 좋은 교수에 대해 알려주고 있다. 교육에 '올바른' 방법이란 없으며 좋은 교사는 신념에 따라 자기 자신과 학생을 대하고 업무를 수행한다. 여러 연구들에서는 개인, 프로그램, 대안학교 등 모든 수준의 교수와 학습에서 다양성을 요청한다.

대안학교로 나가는 데 있어서 대규모화, 표준화, 산업형 모델이나 힘의 조작화에 근거한 계획이나 실천은 문제가 된다. 시류에 뒤쳐진 사고나 부분적인 교정의 중시 그리고 거대한 건물과 시설에의 엄청난 투자로는 우리를 움직일 수 없다. 더군다나 관료제는 혁신과 다양성을 방해하려는 관성이 있다. 사회의 도처에서는 연구의 결과를 격찬하고, 그것을 앞다투어 구매하여, 상품과 서비스로 변화시켜 그 과실을 즐기고 있는 것을 발견할 수 있는데, 이것이 바로 미국인들이 높은 삶의 질을 획득하는 방식이다. 이제 교육도 최신 사조와 연구에 대해 동일한 태도를 지닐 필요가 있다. 즉, 지금이 우리가 알고 있는 가장 좋은 것과 우리가 가르치는 방식 사이에 벌어진 간극을 좁힐 시기이다. 대안학교는 이 방향에서 중요한 단계이다. 우리는 열정적인 신사고, 연구, 실천 등을 마음껏 펼칠 수 있으며, 이제 실천하는 길을 발견하는 일만 남아 있다.

대안이냐? 문제아 저장소냐?

많은 나라에서 대안학교가 증가하고 있다. 대안학교는 종종 제도에 적응하지 못하거나 탈락할 가능성이 있는 학생들을 위한 '문제아 저장소(holding tanks)'로 계획되고 운영되었다. 여러 지역에서 대안학교는 따돌림당하였고, 열등한 것으로 취급되었고, 무관심한 직원에 의하여 관리되었으며, 지리적으로도 오지에 위치하였다. 심지어는 감옥처럼 제도의 처치 곤란한 부속품 정도로 간주되었다. 소수의 대안학교는 혁신적인 철학과 비슷한 마음을 지닌 교사진을 중심으로 계획되었다. 그러나 이 경우에도 대안학교는 대부분 잠재적 탈락생이나 처벌받은 학생을 위한 곳이었다. 도처에서 모든 학생들에게 열려 있고, 현대 사상과 연구에 근거한 아이디어를 실천하고자 노력하며, 창조적이고 열정적인 교사들이 근무하는 매혹적인 기관을 발견할 수 있다. 그렇지만 그런 학교가 있다손 치더라도 그들 학교는 종종 자유주의적인 학부모들의 불만을 누그러뜨리는 구실로서 이제 제도가 그런 단계까지 다가와 있다는 장식품과 같은 지표로 간주된다.

나는 옛날에 콜로라도에 있는 큰 학교에 부속된 3개의 대안학교에 감사로 참여한 적이 있었는데 이것은 행운이었다. 우리 위원회는 프로그램, 학교풍토, 학생들의 성적, 개인차의 고려, 교사들의 전문성 등에서 깊은 감명을 받았다. 학교가 발전하고 있다는 것과 교사와 학생들의 상호작용을 관찰하는 것은 큰 기쁨이었다. 이들 학교 중에서 둘은 인간중심 학교였고, 나머지 한 학교는 고도로 구조화된 '기초교육' 프로그램을 실시하는 학교였다. 각 학교는 교수와 학습에 대한 기본 가정을 성공적으로 그리고 행복하게 실험하고 있었다. "왜 이런 학교는 단지 몇 개교에 불과하지요? 모든 어린이들이 이러한 학교에 다녀야만 합니다!"라고 몇몇 학부모들이 말하였다. 학교의 입학은 '선착순'에 의해 결정되었다. 각 학교는 정원보다 많은 사람들이 지원하였다. 우리는 학교위원회에 다음과 같이 보고하였다. "우리는 이들 학교가 전통적인 학교의 프로그램보다 뛰어나다는 것을 발견했다. 이것은 이들 학교에 입학하고자 하는 지원자들의 긴 줄이 증명해준다. 우리 지역사회에는 대안학교에 대한 실질적인 요구가 존재한다. 우리는 지역 주민들의 요구를 실질적으로 충족시켜줄 수 있는 보다 많은 대안학교를 세울 것을 권고한다" 이러한 권고는 고맙게도 받아들여졌으나 보통은 무시되었다.

대안학교 시작하기

대안학교가 성공할 수 있는 열쇠는 혁신이 성공하는 것과 마찬가지로 비슷한 마음과 생각을 지닌 교사들이다. 자신들이 믿는 아이디어에 열중한 전문가 집단은 흥미롭고 의미있는 대안학교를 만들 수 있다. 공통의 신념과 그것을 탐색하고 실행할 수 있는 자유는 혁신에 함께 참여하도록 한다. 본질적으로 아주 다른 신념은 대안학교를 재빨리 사라지게 하며, 그 발달도 멈추게 한다. 또한 상대방이나 전체적 전략을 고려하지 않은 채 아는 척하는 사람의 주장에 프로그램을 맞추기도 한다. 대안학교를 출발시키기 위해서는 다음 두 가지 방법이 가장 효과적이다. ① 추진하고 싶은 계획을 제출하도록 학교의 교사들을 격려하는 일, 또는 ② 실행에 옮길 아이디어를 공식화하고, 그것을 담당할 헌신적인 사람을 충원하는 일이다.

첫번째가 가장 긴급한 일이다. 새로운 신념을 설득하기보다는 이미 아이디어를 가지고 있는 사람과 함께 시작하는 것이 더욱 용이하다. 또한 참여자들이 이미 서로를 알고 있거나 동일한 집단의 혁신에 함께 참여하고 있다면 출발이 촉진된다. 이것은 검증된 가설을 가지고 시작할 수 있는 기회를 제공하며, 경험이 풍부한 중요한 사람들을 중심으로 조직된다는 이점이 있다. 또한 계획을 확산, 확언, 공포함으로써 성공적인 혁신에 대해서는 보상한다는 강한 동기부여의 가치가 있다.

두번째 조건은 매우 어렵고 해결책을 찾는 데 처음부터 위험이 따른다. 먼저 아이디어를 설득할 수 있는 방안을 모색해야 한다. 그렇게 하기 위해서는 참여자들간에 공통의 신념을 확립하는 것이 필요하다. 이것은 비슷한 기본 가정을 지닌 사람을 충원함으로써 다소 촉진될 수 있다. 그러나 논의과정과 합의를 도출하는 초기 단계에서는 어렵고 시간을 소비하는 일들이 있다. 아이디어를 행동으로 옮기는 단계에서는 지식 수준의 아이디어와 개인적 의미 사이에 실질적인 차이가 드러나게

된다. 알고 있는 것과 개인의 신념 사이에 존재하는 차이를 인식하지 못
하면 잘 계획된 많은 개혁안이 실패하게 된다. 따라서 공통의 의미를 형
성하기 위해 시간과 노력을 투자하는 것은 시간을 소비하는 것이 아니
라 성공적인 대안학교를 위해 필수적인 요건이다.

대안학교는 현장의 직접적인 통제를 극대화하는 것이 필요하다. 그
러한 독립성은 대부분의 학교에서는 기대하기 어렵다. 거대한 관료조직
은 자체 통제를 벗어난 것을 친절하게 다루지 않는다. 제도의 하위 단위
에 대한 통제를 포기하는 것을 호의적으로 생각하는 관리지향적 행정가
는 한 사람도 없다. 이러한 장벽을 극복하기 위해서는 믿음직스럽고 선
견지명이 있는 행정이 필요하다. 대안학교는 개념상 새로운 아이디어와
방식을 마주하는 데 있어서 전통적이고 표준화된 학교와 달라야 한다.
관리자보다는 스스로를 촉진자로 간주하고, 열린 체제 사고에 어울리는
신념에 따라 대안학교의 교사들에게 많은 책임을 위임할 수 있는 행정
가가 필요하다.

거대한 시설의 문제

개혁을 추진하고 대안학교를 세우는 데 있어서 주요 장애는 대규모
학생을 대상으로 계획된 운동장과 많은 비용이 소요된 건물의 존재이
다. 3·40년 동안 거대학교 아이디어로부터 물려받은 이러한 유산이 이
제는 개혁의 장애물이 되고 있다. 다양성과 대안학교의 필요성에 대한
인식이 점증함에 따라 그러한 유물들은 처리하기 곤란한 성가신 '방안
의 코끼리'와 같이 되었다. 그런 시설에의 투자는 엄청나게 많은데 몇
몇 지역사회에서는 시류에 뒤진 시설과 설비를 포기하는 것을 암묵적으
로 용인하고 있다. 결과적으로 대안학교 운동은 많은 지역은 아니지만
상당수의 지역사회에서 기존의 시설을 활용하거나 바꾸어 사용할 수 있

을 것이다.

개혁가들은 기존 시설을 대안학교에 알맞게 만들기 위해서 건물 내에 '집(house)'이라는 것을 조직하기를 권한다. '집'은 비슷한 신념으로 뭉친 자율적인 교사와 적정한 규모의 학생들로 구성된 대안학교를 말한다. 또한 '집'은 매일 대부분의 시간을 함께 하는 교사와 학생으로 운영된다. 그러나 체육, 미술, 음악, 공작 등 특별한 시설의 자원을 활용할 필요가 있을 경우에는 '집'을 자유롭게 떠날 수 있다.

대안학교의 규모는 지역사회에 따라 매우 다양할 것이다. 가장 효율적인 규모는 교사들의 사기, 학생들의 특성, 교육과정, 학교의 목표, 행정적 예산의 제약, 운영의 자유, 교사들간의 의사소통과 운영의 자유, 학교 지도자의 자질과 능력 등의 다양한 요인에 따라 좌우될 것이다. 일단의 개혁적인 계획가들은 효과적인 대안학교의 최대 학생 규모를 400명으로 제안한 바 있다. 이 규모를 넘어서면 교육목표를 달성하는 데 대안학교의 능력이 심각하게 손상되게 된다. 그러나 규모를 결정하는 데 관련된 많은 변인들을 고려한 최적 규모는 각 지역의 실정에 맞게 결정되어야 할 것이다.

대안학교를 계획하기 위한 몇 가지의 기준들

여기에서 대안학교의 유형을 설명하는 것은 내 목적이 아니다. 교육제도를 개혁하기 위해 필요한 변화는 가능한 폭넓은 다양성에 의해 일어날 수 있는데, 이러한 다양성은 대안학교를 통해서 얻을 수 있다고 나는 확신한다. 그러나 지역적으로 성공하고 국가 차원의 노력으로도 최대한 공헌하기 위해서 대안학교는 다음과 같은 세 가지 요인들의 창조적인 혼합체로 나타나야만 한다 ;

① 대안학교는 현장의 요구와 조건 그리고 학생들에게 알맞아야 한다.

② 대안학교는 우리가 가장 잘 알고 있는 최신 이론과 연구결과를 실천하도록 계획되어야 한다.

③ 대안학교는 비슷한 마음을 지닌 헌신적인 전문가들이 교육현장에서 가능한 최대한 행동의 자유를 가지고 활동할 수 있도록 계획되어야만 한다.

이들 요인들을 구체적인 상황에서 어떻게 통합할 것이냐는 각급 학교 교사들의 특성에 따라 결정될 것이다. 엄격한 지침에 따라 부여된 업무 한계에 대신하여 교사들은 가능한 가장 효과적인 방식으로 각자의 특별한 재능과 기술을 활용하는 팀을 구성하여 활동하고 공동으로 책임을 진다. 외부 인사로는 아무래도 효과적인 대안학교를 계획하는 것이 불가능할 것이다. 수정을 거치지 않고 특정 지역에서 성공적이었던 계획을 다른 지역으로 이식히는 것 또한 가능하지 않을 것이다. 보편적으로 올바른 유형이란 없다. 대안학교는 지역, 학생, 교사들의 목적에 맞아야 한다. 대안학교의 조직에 관한 아이디어는 문헌을 통해 많은 것을 선택할 수 있으며, 보다 많은 것들이 현장에서 만들어질 것이다. 효과적인 개혁은 비슷한 마음을 지닌 전문적인 교사들이 유망한 가설을 시도하고 실험함으로써 이룩할 수 있다. 물론 실패하고 잘못될 가능성도 있다. 실제로 특정한 혁신이 문제가 있고 적절하지 않다는 것을 발견하는 것, 그 자체는 전체적인 개혁을 위해 가치있는 공헌이다. 우리는 대안학교의 교사와 행정가의 역할에 대해서는 다음 두 장에서 보다 자세히 언급할 것이므로, 여기에서는 잠시 멈추고 대안학교와 프로그램을 어떻게 모니터할 것인가에 대해서 살펴보자.

188

개혁의 노력을 평가하기

힘의 조작화와 산업형 모델에 집착함으로써 초래한 불행한 결과 중의 하나는 평가에서 객관성과 통계를 과신한다는 점이다. 어떤 일이 수리적인 용어로 측정되거나 기록될 수 없다면 그것은 고려의 대상조차 되지 않는다. 결과적으로 평가는 셈이 가능하고 통계적 처리가 가능한 알고 있는 것, 철자, 문제풀이 등이 표현된 학업성적에 거의 전적으로 집중된다. 객관성에 대한 이러한 선입견은 직접적으로 측정가능한 기능의 성취나 정보의 획득으로 교육결과의 평가를 제한한다. 그런 것들은 계산하기 쉽고 간단히 표현될 수 있기 때문에 제도의 효과성을 판단하는 절대적인 기준이 된다. 더욱 나쁜 것은 제도가 수리적 개념으로 평가되기 때문에 개혁 노력들도 계산가능한 과정들에 집중된다는 점이다. 이러한 것들은 가장 단순하고 분명한 목표로 개혁을 제한하고 반면에 보다 포괄적이고 중요한 목적은 무시하게 된다. 포괄적이고 보다 인간적인 목표, 예컨대 책임감, 인간관계, 습관, 태도, 감정, 문제해결, 신념, 다른 사람에 대한 관심, 가치, 열망, 확신 등은 제도를 평가하는 데 있어서 결코 나타날 수 없다. 대신에 우리는 학업성적과 검사점수를 높이기에 안달하며, 가능한 모든 학생들을 평균 이상으로 끌어올리고자 한다. 그럼에도 지구에서 아프카니스탄이나 탄자니아의 위치를 찾지 못하는 학생들이 있다는 것은 충격적이다.

오늘날 개혁이 필요한 주된 이유는 사회가 학교에 보다 많은 것을 요구하고 있고, 미래가 학생들에게 보다 많은 것을 필요로 할 것이기 때문이다. 그러나 새로운 요구의 많은 것들은 단순한 관찰이나 계산을 통해 찾을 수 없다. 예를 들어, 긍정적 자아개념이나 경험의 개방성, 일체감, 책임감, 신뢰로운 가치, 변화에의 적응, 배우는 법 학습, 폭력이나 갈등에의 대처와 같은 것들을 어떻게 계산할 것인가? 대안학교나 혁신적 프로그램을 우리는 어떻게 평가할 것인가? 확실히 우리는 계산하는 것과 통계를 넘어서야만 할 것이다.

목표의 근본적인 변화는 새로운 평가방식을 고안할 필요성을 제기한다. 이것은 종종 보다 나은 평가양식이 만들어질 때까지 부적합한 양식을 가지고 일할 것을 요구한다. 따라서 혁신가들은 측정을 위한 최초의 노력이 지금 것보다는 훨씬 조잡하였음을 고려해야 한다. 시카고 대학에서 행해진 최초의 핵분열 실험은 발달한 원자력 지식에 비추어보면 아주 조잡한 것이었다. 라이트 형제의 최초의 비행기는 오늘날 전투기의 기술공학적 경이로움과는 상당한 거리가 있었다. 그렇듯 새로운 목표나 활동에 대한 평가는 우리가 바라는 것보다 엄격하지 않을 수 있다. 새로운 평가방법을 활용하는 일에 겁먹지 말아야 한다. 그렇다고 관례화된 목표진술의 활용을 모두 포기할 필요는 없다. 그것들이 적절한 경우에는 사용될 필요가 있다. 우리에게 친숙한 행동적 목표진술을 넘어서 교육개혁에서 중요한 인간적, 사회적, 태도적 목적을 거둘 수 있도록 다음의 노력이 필요하다.

추론의 활용

책임감, 타자에의 관심, 태도, 가치, 신념, 설득 등과 같은 최신 목표들은 행동적으로 측정하기에 적당하지 않다. 좋은 교사와 무능한 교사에 대한 최신 연구에서는 좋은 교사의 특징이 지식이나 방법에 있는 것이 아니라 교사의 신념체계에 있음을 알려주었다. 따라서 만일 학생들의 성장이나 교사의 특성 등을 평가하기를 원한다면 학생이나 교사들의 지각을 탐색하는 방법을 발견하여야 한다. 그러나 신념체계는 인간의 내면에 있기 때문에 직접적이고 외적인 평가로는 알아낼 수 없다. 그렇지만 그것들은 추론에 의해 조사될 수 있다. 사람들은 자신의 감정, 느낌, 지각, 신념에 비추어 행동한다. 만일 그들의 행동을 주의깊게 관찰한다면 행동을 이끄는 지각을 추론하는 것이 가능할 것이다. 이것이 감정이입의 과정이고, 앞장에서 언급한 인간의 관점으로 사물을 보는 것이다.

비록 모든 사람들이 추론을 활용하고 생활에서 중요한 사람들과 매일매일 감정이입 상호작용을 하더라도 이것이 교육평가로 활용되는 경우는 거의 없다. 전문가들은 학생과 제도의 평가를 위한 전통적인 검사와 측정도구 등의 객관성에 빠져 있다. 또한 추론의 활용은 비과학적이고 받아들일 수 없는 것으로 간주되기도 한다. 사실상 추론은 직접 관찰할 수 없는 일에 대처하기 위해 과학에서 널리 활용된 기법이다. 예컨대 천문학자들은 다른 자료들로부터 별의 위치를 추론함으로써 지금껏 아무도 본 적이 없는 별의 위치를 정확하게 나타낸다. 전기를 아무도 보지 못했지만 전기의 존재와 운동을 우리는 추론할 수 있다. 이와 같이 우리 모두는 오늘을 관찰함으로써 내일이나 먼 미래에 일어날 것들을 예측하는 것이다.

추론은 직접 관찰할 수 없는 일을 다루거나 미래에 일어날 일을 상정하는 데 특히 유용하다. 추론은 가치, 태도, 자아개념, 교수목적, 타자에 대한 관심 등과 같은 목표를 평가하는 데 관심이 있는 교사들에게 필요한 기법이다. 추론의 활용은 객관적 평가에 자신을 내맡기지 않는다.

판단의 활용

교육의 주요 목적은 인간의 판단을 개선하는 일이다. 비록 판단이 잘못될 가능성이 있다 하더라도 판단은 종종 특정한 교육목표를 평가하는 유일하고 가치있는 자료원이다. 그러나 일반적으로 인간의 판단은 교육목적이나 목표의 성취를 위한 증거로서 받아들여지지 않는다. 그러나 판단은 보다 신중하게 활용될 수 있고 보다 믿을 만하게 만들 수 있다. 예컨대 판단은 내적 · 외적 타당도, 예측력, 논리, 실험과 예증에 대한 검증을 충족하도록 요구될 수 있다. 판단을 통해 얻어진 자료를 너무 중시하면 곧바로 거부될 것이다.

공학자, 의사, 법률가 등의 전문직과 교육전문직에 대한 대중들의 태도를 비교하는 것은 흥미롭다. 각자의 직업에서 전문적 견해는 대체로 존중되며 타당한 것으로 받아들여진다. 의사나 법률가, 공학자들의 권고에 의심을 품는 사람은 별로 없다. 그러나 교육자의 전문적 권고는 가볍게 여기고 마음대로 해도 좋다고 생각한다. 이것은 심지어 교육전문가들 사이에서도 일어난다. 교육자의 의견에 대한 신뢰감의 부족은 객관적 검사와 평가에만 전적으로 의존하는 제도로부터 기인하는 점이 있다. 또한 부분적으로는 '누구나 가르칠 수 있다'는 광범위한 대중들의 인식과 교사들의 사기 저하에 의해 조성되는 것처럼 보인다. 최근에는 심지어 교사교육의 전문적 측면을 없애고자 하는 심각한 시도가 있다. 교과 영역의 능력을 증명할 수 있으면 누구에게나 교직을 개방하고자 하는 시도가 그것이다. 교육전문직의 의견을 무시하는 것은 개혁의 심각한 장애요인이다. 이것은 교사와 행정가에 대한 신뢰를 손상하며, 개혁노력에의 참여를 좌절시키며, 실질적으로 개혁의 즉각적인 포기를 담보하는데 일조한다. 개혁을 성공시키는데 중요한 사람들이 전문적 의견을 무시하는 것은 개혁을 계획하는 단계에서 비판적 요인을 제거하는 것이고, 결과적으로 실패의 가능성은 엄청나게 증가하게 된다.

경험을 쌓을수록 생기는 교육전문직의 견해는 존중되어야 한다. 그것은 개혁을 평가하는 데 상당한 공헌을 할 수 있다. 여타 평가방법과 같이 전문직의 의견 또한 제한적이다. 물론 견해가 그다지 정당한 근거가 없다고 완전히 거부하는 것은 편견이고 신뢰롭지 못하다. 전문직의 판단도 다른 측정도구와 마찬가지로 신뢰도가 검증될 필요가 있다. 그것들은 편견, 이해의 갈등, 여타 왜곡의 원인들을 선별할 수 있게 한다.

목표에 관한 자료는 전문적인 판단에 의해 구체화되고 해석되고 나서야 적절성을 갖게 된다. 어떤 일은 단지 전문가의 견해에 의해서만 효과적으로 평가될 수 있다. 혁신가들은 이러한 가치있는 정보원을 피하지 않아야 한다. 인간의 뇌는 엄청난 관찰을 지각하고, 열중하고, 동화하고, 해석하는 놀라운 능력을 가지고 있다. 전문가의 견해는 존중될 가치가 있으며, 개혁의 계획, 운영, 수정, 평가에서 겉치레가 아니라 핵심적인 요인으로 포함되어야 한다.

결정적 사건

평가의 자료원을 대충 훑어보는 것이 결정적 사건(critical incidents)이 된다. 이때 결정적 사건이란 역동적인 과정이 특히 명쾌하게 드러나는 단일 사건을 말한다. 이들은 종종 책에 가득 쓰여진 검사결과 이상의 많은 것을 실천적인 관찰자에게 알려줄 수 있다. 예컨대 상처받은 급우나 교사에 대한 관심과 학생에 대한 호의의 자발적인 발로는 학급 내 상호작용에 대한 정보를 알려준다. 이와 같이 어떤 일에 대해 사람들이 말하는 방식에는 종종 그들의 태도, 가치, 신념, 희망, 공포, 편견이 상당히 나타나 있다. 심리학자들은 인간의 언어적 또는 비언어적 행동의 배후에 있는 의미를 '귀기울여 들을 것'을 요청한다. 사람들은 그들의 신념에 따라 행동하기 때문에 동기를 부여하는 신념을 이해하기 위해서는 '행동의 배후를 읽는 것'이 필요하다. 예를 들어, 이것을 할까 저것을 할까하고 학생들과 대화를 '시도하는' 교사는 학생관계에서 그들이 좋아하는 전략을 활용하게 된다. 비슷하게 인간의 능력에 대해 경멸하거나 경시하고 의문을 제기하는 행태는 행정가의 관리 스타일에 관한 많은 것을 관찰자에게 알려줄 수 있다.

경험자료

물론 사람들의 태도와 신념에 관련된 자료를 얻을 수 있는 가장 중요한 방법은 소비자들에게 묻는 것이다. 누군가가 무엇을 생각하고 있으며, 무엇을 느끼고 있는가를 알기 원한다면 당신은 그들에게 직접 물어볼 수 있다. 그것이 가장 분명한 것처럼 보이며, 실제로 평가자들은 질문지를 사용하여 종종 사람들이 생각하고 느끼고 있는 것에 대한 자료를 수집하고자 한다. 질문지는 자료를 수치로 변환한다는 부차적인 이점을 가지고 있다. 이것은 결과가 전통적인 검사나 측정과 동일한 형식으로 취급될 수 있기 때문에 객관성의 환상과 안심하고 사용할 수 있다는 느낌을 제공한다. 불행하게도 사람들은 생각하고 느끼고, 가치를 부여하고, 믿는다고 말하는 것이 실질적인 지각과는 상당한 거리가 있을 수 있다. 모든 요인들이 "귀하가 무엇 무엇에 대해 생각하고 있는 것은 무엇입니까?"라는 질문의 정확한 응답을 위해 포함되어야 한다. 응답자가 대답을 결성하는 데 영향을 미치는 몇 가지 요인을 제시하면 다음과 같다 ;

> 응답자들은 ;
> 질문하는 사람의 일을 어느 정도나 생각하고 있느냐 여부
> 질문하는 사람을 신뢰하고 있느냐 여부
> 실제로 의견을 가지고 있느냐 여부
> 응답하는 데 의무감을 느끼고 있느냐 여부
> 그/그녀 자신의 진전된 안을 가지고 있느냐 여부
> 질문하는 사람이 알고자 하는 것을 아느냐 여부
> 응답으로 표현할 언어를 알고 있느냐 여부 등등

이렇듯 오류를 일으킬 가능한 근원이 있음에도 불구하고 감정, 태도,

신념, 이해에 대해 소비자들의 의견을 묻는 것은 필요하고 개혁을 평가하기 위한 바람직한 자료원이다. 물리학자가 측정에 앞서 자신의 도구의 눈금을 정하는 것과 같이 개인 보고의 정확성은 실제로 사람들이 반응하기에 가장 촉진적인 분위기를 조성함으로써 증진될 수 있다. 일반적으로 경험적 정보는 응답자들이 다음과 같이 느낄 때 가장 정확할 것이다. 질문하는 사람을 신뢰할 때, 상황의 위협으로부터 자유로울 때, 논의중인 문제에 흥미가 있을 때, 조사된 결과를 무시하지 않을 것이라고 확신할 때, 개인의 이익은 상호교환 할 때 발생한다는 사실을 확신할 경우이다.

주와 참고문헌

대안학교 목록 :

National Association of Laboratory Schools, 1989. *Directory 1988-1989* 104 Davis Hall, Indiana University of Pennsylvania, Indiana, PA. 15705

The National Coalition of Alternative Community Schools. 1990. 1989-1990 *National Directory of Alternative Schools.* 58 Schoolhouse Road, Summertown, TN, 38483.

일반 자료 :

Constans, P. 1980. *Fit for freedom* Lanham, MD. University Press of America.

McDonald, J. 1988, "The emergence of the teacher's voice: Implications for the new reform". *Teachers College Record 89*, 471-486.

Smith, J. 1987 *Educating teachers: Changing the nature of pedagogical knowledge* New York, Palmer Press.

Swartzbaugh, P. 1988 "Elementary teaching successfully". *Educational leadership* 45, 20-24.

변화를 촉진하는 것에 관한 자료 :

Little, J. 1989. "Assessing the prospects for teacher leadership" IN *Building a professional culture in schools* New York, Teachers College Press.

Maeroff, G. 1988. "A blueprint for empowering teachers" *Phi Delta Kappan* 69: 472-479.

Rogers, C. 1967. "The international relationship in the facilitation of learning" IN *Humanizing education: The person in the process* Alexandria, Va. Association for Supervision and Curriculum Development.

학교의 재구조화에 관한 자료 :

Association for Supervision and Curriculum Development, 1988. "Restructured schools: Frequently invoked, rarely defined" *Update* Alexandria, Va. Association for Supervision and Curriculum Development.

Lieberman, A. 1988. *Building a professional culture in schools.* New York, Teachers College Press.

McDonald, G. 1989. "When outsiders try to change schools from inside". *Phi Delta Kappan* 71, 206-211.

Raywid, M. 1984. "Synthesis of research on schools of choice" *Educational Leadership* April 1984, 71-78.

Raywid, M. 1987. "Public choice, Yes: Vouchers, No!" *Phi Delta Kappan* 87, 766.

대안학교에 관한 자료 :

Association for Supervision and Curriculum Development, *Removing barriers to humanenessin the high school.* Alexandria, Va. Association for Supervision and Curriculum Development.

Boyer, E. 1988. "A generational imperative: Educate all our children" *The Generational Journal* 1988, 1-5.

Clinchy, E. "Public School choice: Absolutely necessary but not sufficient" *Phi Delta Kappan* 71, 289-294.

Dade Country Schools. 1988. *School based management: Shared decision making.* Miami, FL. Dade Country Public Schools.

Glenn, C. 1989. "Putting school choice in place." *Phi Delta Kappan* 71, 295-300.

Gregory, T. 1986. "Alternative schools as Cinderella: What the reform reports didn't look at and don't say" *Changing Schools* 13, 2-4 and 14, 2-5.

King, S. 1988. "Bronxville High: An "essential" school in process". *Educational Leadership* 41, 35-38.

Nathan, J. 1989. "Helping all children, empowering all educators: Another view of school choice". *Phi Delta Kappan* 71, 304-307.

사정과 책무성에 관한 자료 :

Association for Supervision and Curriculum Development. *Humanistic education: Objectives and assessment.* Alexandria, VA. Association for Supervision and Curriculum Development.

Combs, A. 1973. *educational accountability: Beyond behavioral objectives.* Alexandria, Va. Association for Supervision and Curriculum Development.

Combs, A. et. al. 1969. *Florida Studies in the helping professions.* Gainesville, FL. University of Florida Press.

Fantini, M. 1977. "Toward a redefinition of American education". *Educational Leadership* 35, 167-172.

Wascicsko, M. 1978. *The effect of training and perceptual orientation on the reliability of perceptual inferences for selecting effective teachers* Doctoral dissertation, Gainesville, FL. University of Florida.

제 8 장

교육전문직에 활력을 불어넣기

아무리 바람직한 교육개혁 프로그램이라도 교사의 참여와 지원없이는 목표로 하는 성공을 거두기 어려울 것이다. 교사들은 개혁의 모든 과정이 의존하는 일선의 활동가들이다. 전통적으로 가르친다는 것은 일련의 정보를 학생들에게 심어주는 능력과 그렇게 하는 데 필요한 방법적 기술로 간주되었다. 이러한 생각은 사회에 널리 퍼져 있다. 일반인이나 입법가들은 교과 정보를 제공하는 일과 그것을 잘 전달하는 방법을 아는 것을 가르치는 일이라 생각하고 있다. 특히 산업형 모델에 기초한 행정가에게서 이러한 생각이 자주 발견되며, 힘의 조작화 접근에서도 교육전문직을 그런 식으로 바라보는 기계적 관점이 중시되고 있다. 심지어 이 관점은 교육전문가들 사이에서도 광범위하게 공유되고 있으며, 그 때문에 가르치는 데 있어서 올바른 방법을 찾는 데 집착하는 수많은 교사와 행정가를 낳고 있다. 행정가는 학생과 교사를 보다 효과적으로 관리할 수 있는 방법을 찾고 있으며, 반면에 교사들은 미리 마련되어 제공된 교육과정을 학생들이 보다 단순하고 확실하게 배울 수 있도록 하는 방법을 찾는다. 이러한 '전달체제' 개념은 직전과 현직 교사교육을 통해 계속 전수된다.

교육전문가의 새로운 진가

사람은 신념에 따라 행동하기 때문에 교육전문직에 대한 제한된 관점은 개혁의 주요한 장애물이다. 오늘날 사회적으로 그 필요성이 증대되고 있는 자기재생적이고 인간중심적인 학교를 이룩하기 위해서는 보다 광의의 역동적인 교육전문직 개념이 필요하다. 교사를 전달체제나 교과와 인간을 솜씨 좋게 다루는 사람으로 보는 것이 아니라, 진정한 전문직으로 교육자의 임무를 이해할 필요가 있다. 가르치는 일은 학습을 촉진하는 과정으로 간주되어야 한다. 교사는 개인뿐만 아니라 팀이나 학교, 제도에서 학습이 보다 효과적이 되도록 자신을 능수능란하게 도구로 활용할 수 있는 현명한 문제해결자로 인식될 필요가 있다. 변화하는 사회에서 교사는 학생의 성장문제를 다루며, 함께 일하도록 선택된 사람들이 가능한 최대의 성취를 거둘 수 있도록 창조적인 해결책을 모색하는 기업가로서 그 가치를 평가받아야 한다. 이처럼 확장된 전문직관을 실천에 옮기기 위해서는 정말로 전문적으로 행동하는 교사가 필요하다. 일반인들과 같이 교사의 행동도 자신과 목적 그리고 참여하고 있는 상황을 어떻게 보느냐에 달려 있다. 참으로 전문적인 교사는 일반인과 같은 해결책을 내놓지 않는다. 대신에 그들은 학습과정을 촉진하는 도구로서 자신을 활용하는 숙련되고 현명한 문제해결자이며, 그러한 역할을 제대로 수행하기 위해서는 자신과 학생, 교과 그리고 사회와 교육제도의 성격과 목적을 이해하는 것이 필요하다. 좋은 교사는 이 모든 것들을 학급과 실험실, 운동장에서 최적의 학습을 위하여 필요한 독특한 혼합물로 만드는 능력을 갖추어야만 한다.

대중들의 생각

전반적으로 교육전문직에 대한 대중들의 생각이 바뀔 필요가 있다. 물론 대중들의 의식이라는 것이 새로운 정보를 제공하고 광고함으로써 형성되는 것이 아닌 만큼 바꾸기란 쉬운 일이 아니다. 가르치는 일에 대한 대중들의 생각은 전통적인 교사들로부터 수년 동안 교육받아 의식 속에 뿌리 깊이 박혀 있다. 개인의 경험은 단순한 정보나 말해지는 것 이상이다. 또한 많은 시민들은 교사들이 했던 것과 그들이 배웠던 방식을 '당연한 방법'으로 확신한다. "봐. 그 방법이 내게 알맞은 것이었고 나를 이렇게 멋있게 만들었어" 부모들은 자신들이 이해하지 못하는 혁신을 불안해 하며 특히 명백하고 확고한 방법으로부터 멀어진다면 더욱 불안해 한다. 시간이 지남에 따라 교사에 대한 믿음이 흔들리게 되고, 나아가 교수방법도 많은 전문가들이 동의한다는 사실 때문에 대중적인 것을 따르게 된다. 이 때문에 대부분 교사들은 여전히 오랫동안 거의 변화되지 않은 채 가르치고 있다. 이것이 교육전문직에 대한 대중들의 생각을 변화시키는 것을 어렵게 하는 요인이다. 그럼에도 불구하고 진정한 교직의 전문성을 확보하기 위한 노력이 있어야 한다.

사기가 저하된 전문가를 통해서는 교육개혁을 위해 필요한 인간중심의 자기재생적인 학교 제도를 만들어낼 수 없다. 교육전문직에 대한 새로운 이해를 전파하기 위해서는 커뮤니케이션 수단을 활용하는 것이 필요하다. 학습과 성장, 새로운 교육 사조와 실천에 관한 연구들이 널리 알려질 필요가 있다. 산업형 모델인 전통 방식에 따라 학생들을 표준화하고 조직하고 그룹지우며 평가해야 한다는 대중들의 인식이 다양성과 자기재생적인 인간중심의 학교가 필요하다는 생각으로 대체되어야 한다. 이때 실험과 혁신은 현장에서의 성공을 담보하는 관건이기 때문에 가능한 현장에 많이 유포될 수 있도록 격려하는 것이 필요하다.

진정한 교직의 전문성을 키우는 데 있어서 학부모와 교사가 상대방에 대해 갖고 있는 불안은 장애요인이 된다. 대부분 학부모들은 교사들을 두려워한다. 학부모들은 교사들을 제대로 이해하지 못하고 있으며, 상호작용의 기회조차 많지 않으며, 자녀들을 평가하는 교사를 무서워하고, 나아가 '학부모회'의 참여라는 부담스러운 요청 때문에 불안해 한다. 반면에 교사와 행정가들도 똑같이 학부모들의 학교재정에 대한 간섭을 염려한다. 또한 교육전문직과 대중의 관계는 정책과 행동의 한계를 지나치게 넘어 월권하는 학부모와 학교당국에 의해 과장되기도 한다. 이들은 교육목적과 정책을 수립하는 일뿐만 아니라 교육전문가들이 어떻게 하면 좋을 것 같다는 것까지도 참견한다. 이것은 교직의 전문성을 심각하게 훼손한다. 따라서 교육전문가도 의사, 법률가, 엔지니어 등이 자신들의 일에 누군가가 간섭하는 것에 반응하는 것처럼 확고함과 존엄성을 갖추도록 해야 한다.

좋은 가르침의 새로운 개념

최근 연구에서는 교사란 잘 알아야 되기도 하지만 그렇다고 좋은 가르침이 단지 교과 지식의 문제가 아님을 알려주고 있다. 연구에서는 좋은 가르침이란 올바른 방법을 사용한 결과가 아니라 오히려 교사의 개인적 신념체계의 기능이라는 것을 알려주고 있다. 보다 자세히 말하면 다음과 같은 신념이다 ;

1. 관심을 두는 것 : 좋은 교사와 행정가는 내적 준거들에 기초하여 업무를 수행한다는 특징이 있다. 그들은 사물지향적이기보다는 인간 지향적이다. 그들은 같이 일하는 사람들이 사물을 어떻게 보는가에 지속

적으로 관심을 기울이는 공감적인 사람이다.

2. **학생을 포함하여 사람을 좋아한다** : 좋은 실천가는 대개 긍정적으로 사람을 바라본다. 그들은 사람이란 능력이 있고, 믿을 만하고, 존엄하고 성실하다고 생각한다. 무능한 교사와 행정가는 학생과 동료를 늘 의심의 눈초리로 바라본다.

3. **교사의 자아** : 좋은 교사와 행정가는 스스로를 긍정적으로 바라본다. 자기 자신을 좋아하고, 필요한 존재이며, 마음에 들고, 능력이 있으며, 존엄하고 성실한 사람으로 이해한다. 무능한 교사와 행정가는 스스로를 부정적으로 바라본다.

4. **목적** : 사회와 교육 그리고 교사 자신의 목적이 있다. 대체로 자신과 학생, 사회를 위해 좋은 교사의 목적은 긍정적이며, 사회적으로 구성되며, 개인적으로도 만족하는 경향이 있다.

5. **적절한 개인적 방법** : 좋은 교사는 자신과 학생들, 교육의 목적, 교육과정, 그들이 활동하는 환경에 적합한 상당히 인간적인 방법과 방식을 숙달하고 있다.

사회와 기관이 견지하고 있는 기본 가정이 변화할 경우는 언제나 그에 합당한 변화가 제도 전반에서 요구된다. 학습의 성격과 교육전문직에 대한 개념의 변화는 학생과 교사 관계, 교사와 행정가 관계, 교사교육, 학교조직과 행정, 교수방법 등 많은 목적과 실천 등을 재고하도록 한다. 특별히 교육전문직의 경우는 앞서 지적한 것처럼 적어도 다음 영역에서 새로운 이해와 주된 변화가 나타나야 한다 ;

① 직전 교사준비교육
② 현직 교사의 자질개발
③ 업무를 위한 촉진적 분위기 조성

직전 교사준비교육

전통적 프로그램

진정한 교육전문직의 형성은 사범대학에서 시작된다. 효과적인 교육 개혁을 위해 필요한 인간중심의 자기재생적 학교를 만들고 유지하기 위해서는 현명한 문제해결자, 변화하는 현대 교육의 요구에 효과적으로 대응할 준비가 되어 있고 대처할 능력이 있는 많은 교사들이 요청된다. 앞서 살펴본 바와 같이 사람들은 자신의 신념과 선입견에 따라 행동한다. 특별히 더욱 좋은 교사로 만드는 것은 믿을 만한 신념을 소유했느냐에 달려 있다. 이러한 신념은 교직을 수행하는 교사의 사고와 행동을 결정하는 일종의 개인 이론이다. 이것이 틀리지 않다면 교사교육의 기본 목적은 종합적이고 정확하며, 내적으로 일관되고, 개인적으로 적절하며, 변화하는 시대와 조건에 적응 가능한 교사의 신념체계를 개발하는 일이어야 한다. 그러나 불행하게도 오늘날 이러한 목표를 지향하고 있는 사범대학은 거의 없다.

교육의 다른 부분과 같이 교사준비교육도 이제까지 힘의 조작화 사고에 의해 지배되어 왔다. 주요 임무도 "사람을 가르치는 법을 사람에게 가르치는 것"으로 정의되었다. 적어도 지난 몇 십년 동안 미국 교육 대학에서는 좋은 교사에게는 다음과 같이 네 가지 기본 가정이 필수적이라고 생각하였다.

1. 교과의 숙달 : 통상 하나 또는 그 이상의 주제 영역에 대한 전문화와 일반 연구 프로그램을 더한 것으로 정의된다.
2. '교육의 기초'에 대한 이해 : 교육철학, 학습자의 성장과 발달, 학습과정의 성격, 사회에서의 학교의 역할

3. 교과를 가르치는 데 적합한 방법의 숙달

4. 교생실습의 지도 : 일반적으로 프로그램의 말미에 앞 단계에서 학습한 것을 실습하는 기회

이와 같은 가정에 기초한 프로그램은 오랜 역사에도 불구하고 무엇인가 치명적으로 잘못되었음이 분명하다. 왜냐하면 우리가 그토록 갈망하는 전문가들을 길러내지 못한 것이다. 학교평가, 예산배정, 선발의 난이도 향상, 엄격한 장학지도, 필수학점의 증가, 과제에 대한 많은 시간배정 등에도 불구하고 졸업한 교사들은 계속해서 일반인과 전문가들의 기대에 미치지 못하였다. 이는 교사교육이 채택하고 있는 기본 가정에 문제가 있음을 암시한다. 문제는 좋은 교수를 단지 부분적으로만 옳은 앞의 네 가지 가정에 근거한 지식과 올바른 행동의 결과라고 믿는 것이다. 앞서 살펴본 것처럼, 부분적으로만 옳은 가정은 닫힌 체제의 해결책인 부분적으로 올바른 대답을 이끈다. 닫힌 체제의 사고는 예전과 같은 방시으로 계속 보다 열심히 하도록 우리를 격려한다. 위의 기본 가정들은 적어도 지난 50여년 동안 바뀌지 않았다. 이제 새로운 것이 필요하다는 것은 분명하다.

사범대학이 기본 가정에서 근본적인 변화를 경험한 것은 아주 오래전의 일이었다. 그 동안 세상은 사범대학을 총체적으로 공격받고 비난받기 쉬운 상태로 내버려둔 채 변화해버렸다. 심지어 교사준비과정을 성공적으로 이수한 교사들조차 현 프로그램을 신랄하게 비판한다. 추수연구에 따르면 대체로 학생들은 교생실습 경험을 시류에 뒤진 교사교육을 그나마 도와준 중요한 기여로 간주하고 있다. 대부분 현재 운영되고 있는 교사교육기관의 가정은 사회가 요청하는 진정한 교육전문가를 길러내기에는 부적절하다.

그러나 사범대학은 매우 닫힌 체제로 운영되기 때문에 변화시키기란 쉽지 않을 것이다. 사범대학의 교수들은 대개 사범대학에서 훈련받았으

며, 철저하게 전통적 가정을 주입받았다. 그들은 제도의 기본 가정에 대해 거의 의문을 제기하지 않는다. 심지어 그런 일이 일어났다 하더라도, 전통적 가정을 의문시하거나 이탈하는 등의 변화는 동료 교수나 혹은 전통적 가정으로부터의 이탈을 달갑게 생각하지 않는 기존의 평가기관에 의해 재빨리 중지되어진다. 교육전문가 훈련의 개혁은 이러한 저항으로부터 단절되는 것이 필요하다. 최신의 사고와 연구에 기초한 새로운 가정이 필요하며, 광범위한 실험과 프로그램의 다양화가 뒤따라야 한다.

교사교육의 새로운 가정

아마도 변화되어야 할 첫번째 가정은 교사를 훈련하는 데 보편적으로 '올바른 방법'이 있다는 광범위한 믿음이다. 이러한 믿음은 사범대학을 변화시키는 데 있어서 상당한 저항을 낳는 원인이 된다. 내가 50여년 전에 졸업한 전국적으로 유명한 사범대학은 지금도 나의 학부시절과 본질적으로 같다. 모든 지역의 사범대학은 동일한 가정에 입각하여 운영되는 국가 평가기관에 의해 아주 똑같은 방식으로 감독을 받는다.

다른 교육 분야와 같이 효과적인 교사준비교육을 위해서도 다양성이 필요하다. 사범대학은 공립학교의 복제품이어서는 안 된다. 오히려 각 학교는 교수 개개인의 사고와 활동을 표현할 수 있어야 한다. 다양성이 없다면 대학간 특성도 사라질 것이다. 도대체 동일한 가정에 대한 대안적 해석이나 다른 가정에 기초한 여러 프로그램들이 함께 운영되지 못하는 이유는 무엇인가? 대안학교가 교육개혁을 성공하기 위해 필요하듯이 교사준비기관에서도 다양성과 혁신은 너무나 필요하다.

교사교육 프로그램의 구체적인 성격을 기술하는 것은 이 책의 의도가 아니다. 우리는 여러 차례에 걸쳐 교육에는 왕도가 없음을 지적하였다. 교육의 방법은 일선 교육현장의 과정과 조건, 유용한 최선의 정보, 그리고 방법을 사용할 교사들에게 적합해야 한다. 교사교육의 개혁은 제한된 조건 중에도 새로운 것을 실행하고자 진지하게 기본 가정을 검토하는 일로부터 시작되어야 한다.

적어도 현대 심리학의 사조와 연구에 근거한 다음 다섯 가지의 원칙이 보다 적절한 교사준비 교육 프로그램을 구성하는 새로운 토대를 제공할 것이다. 그들은 다음과 같다 :

① 행동의 원인은 인간의 개인적 의미와 지각에 달려 있다.

② 학습은 개인적 의미의 발견으로 이해되어야 한다.

③ 학습은 요구, 자아개념, 소속감, 촉진적 피드백, 도전과 위협의 역학에 의해 실질적으로 영향을 받는 내밀한 인간적 과정이다.

④ 좋은 교사로 만드는 것은 믿을 만한 개인적 신념체계의 소유이다. 이러한 신념체계는 효과적인 사고와 행동을 위한 직무지침에 대한 신뢰성을 제공한다.

⑤ 교육에 옳은 방법이란 없다. 대신에 교육의 방법은 학생, 교육과정, 학습조건 등과 그것을 사용하는 사람의 복잡한 특성에 알맞아야 한다.

이렇듯 학습과 행동에 관해 제대로 마련된 사실은 새로운 교사교육의 사상과 실천을 위한 토대를 제공한다.

가정의 예

이러한 개념을 기본 가정으로 삼기 위해 노력하거나 구체적인 정책이나 실천방안으로 활용을 모색한 사범대학은 거의 없었다. 여기에서는 교사교육 프로그램을 새롭게 하기 위해 몇 기관에서 시도한 프로그램 중에서 뽑은 몇 가지 예를 살펴보기로 한다.

가정 : 교사교육은 개인의 형성과정으로 간주되어야 한다.

해설 : 이런 점에서 다른 조력 전문직은 교육전문직보다 앞서 있다. 예를 들어 의료전문직에서는 "그/그녀는 치료하는 방법을 배운다"라고 말하지 않는다. 오히려 "그/그녀는 외과의사가 되어간다"라고 말한다. 법학 분야에서도 "그/그녀는 재판하는 방법을 배운다"라고 표현하지 않는다. 대신에 "그/그녀는 법률가가 된다"라고 말한다. 마찬가지로 교사교육도 '가르치는 방법의 학습'이 아니라 교사가 되는 과정으로 간주되어야 한다. 효과적인 교사교육 프로그램은 역동적이고, 종합적이고, 정확하고, 내적으로 일관되며, 믿을 만한 가치가 있는 개인적 신념의 발달을 촉진해야 한다.

활용지침

1. 프로그램을 계획하는 데 있어서 감수성과 공감을 반영하며, 학생들 사이, 교수와 학생 사이, 교수들사이의 상호관계를 증진한다.

2. 자신의 학습에 책임지는 자기주도적 학생을 필요로 한다. 교수는 학생들로 하여금 스스로 선택하고 개인적 책임감을 갖도록 하는 경험을 제공할 책임을 진다.

3. 교육에 대한 폭넓은 식견을 갖추고, 집단활동의 경험이 있는 상담자-지도자의 지도 아래 30명 단위로 세미나를 마련한다. 세미나에는 여러 수준의 학생이 참여할 수 있으며, 적어도 일주일에 한 번 열리는 모임에서 개인 문제나 전문적인 문제에 대한 토론에 참여할 수 있다. 학생들은 입학과 동시에 등록할 수 있으며, 모든 프로그램에 참여할 수 있다.

가정 : 사람들은 그들이 알고자 하는 요구를 가질 때 가장 잘 배운다.

해설 : 프로그램은,

1. 학생의 요구를 최대한 충족시킬 수 있어야 한다.

2. 수업과 학생의 요구는 관련이 있어야 한다.

3. 정보를 제공하기에 앞서 알고자 하는 요구를 길러주어야 한다.

활용지침

1. 현장 경험은 가르치는 것을 실습하는 장소라기보다는 효과적인 가르침의 문제(알고자 하는 요구를 만드는)가 무엇인가를 발견하는 기회로 평가되어야 한다. 이러한 목적을 위해서 학생들은 교실에서의 시간을 늘리고 자격에 걸맞은 책임감을 갖고 프로그램의 모든 과정에 적극적으로 참여해야 한다.

2. 코스 대신에 교과는 학생의 요구를 고려하여 제공될 것이다. 교수는 정보를 제공하기에 앞서 학생들로 하여금 알고 싶어하는 요구를 갖게 하기 위해 노력할 것이다.

3. 모든 교수들은 전문가로서 전공 코스에 등록한 학생만이 아니라 모든 프로그램의 학생들에게 유용하게 될 것이다.

4. 수업은 학생들의 요구를 계속해서 모니터하고, 이에 따라 학습경험이 계획, 수립될 것이다. 이를 위해 어떤 프로그램에서는 다음 주에 다룰 학습내용과 경험을 계획하기 위해 매주 목요일에 교수와 각 세미나의 학생 대표들이 만남을 갖기도 하였다.

가정 : 교육방법의 학습은 교사, 학생, 교과 그리고 그것이 사용될 환경에 적합한 방법을 개인적으로 발견하는 데 치중해야 한다.

활용지침

1. 방법의 교수는 다양한 가능성을 접할 수 있고 교사 개개인에게 알맞은 방법을 발견하도록 실험을 독려하는 카페테리아 식으로 행해져야

한다.

2. 방법을 실험할 수 있는 시설 및 설비는 캠퍼스에서, '교육과정 실험실'에서, 모의활동, 학교 밖과 현장경험 등을 통해서 제공될 것이다.

가정 : 효과적인 피드백은 즉각적이고, 개인적이며, 과제와 관련되며, 다음 단계를 알려주어야 한다.

해설 : 석차 제도는 위의 모든 기준을 흩뜨려놓기 때문에 프로그램에서 없어져야 하고, 대신에 지속적이고 건설적인 피드백으로 대체되어야 한다.

활용지침

1. 피드백은 가능한 자주 그리고 즉각적으로 이루어져야 한다.

2. 피드백은 장점, 능력, 기술, 지식 등을 확인해주며, 다음 단계를 알려주도록 고안되어야 한다.

3. 평가는 학생 개개인의 진도를 평가하는 데 적당해야 하며, 다양한 유형을 취할 수 있다 : 즉 개인논문, 시험, 관찰, 비판적 피드백, 세미나 토론, 개별협의, 특정 과제에 대한 교사와 학생의 공동평가, 포트폴리오(portfolio) 등이 가능하다.

가정 : 학생과 교수가 어떠한 관계를 갖느냐 하는 것이 결정적으로 중요하다.

촉진지침

1. 모든 사람들을 엄격하게 규제하는 것은 어렵다 하더라도 교수와 학생은 서로 연관되어 있다는 것을 다른 무엇보다 우선하여 인식한다.

2. 학생과 교수는 서로에게 필요하고 유용하게 되기 위한 책임이 있음을 인정한다.

3. 학생들은 프로그램에 참여하는 동안 적어도 한 명의 교수와 밀접하고 지속적인 만남을 가져야 한다.

가정 : 좋은 교수는 개인의 특성과 그의 행동에 관하여 가장 명쾌하고 정확한 개념에 기초하고 있어야 한다.

활용지침
1. 프로그램은 다양한 심리학 이론을 학생들이 접하도록 하고, 개인적 또는 전문적 경험에 비추어 그러한 개념을 검증할 기회를 제공할 것이다.
2. 프로그램은 인간행동과 성격에 대한 확고한 개인적 신념의 발달을 격려하고, 학생의 성장과 발달, 그리고 학습을 효과적으로 촉진하도록 자극할 것이다.

가정 : 좋은 교사는 긍정적으로 자신을 바라본다.
해설 : 프로그램은 능력이 있고, 믿을 만하며, 모두가 좋아하고 존엄성과 성실성을 갖춘 전문가로 자신을 바라보는 관점을 길러줄 것이다.

활용지침
1. 교수와 학생의 관계는 앞서 예로 든 태도를 낳도록 고안될 것이다.
2. 교실, 실험실, 현장경험에서 학생을 유능하고, 믿을 만하며, 마음에 들고, 존엄하고 성실한 전문가로 대함으로써 긍정적인 자아감을 길러줄 것이다.

앞에서 제시한 가정과 지침들은 단지 하나의 예에 불과하다. 교사교육이 당면한 문제는 최신의 사조와 실천을 교사교육을 위한 기본 가정으로 어떻게 변환시키느냐에 있다. 교사들이 똑같은 기초 자료로부터 다양한 가정을 이끌어내는 것은 전혀 이상한 일이 아니다. 그것이 바로 인간 적응성의 특성이며, 우리가 그토록 원하는 프로그램의 다양성을 제공하는 근거이다. 무엇보다도 필요한 것은 혁신과정에 참여하는 것이다. 앞서 예로 든 가정들은 최신의 연구와 학습이론에 가장 많은 영향을 받은 것들이다. 진정으로 효과적인 교사교육 프로그램이라면 내용, 교육과정, 현장의 문제, 교수의 특성 등과 관련된 것들도 포함될 필요가 있다.

현직 연수 프로그램

대부분 학교에서는 교사의 현직 연수가 필요하다는 것을 인식하고 있다. 많은 경우 현직 연수는 대학에서 의무적으로 학점을 취득하는 형태로 운영되고 있다. 다른 경우는 학교 안팎에서 다양하고 폭넓게 경험할 수 있도록 현직 연수 프로그램을 정교화하고 있다. 그러나 불행하게도 대다수의 현직 연수 활동은 개혁에는 그다지 적합하지 않다. 왜냐하면 프로그램들이 전통적인 닫힌 체제 사고에 근거하고 있으며, 기본 가정에 별다른 의문을 제기하지 않기 때문이다. 대체로 현직 연수 프로그램들은 다음 4가지 중의 하나에 속한다.

감화 프로그램 : 종종 매년 초에 열린다. 일반적으로 이 프로그램은 전달되는 메시지의 의미 여부를 떠나 한 명 이상의 연설자로 구성된다. 이 프로그램은 내용의 깊이보다는 흥미를 가져다 준다.

지식 축적 프로그램 : 이 프로그램은 교과 영역에 대한 교사의 지식을 증진하도록 설계된다. 교사들은 워크숍에 참가하거나 대학 학점을 추가로 이수함으로써 심화 지식을 갖추도록 안내될 것이다.

방법 프로그램 : 교사들은 이 프로그램을 통하여 어디에서나 효과적으로 사용되는 방법에 친숙하게 될 것이다. 종종 현장 전문가나 초빙된 사람이 가르친다. 올바른 방법이 있다는 아이디어에 깊숙히 젖어 있는 교사들에게 이 프로그램은 상당히 인기가 있다.

실천 프로그램 : 현장 문제에 대한 해결책을 찾는 것이 목표이다. 이 프로그램은 혁신을 위해 상당한 잠재성을 지닌다. 불행하게도 이 프로그램은 "약물, 중퇴생, 읽기 점수에 대해 우리는 무엇을 할 수 있을까?"와 같이 위기와 방법지향적이다. 대신에 기본 가정이나 근본적인 해결책에는 그다지 관심이 없다. 대부분이 겉으로 드러나는 문제에 관심을 집중한다.

현직 연수 프로그램은 해결책을 찾는 데에 관심을 두는 경우가 너무 많다. 이러한 현상은 프로그램이 참여자가 아닌 누군가에 의해 "우리는 이런 현직 연수 프로그램이 필요하다", "이 주제가 관심을 받게 될 것이다", "이것이 교사가 해야 하는 것이다"라는 것이 결정되기 때문에 나타난다. 결과적으로 프로그램은 참여의 부족과 방법에의 집착이라는 두 가지 반발을 안은 채 출발한다. 참여자들은 내내 고분고분 따라함으로써 이따금씩 개인적인 이득을 챙긴다. 이러한 프로그램들은 개혁을 추진할 방안으로 거의 만들어지지 않으며, 대신에 증상이 나타난 후에야 마련된다. 중차대한 개혁을 추진하기 위해 현직 연수 프로그램은 구성원들의 헌신적인 참여, 실제적 문제의 직시, 보다 폭넓은 이해의 추구, 그리고 증상보다는 기본 가정과 원인을 목표로 하여 시작되어야 한다.

교사의 성장을 촉진하기

교사들로 하여금 새로운 아이디어를 활용하고 실험하도록 격려하는 것은 그 자체가 혁신이 가능한 분위기를 조성하지 않고서는 일어날 수 없는 학습경험이다. 교사들이 성장하고 보다 나은 새로운 교수방법을 개발하도록 돕는 것은 어린이들에게 적용되는 것과 동일한 원칙이 통용되는 학습과정이다. 교실에 최신의 원리가 적용되는 것처럼 교사의 성장을 촉진하고, 보다 좋은 학교를 만드는 데 행정가와 장학관들이 적극적으로 참여할 수 있도록 하는 데도 적용되어야 한다. 학생들처럼 교사들도 변화의 필요성을 느껴야 하고, 성장과 학습의 개념에 대한 개인적 의미를 발견하여야 하며, 보다 나은 교수법, 학생관계, 교육과정, 동료, 제도를 찾는 데 적극적으로 참여해야 한다. 교사는 스스로를 학생의 성장을 촉진하는 지속적인 활동에 참여하는 유능하고 효과적인 전문가로 바라보아야 하며, 개인으로서 뿐만 아니라 교사로서도 격려받고 있으며 촉진되고 있다고 느껴야 한다.

이러한 행복한 조건을 성취하기 위한 첫 단계는 교사들이 자유롭게 아이디어의 탐색을 행하고, 동료와 의사소통하고, 방법과 교육과정을 계획하고 실험하도록 하는 것이다. 불행하게도 이렇듯 명백한 최소한의 조건도 언제나 '수업(접촉)시간'이나 총시간(FTE's, 전체 시간을 의미)과 생산성과의 관계를 고려한 관리와 예산상의 이유 때문에 거부된다. 이런 생각은 교수와 학습이 교사가 학생들과 대면적으로 참여할 때에만 일어난다는 생각을 반영한 것이다. 대부분 공립학교 교사들은 요구된 보고서, 수많은 행정업무, 시험채점, 다음 학기의 계획에 필요한 시간을 확보하기 위해 상당히 고심한다. 아이디어를 탐색하기 위한 시간, 동료 교사와의 의미있는 의사교환, 또는 연구와 개발 프로젝트 등의 참여는 이것들 모두 실제로 존재할 경우에도 이런 저런 이유로 침해당하는 '재량 시간으로 간주된다. 업무 시간과 수업 시간은 효과적인 학습의 믿을 만한 지표로 널리 인식되고 있으며, 그것은 개혁이나 혁신의 가능성에 미치는 장애에 대한 고려없이 예산편성, 출근일수, 교사평가의 기초가 된다. 연구와 개발에 소요되는 시간은 버려지는 시간이 아니며 결코 비효과적인 가르침을 초래하지도 않는다. 내 아이는 매우 혁신적인 학교에 다닌다. 이 학교의 교사들은 매일 학교가 시작하는 오전 7시 30분부터 9시까지 그리고 오후 3시 30분에서 4시 30분까지 그들이 원하는 것은 무엇이든지 자유롭게 할 수 있다. 또한 필요할 경우에는 다른 학교를 방문하기 위해 결근할 수 있으며, 교사들이 공동으로 여러 종류의 프로젝트에 참여할 경우에는 1년에 12일 (학생 없는) '교사 연구의 날'이 있다. 내가 본 모든 것은 내 아이와 친구들이 훌륭한 교육을 받고 있음을 알려주었다.

교사준비교육 프로그램과 같이 현직 연수는 참여자들의 신념체계를 변화시키는 데 관심을 기울여야 한다. 이것은 실제적인 문제, 즉 장학관이나 행정가들과 같이 외무 인사에 의해 중요한 섯처럼 보이는 문세가 아니라, 현직 연수 참여자들이 실제로 인식하는 문제를 다루는 것이 필요하다. 현직 연수는 경험이 없는 학생들을 대상으로 하고, 그들에게 배우고자 하는 요구를 불러일으켜야 하는 사범대학의 교육을 능가하는 확실한 이점이 있다. 교사와 행정가들은 직무상 문제에 둘러싸여 있으며, 직업적 성공은 종종 이러한 문제를 해결하느냐에 달려 있다. 학교 안팎에서 가르쳐본 경험이 있는 교사는 누구나 학생 태도에 차이가 있음을 증명할 수 있다. 학교에서 학생들은 전형적으로 수동적이며, 중요한 것과 그렇지 않은 것을 분별할 수 있는 충분한 경험이 없기 때문에 교사들이 말하는 모든 것을 받아적는다. 동일한 과정을 현직 연수에서 가르칠 경우 문제는 다르다. 교사들은 보다 적게 필기하고, 보다 선별적으로 들으며, 보다 적극적으로 토론에 임하며, 강사에 대하여 보다 비판적이다.

대응을 넘어서

단지 문제에 대처하는 것만으로 의미있는 개혁을 이끌어낼 수 없다. 교사와 행정가들은 매일매일 '119'처럼 증상 수준의 즉각적인 문제를 다룬다. 대표적인 현직 연수의 시나리오는 다음과 같다 ;

1. "자. 우리는 이런 문제를 안고 있다. 무엇을 할 수 있을까?"
2. "다른 사람들이 그 문제를 어떻게 다루는지 알아보자."
3. 전문가에게 물어서 정보를 얻는다. 다음 단계는 ;
4. "우리는 어떤 시도를 할 것인가?" 그래서 어떤 시도가 이루어진다. 만일 시도한 것을 모든 사람들이 만족한다면 문제는 해결된다. 그렇지 않으면 무엇인가를 시도하는 것은 처음부터 다시 시작해야 한다. 이러한 시행착오절차는 현장의 문제에 대처하는 데는 도움을 줄 수 있으나, 실질적 개혁에는 거의 또는 전혀 기여할 수 없다.

우리가 살펴본 대로, 사람이 어떻게 행동하느냐 하는 것은 단지 증상에 불과하다. 근본적인 원인에 대한 고려없이 행동의 변화만을 목표로 하는 조치는 순전히 증상이고 일시적인 것에 불과하다. 즉각적인 현장의 문제해결을 목표로 하는 현직 연수 활동은 좋은 개혁을 위한 풍성한 토양이 될 수 있으며, 인간중심 프로그램과 자기재생적 학교의 출발을 위한 유용한 촉매가 될 수 있다. 그러나 이러한 목적을 달성하기 위해서는 단순히 대응과 관리를 넘어서는 것이 필요하다. 현장의 문제는 시간과 에너지를 투자하는 것이 중요하고 가치있다고 생각하게 하는 이점이 있다. 이러한 활동은 적절한 가정을 탐색하고, 새로운 목표를 정의하며, 혁신적 기법을 실험하며, 새로운 태도와 진정으로 전문적이고 창조적인 팀을 개발하도록 교사들에게 동기를 부여할 수 있다. 머지 않아 그러한 팀이 학교 제도를 변화시킬 것이고, 새로운 서비스와 성취의 세계로 나아가도록 할 것이다.

주와 참고문헌

일반 참고자료 :

Flinders, D. 1988. "Teacher isolation and the new reform" *Journal of Curriculum and Supervision,* 5, 17-29.

Gage, N. 1984. "What do we know about teacher effectiveness?" *Phi Delta Kappan,* 10, 87-93.

Timar, T. and Kirp, D. 1989. "Educational reform in the 1980's. Lessons from the states". *Phi Delta Kappan,* 15, 504-511.

대중들의 인식에 관한 자료 :

Ellena, W. et. al. 1961. *Who's a good teacher?* Washington, D. C., American Association of School Administrators, National Education Association.

Inman, V. 1984. "Certification of teachers lacking courses in education stirs battles in several states." *Wall Street Journal,* 6 January, 39.

Lieberman, A. 1988. *Building a professional culture in schools* New York City, Teachers College Press.

National Education Association. 1987. *The status of the American public school teacher,* Washington, D. C., National Education Association.

좋은 교사 연구에 관한 자료 : 제5장의 주와 참고문헌을 참고.

교사교육의 새로운 접근에 관한 자료 :

Combs, A. 1972. "Some basic concepts for teacher education", *The Journal of Teacher Education,* 23, 286-290.

Combs, A. and Wass, H. 1974 Humanizing the education of teachers", *Theory Into Practice,* 13, 123-129.

Combs, A. et. al. 1974. *The professional education of teachers: A humanistic approach to teacher education,* Boston, Allyn and Bacon.

Combs, A. et. al. 1974 *Humanistic teacher education: An experiment in systematic curriculum innovation,* Fort Collins, Co. Shields.

Combs, A. 1978. "Teacher education: The person in the process", *Educational Leadership,* 35, 558-563.

Combs, A. 1989. "New assumptions for teacher education" *Foreign Language Annals,* 22, 129-135.

Combs, R. 1989. "The teacher education program: An endangered species", *Phi Delta Kappan,* 71, 319-323.

현직교육에 관한 자료 :

ASCD 1990. *Changing school culture through staff development* 1990 Yearbook, Alexandria, Va. Association For Supervision and Curriculum Development.

Bacharach, S. et. al. 1987. "A career development framework for evaluating teachers as decision makers", *Journal of Personnel Evaluation In Education,* 1, 181-194.

Joyce, B. et. al. "The self educating teacher: Empowering teachers through research" IN *Changing school culture through staff development* 1990 Yearbook, Washington, D. C., Association for Supervision and Curriculum Development.

McDonald, G. 1989. "When outsiderstry to change schools from the inside", *Phi Delta Kappan,* 71, 206-211.

제 9 장

제도의 재구조화

우리는 개혁을 모색하면서 다양성, 인간중심, 대안학교와 프로그램, 새로운 사회적 기대에의 부응, 학습과정에 대한 새로운 개념의 인식, 현장연구에 대한 관심 등이 필요함을 지적하였다. 또한 개혁이란 교육문제에 대해 일선 현장에서 제안된 수많은 전문적인 해결책이 쌓여 나타나는 것으로 파악하였다. 학교는 더 이상 웅장한 설계 도면에 나타난 교체가능한 정적인 제도로 간주되어서는 안 된다. 학교와 프로그램은 기본 가정을 계속해서 검증받고, 구성원들의 요구에 지속적으로 반응하는 역동적인 대행자가 되어야 한다. 닫힌 체제 사고에서 보다 열린 체제 사고로 철학을 근본적으로 변화한다는 것은 개혁이기보다는 차라리 혁명이다. 이를 위해서는 사물과 권력지향으로부터 자기재생이 지속적으로 가능하고 인간의 잠재능력을 최대한 발휘하게 하는 인간중심체제로의 근본적 변환이 요청된다.

이러한 조건의 조성은 단시일 내에 쉽게 이루어지지 않는다. 사람들은 오랫동안 지녀 온 사고와 행동방식을 쉽게 바꾸지 못한다. 관습과 전통, 전통적인 학교에서 부모 세대로부터 물려받은 경험, 관리지향적 관료제, 부적절한 교사교육, 기업과 산업에게 너무나 좋은 시장인 낙후된 시설에의 대규모 투자, 이들 모두는 성공적인 개혁의 거대한 장애물이다. 민주적 운영방식에서 독재적인 운영으로 이행하는 것은 비교적 용이하다. 그러나 닫힌 체제로부터 열린 사고체제로 이행하는 것은 완전히 다른 문제이다. 그런 상황에 직면해서 우리는 변화과정을 어떻게 촉진할 수 있는가? 우리가 그렇게도 원하는 자기재생적 학교의 설립을 어떻게 자극할 수 있는가? 어떠한 노력이든지 경주되어야 한다. 현실에 안주하는 것은 제도를 훨씬 후퇴시키는 우를 범하는 일이다. 이러한 신념의 퇴각은 생각할 수도 없는 일이다.

앞장에서는 개혁의 목적과 과정을 다루었으며, 개혁을 추진할 활력이 넘치는 전문가가 필요하다는 것을 주장하였다. 또한 다양성과 학생들의 특성 및 지역사회의 요구에 민감한 비슷한 마음을 지닌 교사를 중심으로 만들어진 자기재생적 학교 제도가 필요하다고 하였다. 아래로부터의 개혁을 달성하기 위해서는 학교의 구조와 행정, 특히 주 정부와 연방 정부의 교육부, 지방 교육국 그리고 행정의 역할과 기능에서도 중요한 변화가 일어나야 할 것이다.

주와 국가 관료제

지난 30여년 동안 주 정부와 연방 교육부의 성장은 두드러졌다. 교육부는 교육에 대한 재정지원이 지방의 재산세에서 주 정부의 재원으로 바뀌면서 매우 급속히 성장하였다. 먼저 주의 교육당국은 주 정부에서 제공된 재원이 올바르게 사용되었는지를 확인하기 위해 표준을 마련하고 지침을 준비하는 데 관여하였다. 교육에 관련된 법안이 통과되면서

주 교육부의 기능은 표준의 유지, 주 차원의 검사 프로그램, 교사의 자격, 특별 프로그램의 도입과 감독, 건축과 안전 규정, 특별 교육과정의 요구 조건 등으로 보다 확대되었다. 주 교육부가 이러한 기능을 갖게 됨으로써 얻게 된 효과는 현장 학교의 운영에 대한 통제를 증대하고, 현장의 자율적인 계획을 제약하는 관료제를 심화시켜 제도의 부담을 가중시키는 것이었다.

국가적 수준에서 교육부는 현장 학교에 대한 직접적 통제를 거의 행사하지 않았으나, 그럼에도 불구하고 보이지 않는 손(깊은 주머니에 연결된 끈)을 통해 이전보다 증대된 영향력을 행사하였다. 연구비와 특별 프로젝트의 기금 때문에 교육부는 전보다 증대된 영향력을 행사할 수 있게 되었다. 정부의 재정지원이 삭감된다면 많은 학교는 어려움에 봉착하게 될 것이다. 겉으로 보기에 교육을 증진하기 위해 설립된 이들 정부기관은 실제로는 종종 당연한 현장의 자율적인 통제권을 빼앗고, 상당한 양의 바쁜 일감을 제도에 부과하며, 재구조화에 대한 위로부터의 접근을 강요함으로써 개혁의 과정을 방해한다. 주와 국가의 기관은 모두 힘의 조작화에 근거한 관리 철학에 깊이 물들어 있으며, 닫힌 체제 사고와 행동에 중독된 행정가를 중심으로 매우 배타적으로 운영된다. 이들 기관에 근무하는 직원들은 대개 행정을 즐기고, 정부의 한직(閑職)에 제공되는 부가적인 급부의 보장 때문에 그 일에 이끌린다. 많은 사람들은 교실의 스트레스와 긴장으로부터 탈출하기 위해 교육부의 행정가가 된다. 그들 대부분은 힘의 조작화 사고에 익숙해 있다. 그들은 객관성, 통계, 연구설계를 중시하며, 숫자나 컴퓨터 결과물로 교육문제를 다룬다. 단지 소수만이 전문가로서 현장에서 학생들과 직접적으로 상호작용하며 접촉하고 있다.

일반적으로 주와 국가 교육부의 개혁에 대한 집근은 이런 저런 나양하게 마련된 해결책을 통해서이다. 이들 해결책은 제도의 향상 – 학교가 어떻게 되어야 하는가? – 보다는 제도의 유지 – 사물이 어떻게 있는가?-에 보다 관련되어 있다. 심지어 연구와 개발비의 신청도 거의 비슷한 것을 계획한 것들을 보상하는 자기충족의 올가미 때문에 무뎌진다. 예를 들어, 연구와 개발비의 신청서를 검토하고 승인하는 것은 통상 '전문가들'에게 위임되어 있다. 물론 이들 '전문가들'은 제도 내에서 명망을 얻은 사람들이다. 그들은 혁명을 지지하는 것을 당연하게도 거부한다. 당신이 30여년 동안 삶에서 견지해 온 사고방식과 행동방식이 얼마나 잘못되었는가를 밝힐 위험성이 있는 어떤 신참자의 연구계획서에 후한 점수를 준다는 것은 어려운 일이다. 주와 연방 관료제의 성격과 기능에 관한 모든 것은 이들 기관이 주된 변화의 대행자가 아닌 것처럼 만드는 음모이다. 그들은 전통적인 가정에 근거하여 일어나는 혁신에는 너그럽지만 현상으로부터 멀리 벗어난 것들은 거부하는 경향이 있다.

아래로부터의 재구조화와 자기재생에 필요한 분위기를 조성하기 위해서는 주와 국가 교육부의 공립학교에 대한 통제를 축소하는 것이 필수적이다. 효과적인 개혁은 프로그램의 다양성, 대안학교, 혁신과 모험을 격려하는 분위기를 요구한다. 불행하게도 이런 조건들은 정부기관에 의해 키워지기보다는 저해된다. 따라서 혁신과 개혁을 열린 체제로 접근하는 데 필요한 인간중심적 사고에 친숙한 정부관리를 육성할 수 있는 새로운 방안이 필요하다. 그러나 그것은 어려울 것 같다. 왜냐하면 주와 국가 교육부의 관리들은 대체로 이미 현상유지를 실질적으로 담보하는 장치인 당국에·의해 지명되고 선발되었기 때문이다. 주와 국가의 관청으로 하여금 기관을 변화시킬 위험을 안으라는 것은 무리한 부탁이며, 그들은 비판적 행동의 핵심으로부터 너무 멀리 벗어나 있다. 주와 국가 교육부의 활동을 통계 업무나 지원기능 그리고 현장에서의 실험과 혁신에 저촉되지 않게 엄정하게 한정된 업무로 제한하도록 하는 반면에 지도력을 개혁할 다른 곳을 찾는 것이 보다 좋다.

학교위원회와 대중

효과적인 개혁을 위해 필요한 재구조화를 위해서는 모든 수준에 걸쳐 변화의 문제를 다루는 것이 필요하다. 일반 대중들은 개혁의 문제를 보다 폭넓게 이해할 필요가 있다. 상당히 많은 시민들은 개혁을 사회적 기대의 변화로 인한 근본적인 재구조화나 학습과 성장에 관한 새로운 것이 아니라 단순히 관리나 통제의 문제로 이해하는 경향이 있다. 따라서 시민이 진정한 문제의 범위와 필요한 새로운 가정을 이해하도록 돕는 일에 많은 노력을 기울여야 한다. 이것을 알고 있는 대중들은 변화에 촉진적인 분위기를 조성하는 데 도움을 줄 수 있다. 변화를 갈망하는 대중들이 진정으로 중요한 문제에 집중하지 못하여 흔들린다면 얼마나 안타까운 일인가. 행동의 바탕이 되는 가치와 가정을 둘러싸고 대중들과의 대화가 절실히 필요하다.

대중적 논의의 초점을 관리와 시물, 전통적 기대에서 보다 근본적인 부분으로 옮기기 위해서는 매스컴과 전문가들에게서 남다른 노력이 기대된다. 단순한 사고와 과거 경험에 의존하는 것으로는 더 이상 충분하지 않다. 사회의 변화하는 수요, 마주해야 할 지구촌 세계, 젊은이들이 준비해야 하는 미래는 새로운 학교의 목적을 제시하고 있다. 동시에 인간행동과 학습과정의 새로운 발견은 가르치는 방식과 우리가 계획한 기관의 성격에 대해 새로운 사고를 지닐 것을 요구한다. 개혁에 보다 유망한 환경을 만들기 위해서 목적을 수립하고 재원을 제공하는 대중들이 이러한 새로운 발달을 인식하도록 해야 한다. 이를 위해서는 교육문제에 대해 거리낌없이 말하는 보다 적극적이고 활력 넘치는 전문가가 필요하다. 시민들에게 새로운 정보와 국가적 수준의 토론의 장을 제공하도록 매체와 훌륭한 커뮤니케이션 기술이 최대한 활용되어야 한다.

학교위원회의 역할

미국은 학교위원회가 지역학교에 대한 기본 통제권을 갖고 있는 유일한 국가이다. 사람들은 이러한 권한의 이양이 미국 학교에 상당한 다양성을 가져왔으리라 생각한다. 그러나 결과는 아주 딴판이었다. 지역에 관계없이 매우 유사한 학교만이 만들어졌다. 이렇게 된 데에는 여러 가지 이유가 있다. 대부분의 학교위원회는 시간제 무보수 시민들로 구성되어 있으며, 이들 중에서 극히 소수만이 최신의 교육사상과 실천을 접한 사람들이다. 학교위원회의 구성원들은 자신들처럼 학교경험에 비추어 해야 할 것을 판단하는 지역 주민들의 이해를 지키기에 급급하다. 해를 거듭할수록 학교의 규모는 더욱 커지고, 따라서 학교위원회는 학교와 옛 동료였던 교사들과의 관계가 소원해졌다. 이제 대부분의 사람들은 거대한 학교의 운영과 수많은 학생들, 심지어 각양 각색의 공동체를 감독한다. 예전의 학교위원회는 현장의 학교에 관심이 있는 학부모와 시민들로 구성되었으나 오늘날에는 대부분이 정치적 성향을 보이고 있다. 대기업의 지도위원회가 고용인들과 멀리 떨어져 있듯이 학교위원회도 학생이나 교사와 접촉하지 않은 채 멀어져 있다. 그러한 학교위원회는 지금 필요한 자기재생적이고 인간중심 학교를 설립하고 촉진하는 데 필요한 것과는 너무나 거리가 멀다.

학교위원회와 학교의 친밀한 관계는 국가 차원에서 추진된 학교의 대규모화 운동 때문에 심각하게 손상되었다. 따라서 학교위원회는 한편으로는 많은 위원들로부터 지지를 구하고, 다른 한편으로는 제도를 관리하기 위해 줄타기하는 장학관에게 전적으로 의존해야만 한다. 장학관은 교육자라기보다는 기본적으로 관리자이기 때문에 그들은 대부분 전통적인 힘의 조작화 접근과 뿌리 깊은 산업형 모델에 따라 활동한다. 장학관들은 관리적 가정과 경쟁을 통해 학교를 '잘 굴러가게' 할 수 있다고 믿는다. 그들의 직업은 혁신이라는 위험을 감행하기보다는 사람들이 만족감을 유지하도록 하는 데 있다. 따라서 그들이 해당 학교위원회에 행사하는 지도는 현상을 유지하도록 하기 쉽다.

변화에 우호적인 분위기 조성

인간중심의 학교는 시민들과 지역사회와 밀접히 관련되어 있어야 한다. 이를 위해 모든 학교에는 지역사회의 목적과 자원을 대표하는 사람과 교육에 관심이 있는 시민들로 구성된 학교위원회와 자문위원회가 구성될 필요가 있다. 이러한 조건을 구비하는 것은 개혁을 더욱 어렵게 하는 외부로부터의 학교통제와 학교의 대규모화 경향을 반전시킬 중요한 단계이다. 학교위원회와 교사가 밀접한 관계를 유지하게 되면 학교위원회는 지역사회의 요구를 대변하고, 학교에 대한 지원을 제공하는 등의 대화가 가능하게 될 것이다. 일부 교사들도 의사결정과정에 참여할 기회가 개선될 것이고, 현실과 보다 가깝게 지역사회의 기대를 반영하며, 전문적인 시안을 위원회와 지역사회에 알리고, 학생과 전문가의 요구에 대한 지역사회의 관심을 개선할 수 있다.

혁신에 도움이 되는 분위기를 조성하는 데 있어서 장애는 많은 학교위원회가 정책이나 활동에 대한 책임을 혼동하는 데 있다. 위원회는 지역사회가 학교에 무엇을 기대하고 있는가를 교육전문가에게 알려주고 그러한 목표를 달성하는 데 필요한 지원을 제공할 책임이 있다. 반면에 교육전문가는 정책을 집행할 책임이 있으며, 그것이 가능하도록 필요한 훈련과 경험을 쌓아야 한다. 재구조화는 학교위원회가 교사와 교육행정가들의 활동을 지시하고 통제함으로써 심각하게 손상되고 침해될 수 있다. 생명력있는 교육전문가의 본질은 실천적 식견에 따라 현명하게 문제에 대처하고 해결책을 자유롭게 모색하는 데 있다. 외과의사에게 수술하는 방법, 공학자에게 다리를 가설하는 방법, 변호사에게 사건을 변론하는 방법에 대해 명령할 수 없다. 학교위원회의 그 누구도 교육전문가들에게 어떻게 가르치라는 명령을 할 수 없다. 학교위원회와 행정가들에 의해 통제될 때 교육전문가는 무기력해지고 마치 자동 기계와 같아진다. 이런 점을 이해하는 데 실패하는 것은 교사의 사기를 떨어뜨리고, 자기존중감을 낮추는 주요 원인이 된다. 학교위원회는 교육전문가들에게 지역사회가 원하는 것을 알려줄 필요가 있으며, 이것의 달성을 촉진하기 위한 수단을 제공한다. 이렇게 함으로써 교육전문가는 합리적인 목표를 달성하는 데 책임감을 갖게 된다. 이들 과제를 성취하는 열쇠는 손상되지 않고 활동적인 교육전문가이다. 우리가 원하는 자기재생적 학교는 최소한의 간섭 아래 전문적인 능력을 자유롭게 발휘하고 문제를 기꺼이 다루는 헌신적인 교육전문가들에 의해서만 성취될 수 있다.

이 책에서 주장한 사고의 유형이 많은 학교위원회에게는 상당히 진보적이고, 자유적이며, 허용적인 또는 더 나쁜 것으로 보여질 것이다. 현재의 학교위원회는 활동이 외부에 의해 통제되고 있으며 장학관의 지도에 전적으로 의존하고 있다. 이러한 장애에도 불구하고 몇 가지 발전이 가능하다. 그러나 보다 많은 발전은 학교위원회가 관련된 문제와 기본 가정에 대해 충분히 검토하고, 나아가 깊은 이해를 갖고 있는 단위학교와 교사들과 밀접하게 관계를 유지할 때 이룰 수 있다. 또한 그들이 고용한 지도자의 자질과 장학관의 기대되는 특징에 중요한 영향력을 행사할 수 있다.

인간중심 리더십

앞에서는 현장연구, 대안학교와 프로그램, 교육의 재구조화를 위한 기업가적 전문가에의 의지 등 제도 전반에 걸쳐 다양성을 요청하는 개혁을 위해서는 아래로부터의 접근이 필요하다는 것을 주장하였다. 이런 목적을 얼마나 잘 성취할 수 있느냐 하는 것은 제도에 조성된 분위기에 달려 있다. 전문직의 사기와 현장연구, 그리고 자기재생을 위해서는 모험이 격려되며 인간이 사물보다 더욱 중요시되는 신뢰와 상호 존중의 분위기가 필요하다. 불행히도 작금의 공립학교 행정구조는 이들 기준을 충족시키기에 부적절하다. 현재와 같이 사물을 중시하는 체제에서는 새로운 가정을 제도 속으로 도입하는 것은 학교행정의 유력한 철학과 수많은 실천 속으로 돌진하는 것과 같다. 학교관리는 불안하게 성장하였으며, 대부분이 개혁을 억누르기 쉬운 기본 철학에 따라 운영되고 있다.

미국교육의 특징으로 행징가의 규모를 관찰하기 위해 빙문한 다른 나라의 교육자들이 이상하게 생각하는 일이 있다. 예를 들어 영국의 초등학교에서는 학급 교사와 같이 상당한 양의 시간을 쓰는 '교장'이 없어도 효과적으로 굴러간다. 반면에 미국은 세계의 어느 나라보다도 가장 풍성한 학교관료제를 갖추고 있다. 심지어 1960년대 마틴 메이어(Martin Mayer)는 뉴욕시의 행정가가 프랑스 전체의 행정가보다 많으며, 뉴욕주는 서유럽 모든 국가보다 행정가가 많음을 밝혀냈다(Mayer, 1961). 이후에 상황은 더욱 악화되었다. 우리 학교에 행정가가 지나치게 많은 것은 상당 부분 힘의 조작화와 60, 70년대 특징이었던 산업형 관리형 사고의 결과이다.

행정가의 위신은 그늘이 관장하는 인원의 규모와 정비례하기 때문에 인원을 계속 늘리고자 한다. 수많은 사무처리와 함께 교사들에게 부과된 규칙, 규제, 지도지침, 조사, 통계, 정책메모는 적절히 복종하도록 고안되었다. 이처럼 과중한 업무에도 불구하고 과연 제도가 보다 효과적인지 혹은 학생들의 성취를 두드러지게 개선했는지를 알 수 있는 증거는 거의 없다. 너무 많은 교육지도자들은 제도를 관리하는 것을 학생들의 학습과 성장을 촉진하는 것보다 우선하는 것으로 생각한다. 그간 행정경비는 학급, 교사선발과 지원, 연구개발 활동비에서 상당한 필요경비를 계속해서 전용하고 있다. 이처럼 에너지의 잘못된 배분을 교정하기 위한 노력은 힘있는 자리에 있는 행정가들의 격렬한 저항을 받을 것이다. 그들은 재생의 과정을 촉진하느냐 혹은 더디게 하느냐에 대한 고삐를 쥐고 있으며 권한을 행사하고 있다.

개혁을 위한 리더십

우리가 바라는 자기재생적인 인간중심의 학교는 다른 유형의 리더십을 필요로 한다. 특별히 ① 기본 사고와 철학, ② 행정가의 개인적 자질, ③ 새로운 지식과 기술의 요구 등의 세 영역에서 변화가 요청된다.

기본 사고와 철학

인간의 문제

작금의 교육조건을 수렁에 빠지게 하고 개혁을 위해 제시된 수많은 좋은 제안들을 실패하게끔 한 주요 원인은 수세기 동안 제도를 지배한 '사물' 지향적 사고이다. 사람들은 모든 교육문제를 사물의 조작화에 의해 해결할 수 있는 것으로 생각하였다. 교실의 학습에서는 행동주의 준거틀에 근거한 자극, 보상과 처벌, 지시와 검사 등이 적용되었다. 교사교육에서 힘의 조작화 사고는 교사준비를 교육과정과 교수방법을 중시하는 기계적 과정으로 간주하였다. 리더십과 행정에서는 바라는 목적을 성취하기 위해 사물과 인간의 조작화, 즉 관리의 형태를 채택하였다. 그러나 교육은 인간의 문제이기 때문에 사물지향적 접근은 부적절하고 실패하게 될 것이다. 자기재생적인 인간중심의 학교를 이룩하기 위해 필요한 리더십은 보다 인간적인 기본 가정에서 시작되어야 한다. 리더십은 변화하는 인간으로 문제를 정의하고, 인간이 성장하고 학습하며 변화하는 방식에 관한 유용한 최상의 정보들을 갖추고 있어야 하며, 일선에서 활동하는 교사들에게 이들 과정을 촉진하도록 해야 한다. 효과적인 개혁을 위해서는 장학관, 행정가, 교육과정 지도자들이 교육일선에 있는 교사와 행정가의 변화를 능숙하게 촉진할 수 있어야 한다. 다시 말해 인간을 이해하고 좋은 관계를 형성하는 사람, 도전적이고 허용적인 분위기를 조성할 줄 아는 사람, 문제해결과 집단과정의 역학, 그리고 현장연구를 위한 열린 체제를 이해하는 사람이 필요하다. 그러나 불행하게도 이러한 기준을 충족시켜주는 행정가는 드물다. 오늘날 대부분의 행정가들은 닫힌 체제 사고로 훈련받고 경험하였으며, 관리기술을 위해 선발되었으며 힘의 조작화라는 전략을 구사한다. 너무나 많은 행정가들은 인간지향적이기보다는 오히려 사물지향적이며, 심지어 그 중의 많은 사람은 인간중심 기술이 자신들의 업무에 적절하지 않다고 믿고 있다.

열린 사고 체제

일반 전략의 두번째 변화는 닫힌 체제 사고와 행동으로부터 열린 체제로 이행하는 것이다. 앞서 살펴본 바와 같이 닫힌 체제는 사물과는 잘 조화될 수 있지만 사람에게 적용될 때에는 문제가 일어나기 쉽다. 교육과 개혁이 인간의 문제라면 사고체계도 특별히 인간의 문제를 위해 고안되는 것이 기본이다. 열린 체제 접근, 교사와 학생의 공감적 이해, 촉진적 기술의 요청은 제도 내에서 인간의 변화를 돕는 것이 목적이다. 사람들에게 깊이 뿌리내린 닫힌 체제 사고를 열린 체제 사고로 변화시키는 것은 어렵고 고통스러울 것이다. 닫힌 체제에서 열린 체제로의 변화는 언제나 그 반대의 경우에 비해 매우 더디고 훨씬 어렵다. 열린 사고 체계에 낯설은 사람은 수년 동안의 경험, 훈련, 습관을 극복해야만 하며, '제2의 본성'이 되도록 해야 한다. 명확한 의도에도 불구하고 깊게 뿌리 박힌 사고와 행동습관을 흔드는 것은 어렵다. 예컨대 단위학교의 자율성을 보다 확대하고자 하는 작금의 운동이 근본 철학에 위배되는 '학교현장중심 관리(site based management)'로 계속 불리고 있다. 비록 고삐가 느슨해지기는 했지만 권위의 핵심은 여전히 전통적인 행정가들의 손에 남겨져 있다. 학교로 하여금 자신의 결정에 보다 잘 따르도록 하는 것과 학교가 진정으로 대안학교가 되도록 자유롭게 하는 것은 전혀 다르다.

행정에서 닫힌 사고가 열린 사고로 변화하면 교수에 있어서도 학습에 대한 힘의 조작화 관점이 인간중심 관점으로 변화가 나타난다. 그러나 여러 가지 이유로 행정가들에 비해 교사들이 이런 과정에 더욱 가까이 있다. 한 이유로는 교사들이 소비자들과 밀접하며, 특히 초등학교 수준에서는 보다 인간지향적이다. 그들은 학생들과 친밀하게 접촉하고 있으며, 관계 또한 즉각적인 피드백이 이루어진다. 인간중심 사고를 표방하는 교사들이 증가하고 있으며, 그것을 교실에 적용하고자 하는 노력도 시작되고 있다. 그러나 이에 상응하는 변화가 행정가들에게 일어나도록 돕는 일은 훨씬 어려울 것이다. 닫힌 사고체제는 보다 깊이 뿌리박혀 있으며, 일방적인 위로부터의 의사소통은 관리자들로 하여금 변화의 요구를 파악할 수 있도록 하는 소비자로부터의 피드백을 차단한다. 만일 당신이 다른 사람들로부터 아무런 반응도 듣지 못한다면, 모든 것이 변화될 필요가 없이 잘 굴러가고 있는 것으로 가정하기 쉽다. 이 때문에 행정가는 위계 조직에서 자리가 높아지면 질수록 기본 가정에 의문을 제기할 필요성으로부터 더욱 멀어지게 된다.

인간중심이고 자기재생인 학교를 만들고 운영하기 위해서는 학교행정의 성격과 기능이 확실히 변화해야 한다. 아래로부터의 개혁을 모색하는 체제에서는 관리자보다 열린 체제 사고와 행동을 이해하고 숙달된 촉진자로서의 지도자를 필요로 한다. 행정에서 철학과 개념의 변화는 혁명적이다. 기본 가정의 변화를 요청하며, 오랫동안 유지해 온 전통, 실천, 특권을 위협한다. 따라서 강력한 저항에 직면할 수 있다. 또한 가까운 미래에 광범위하게 적용하려는 것은 지나치게 무리한 생각이다. 열린 체제가 공통의 사고와 행동으로 분명히 자리잡기 전에 전통적인 실천가들이 은퇴하기를 기다려야만 할 것이다.

리더십의 개인적 자질

앞장에서 우리는 조력전문직(helping profession) 중에서 좋은 실천가와 나쁜 실천가에 관한 일련의 연구를 몇 차례에 걸쳐 언급하였다(제5장과 6장을 참조). 인간중심의 자기재생적인 대안학교를 이룩하는 데 필요한 개혁을 수행하기 위해서는 최상의 자질을 갖춘 인간중심의 조력자가 필요하다. 연구결과에 따르면 그들에게는 다음과 같은 자질이 필요하다 ;

함께 하는 사람들이 사물을 어떻게 바라보는가를 계속해서 파악하는 감성적인 인간일 것

사물보다는 인간중심일 것

자신을 긍정적으로 바라볼 것. 함께 일하는 사람들을 능력있고, 친밀하며, 존엄성과 성실성을 갖춘 믿을 만한 존재로 바라볼 것

진실하고 거짓이 없으며 분명한 사람일 것

이에 더하여 종합적이고 정확하며 내적으로 일관된 개인적 가치와 신념체계를 지닐 필요가 있다. 이러한 것들은 자신과 사회, 교육 그리고 젊은이들을 준비시킬 미래에 대한 정확한 이해를 가능하게 하며 사고와 행동의 믿을 만한 지침을 제공한다. 더군다나 오늘날 세계가 매우 급속히 변화하기 때문에 평생학습자가 되어야 하며 자신을 계속해서 새롭게 하는 노력을 경주해야 한다.

인간중심 행정의 기술

인간중심의 자기재생적인 학교와 프로그램은 가정을 명확하게 설정하는 데 있어서 헌신적이며 가장 효과적으로 가정이 실현될 수 있는 방법을 자유롭게 실험할 수 있는 비슷한 마음을 가진 교사집단을 필요로 한다. 이러한 계획이 결실을 거두기 위해서는 혁신에 우호적인 분위기를 조성하는 데 능숙한 인간중심의 리더가 필요하다. 이러한 리더는 아이디어를 자극하는 방법과 교사들간에 상호작용을 촉진하는 법을 아는 사람이다. 최소한 촉진적 지도자는 다음과 같은 인식과 기술이 필요할 것이다 :

동기와 행동에 대한 깊은 이해,
의사소통의 촉진에 대한 이해와 전문적 기술,
학습과정과 그 실행에 대한 깊은 이해,
집단과정의 이해와 팀 프로젝트를 촉진하는 기술,
상담기법,
변화의 역동성 이해,
지역사회의 요구와 자원에 대한 심층적 지식,
교육과 교수, 그리고 교육과정의 목적과 목표에 대한 명료한 인식,

미래와 그 준비에 대한 예민한 인식.

이러한 인간중심 자질에 관한 항목들은 현재 활동중인 대부분 행정가들이 훈련받고 경험한 것과는 현격한 차이가 있다. 예를 들어 앞에서 제시한 항목과 주요 사범대학의 요람에서 뽑은 학교행정가 양성을 위한 석, 박사 학위과정에서 요구하는 것을 비교해보라.

석사수준 :
미국교육행정
학교재정과 예산
법률과 행정가
교육계획과 변화
학교인사행정
교장론
교육과정개발과 교수활동의 기초
대학원 연구입문

박사수준 :
정책분석과 개발
조직 및 행정이론 세미나
행정적 리더십 세미나
교육행정 인턴십
변화 관리실습
변량분석
평가모델과 설계
고급 연구방법
박사논문 계획서 연구

박사학위논문

변화의 조짐

다행스럽게도 변화의 바람이 도처의 행정가에게서 느껴지고 있다. 많은 행정가들이 기쁘게 또한 열심히 일하며 학생과 학습에 대해 진심으로 관심을 갖고 있다. 전통적이고 닫힌 체제의 리더십 개념으로부터 이탈하는 행정가들이 늘어나고 있으며, 전통 방식의 변화가 필요함을 인식하기 시작하고 있다. 예컨대 '학교현장중심'이나 '학교선택' 제안으로 표현되는 단위학교에 다양성과 활동의 자율성을 보다 많이 부여하기 위한 운동이 증가하고 있다. 또한 제5장에서 살펴본 바와 같이, 적극적인 행정가들 중에서는 열린 사고체제의 다양한 방식과 비슷한 '새로운' 리더십 형태에 가치를 부여하는 경향도 있다.

리더십에 대한 사물중심적이고 권위적이며 관리 개념적 사고가 인간중심체계로 변화하는 것이 교육에서 실행에 옮겨진 경우는 거의 없다. 그렇게도 오랫동안 교육행정가들이 간직해 온 산업형 모델이 정작 기업에서는 더욱더 작은 규모의 자율적 단위로의 축소, 과업에 대한 노동자의 통제, 쌍방향 의사소통의 촉진, 의사결정에의 대중 참여 등에 따라 급속한 변화에 직면하고 있다는 것은 아이러니이다. 교육에서도 보다 인간중심적 변화가 일어나도록 하기 위해서는 변화를 촉진하고 가능한 모든 지원과 격려가 제공되는 것이 필요하다.

변화가 필요한 리더십은 간단하게 정의될 성질의 것이 아니며 쉽게 가르쳐지거나 배울 수 있는 것이 아니다. 닫힌 사고에서 열린 사고로, 관리에서 촉진으로 이행하는 것은 피상적인 방법의 변화가 아니다. 그것은 개인적 가치와 신념의 근본적인 재편이다. 인간중심의 성향은 성공적으로 '연출'될 수 없으며, 또한 옷을 입고 벗는 것과 같은 것이 아니다. 그것은 자기 자신과 세계에 대한 새로운 안목을 나타내며 사고와 행동을 위한 지침을 제공하는 개인적 이론(personal theory)의 일종이다.

개개인의 공적 활동과 사적 활동에 스며들어 있는 존재방식이자 행동방식이다.

교직만큼 인간중심 리더를 위한 일반적 직무요건이 필요한 직업은 없다. 효과적인 교사처럼 효과적인 리더는 종합적이고 정확하며 내적으로 일관된 개인적 신념을 지닌 사람이다. 효과적인 인간중심 리더십은 개인적인 발견의 문제이자, 타인의 성장과 활동을 촉진하기 위해 자신을 어떻게 활용할 것인가에 대한 학습의 문제이다. 따라서 교사가 인간중심 변화의 대행자가 되도록 돕기 위해 할 수 있는 일들이 현직 연수교육이나 대학에서의 직전 교육 프로그램 수준의 교육지도자들에게 적용되어야 한다.

제도의 이행

개혁을 추진하기 위해 보다 인간중심 스타일의 리더십을 육성하는 문제는 많은 어려움을 내포하고 있다. 아마도 상황중심, 인간중심 대안학교로의 이행은 전체적인 행정기의 규모를 줄이는 데 일조할 것이다. 또한 갈 길이 다소 멀기는 하지만 열린 체제 사고에 대한 반대를 완화하는데 기여할 것이다. 사람들은 쉽게 변화하지 않는다. 특히 오랫동안 자리잡아 온 사고방식을 근본적으로 바꾸도록 할 경우에는 더욱 그러하다. 개혁의 과정이 속도를 내기 위해서는 행정의 경영 측면과 인간중심 기능을 분리하는 것이 필수적이다. 모든 학교활동이 닫힌 체제와 관리 접근에 의해 가장 효과적으로 다루어짐으로써 문제가 복잡하게 되었다. 불행하게도 훌륭한 실천적 행정가들 다수가 경영방식의 구체적 특성에 미혹되어 있다. 사물을 다룰 경우에 결과는 손쉽게 관찰될 수 있으며, "내가 저것을 했다"라고 자신있게 지적할 수 있다. 일반적으로 많은 사물지향의 해결책이라는 것은 만들어진 재로 존재한다. 그러나 인산을 다루는 것은 훨씬 복잡하며, 또한 "내가 이것을 했다"든가, 다른 사람이 이것을 한 사람을 알 것이라는 생각을 전혀 할 수 없다. 따라서 행정가들이 직무의 구체적이고 실천적인 면에 많은 시간을 할애하고, 리더십의 인간적이고 촉진적인 측면을 무시하기 쉽다. 문제는 모자 두 개를 겹쳐 쓴 것과 같이 어려움이 중첩되어 있는 것이다.

보스가 되는 것과 성공적인 촉진자가 되는 것은 종종 상호 배타적이다. 대부분의 환경은 직접적이고 즉각적인 행동을 요청하며 권력을 행사하고 '일이 일어나게 하는' 것에 개인적으로 만족하게 한다. 따라서 리더는 관리방식을 선호하게 되고, 닫힌 체제적 사고에 쉽게 빠지게 된다. 이런 선입견은 사람들로 하여금 보스와 피고용인 관계를 영속화하는 방식으로만 반응하게 하는 원인이 된다. 사람들은 정답과 방향을 제공하는 보스를 기대한다. 이것은 개인적으로 책임감을 갖고 헌신하는 것을 방해하며, "그것은 보스의 문제야. 그/그녀가 해결하도록 나둬"와 같은 태도를 낳는다. 촉진자의 역할은 권위와는 모순된다. 촉진자(열린 체제)가 되기에는 많은 시간이 걸리고 권위적(닫힌 체제)이 되기는 쉽다. 때문에 많은 행정가들이 권위적 역할로 슬며시 빠져들고 다시는 빠져나오지 못한다.

서로 확연히 구별되는 기능인 관리로부터 촉진적 역할로 이행하는 것이 보다 나은 선택인가를 증명하는 것은 너무 어렵고 많은 시간이 소요된다. 인간중심의 초등학교는 촉진적 기술을 위해 선발된 교장에 의해 운영되며, 경영과 문서의 기록 및 보관 유지를 책임지는 장관, 조정자, 관리자에 의해 도움받을 것이다. 대신에 학교는 경영에 책임지는 교장과 인간관계, 교육과정과 학교발전 또는 전문적 기능에 책임지는 교사들로 조직될 것이다.

이 책에서 주장하는 개혁을 추진하기 위해 필요한 리더십을 확보하는 문제를 여기에서 충분히 다루기에는 너무나 크고 복잡하다. 그 하나는 행정가와 장학관들에게 그들이 감독하고 관리하는 교사를 변화시키도록 요청하는 일이다. 그러나 이것은 자신을 변화시키도록 요청하는 것과는 전혀 다른 문제이다. 단순한 행동방식의 변화를 요청하는 것이 아니라 오랜 시간에 걸쳐 확립된 자기 자신과 직업, 인간관계 그리고 근본적인 작업방식을 바꾸도록 요청할 경우에는 특히 어렵다. 우리는 교육개혁이 현장연구에의 적극적 참여와 기본 가정에 대한 비판적 분석, 새롭고 보다 적합한 가정의 채택, 체제 전반에 걸친 혁신과 실험의 지원과 촉진을 통해서 아래로부터 시작되어야 함을 주장하였다.

결 론

교육을 개혁하는 과업은 너무 막중하다. 사회의 요청과 젊은이들을 준비시킬 미래의 바람으로부터 멀어지도록 교육을 내버려두었다. 학교를 발달한 과학적 발견에 적응시키지도 못하였다. 복구하는 일은 중요하고 시간은 더디다. 거의 모든 사람들은 우리를 구원하기 위한 나름의 제안을 가지고 있다. 이들 제안 중 대부분은 철지난 힘의 조작화 가정에 근거한 단순한 것들이다. 따라서 교육과 학습에 대한 기본 신념을 뒤돌아보게 하는 것을 어렵게 한다. 그러는 와중에 제도는 보다 심한 정체상태에서 표류하고, 젊은이들은 더욱 실패하고 있다.

학습에 대한 가장 최신의 것과 일상적인 실천 사이에 존재하는 틈새를 좁히기 위해서는 교사와 행정가들이 모두 학습에 대한 새로운 이해를 민감하게 인식할 필요가 있으며, 이것이 교사와 학생의 상호작용의 모든 면에서 실행될 수 있도록 격려하는 것이 필요하다. 만약 최신의 원리가 완벽하게 교실에 적용된다면 매우 다른 유형의 학교, 보다 책임감 있는 학생들 그리고 우리가 원하는 재구조화되고 자기재생 학교로의 먼 여정에 서 있는 자신을 금새 발견할 수 있을 것이다.

지난 30여년 이상 현대 과학이 인간학습과 성장에 대한 새로운 지식을 발견한 것은 행운이다. 이들은 교육의 모든 측면에 상당한 의미를 지 닌다. 우리가 너무나 당연하게 받아들인 물리학에서의 엄청난 발전 이 상으로 생물학과 사회과학에서도 훨씬 중요하게 받아들여지는 놀라운 발전이 일어났다. 나는 이 책에서 몇몇 연구결과에 기초했으며 또한 보 다 낡은 가정을 새롭고 적합한 가정으로 대체함으로써 우리 제도를 새 롭게 할 수 있음을 제안하였다. 나는 또한 우리가 견지해야 할 새로운 사고의 방향을 제시하였으며, 단순한 대답이 아니라 우리가 직면한 문 제의 폐해를 충분히 이해할 필요가 있음을 제안하였다. 그리고 새로운 사고가 인도할 방향에 대해 확고한 희망을 가지고 고무될 것을 제안하 였다.

어떤 독자는 좌절감으로 이 페이지를 읽을 것이라고 생각한다. 왜냐 하면 여기에서는 명확하게 정의된 '방법적' 처방전을 제시하지 않기 때 문이다. 아마도 상당히 많은 사람들이 그럴 것이다. 그러나 교육은 인간 의 일이고 인간은 쉽게 변화되지 않는다. 인간은 어떤 강요나 제시된 해 결책에는 적극적으로 반응하지 않는다. 우리 조상은 "인간이란 자유로 울 때 최선의 방법을 발견할 수 있다"는 원칙을 발견하였다. 이런 정신 에 입각해서, 나는 교육전문가들로 하여금 기본 가정을 검토하게 하고, 새롭고 보다 나은 가정으로 대체할 수 있게 함으로써 교육개혁의 문제 에 가장 잘 접근할 수 있다고 생각한다. 나는 나의 삶의 대부분을 교육 자들과 가까이 하면서 보냈다. 이 과정에서 나는 교육자들을 생각하고 실험할 수 있는 시간과 자유가 보장된 책임있는 전문가로 대우할 때, 외 부 사람인 내가 일상적으로 제안할 수 있었던 것보다 훨씬 좋은 해결책 을 제안한다는 것을 발견했다. 사실, 이러한 개혁이 비록 매우 더디게 보이지만, 결국에는 보다 확실하고 효과적일 것이라고 확신한다.

주와 참고문헌

일반 참고자료 :

LePage, A. 1987. *Transforming Education Oakland,* Ca. Oakmore House Press.

Nash, P. 1980. "The future of schooling" *Journal Of Thought* 15, 17-25.

Schlesinger, A. 1986. "The challenge of change" *New York Times Magazine* July 27:20-21.

리더십에 관한 자료 :

Bennis, W. 1978. *The unconscious conspiracy: Why leaders can't lead* New York, Amacone.

Combs, A. W. 1970. "The human aspect of administration." *Colorado Journal of Educational Research,* 9, 9-15.

Leiberman, A. and Miller, L. 1986. "School improvement: Themes and variations" IN Leiberman, A. *Rethinking school improvement* New York, Teachers College Press.

Raywid, M. 1989. "Restructuring school governance: Two models" Unpublished paper. Hempsread, N. Y., Hofstra University.

현 행정에 관한 자료 :

Chubb, J. and Moe, T. 1990. *Politics, markets and American schools.* Washington, D. C., Brookings Institution.

Kearns, D. 1988. "An educational recovery plan for America". *Phi Delta Kappan* 45, 565-570.

Mayer, M. 1961. *The school* New York, Harper and Row.

Rollis, S. and Highsmith, M. 1986. "The myth of the great principal: Questions of school management and instructional leadership". *Phi Delta Kappan,* 68, 300-304.

Shanker, A. 1990. *Staff development and the restructured school.* Alexandria, Va. Association for Supervision and Curriculum Development.

제도의 이행에 관한 자료 :

Educational Commision of the States, 1988. "Re: Learning principles for changing the education system". Denver, Co. Educational Commission of the States.

Elmore, R. 1986. *Models of restructured schools* Stanford, Ca. Center for Policy Research in Education.

Harvey, G. and Crandall, D. 1988. *A beginning look at the what and how of restructuring* Andover, Ma. Regional Laboratory for Educational Improvement of the New England Schools.

Hennes, J. 1989 *Restructuring education: strategic options required for excellence.* Denver, Co. Colorado Department of Education.

Howard, E. and Griffin, T. 1986. *A school for the 80's and 90's: A priority search for schools and school clusters.* Denver, Co. Colorado Department Of Education.

Joyce, B. et. al. 1989. "School renewal as cultural change." *Educational Leadership,* 47, 70-77.

Olson, L. 1988. "The restructuring puzzle". *Education Week* Nov. 2. 7-11.

Timor, T. 1989. "The politics of school restructuring". *Phi Delta Kappan* 71, 264-275.

Vickery, T. 1988. "Learning from an outcomes driven school district". *Educational Leadership* 45, 52-57.

부 록

인간주의적인 학교를 알아보는
100가지 기준*

1. 교사들은 진지하고, 인정이 있고, 공감적이다.

2. 학생이 실수하더라도, 자아개념을 손상시키지 않는다.

3. 학교정책은 학생 개개인의 가치, 존엄성, 권리의 보전을 직접저인 목 직으로 한다.

4. 교직원은 학생들을 대등한 인간으로서 친절하고 정중하게 대우한다.

5. 학생들은 서로가 하는 말에 귀를 기울인다.

6. 필요한 징벌을 가할 때도 동정과 이해심을 잊지 않는다.

7. 교직원은 부정적이기보다는 긍정적인 결과에 중점을 두고 행동을 지 도한다.

8. 도서관에는 다양한 책과 자료들이 풍부하다.

9. 교장은 교직원과 학생들에게 영향이 미철 의사결정을 하고자 할 경 우에는, 그들을 진심으로 참여시킨다.

Doris M. Brown, Task Force Chairman, ASCD Working Group On Humanistic Education, 1978

여기에 실린 항목들은 교육자, 교사, 고등학생들이 평가한 순위를 정리한 것이다.

10. 교사들은 자기가 학생들을 신뢰하고 있다는 것을 행동으로 보여준 다.

11. 교사들은 적어도 하루에 한 번, 각 학생에게 "너에게 관심을 갖고 있다"는 것을 나타내 보일 기회나 사건을 찾는다.

12. 다양한 사고와 여러 가지 형태의 창조적인 노력을 촉진할 수 있는 활동들이 있다.

13. 교사들은 인간적인 가르침을 지지하는 목표들을 사용한다 ; 교사는 학생들에게 보조를 맞추고, 개개인에게 더 많은 주의를 기울이기 위해 시간을 관리하고, 학생에게 선택권을 준다.

14. 교사들은 교과내용에서 유능함을 보여준다.

15. 학습경험을 계획하면서, 나이나 학년보다는 학생의 발달 특성이 더 많이 고려된다.

16. 교직원은 학생들 개개인에게 나타날 문제를 간파하여 적절하게 대응할 수 있다.

17. 상담자, 간호사, 개인교사 그리고 다른 직원들과 만나는 것이 자유롭다.

18. 교사들은 학생들에게 "나는 너의 말에 귀를 기울인다"는 것을 보여주기 위해 언어나 비언어적인 방법으로 반응을 나타낸다.

19. 모든 학생들이 다른 사람들로부터 긍정적인 평을 듣는다.

20. 교사들은 판단하기 위해서가 아니라 피드백을 제공하기 위해 관찰한다.

21. 소집단 현장학습이나 소풍은 교실에서 학습한 내용과 관련이 있다.

22. 학생들은 다른 학생들을 기꺼이 돕고 함께 한다.

23. 학생들은 발견이나 '실천적인' 활동에 참여한다.

24. 학교의 철학은 가치와 태도에 관련된 것을 포함하고, 학급활동을 계획하는 교사에 의해 활용된다.

25. 교과서에서 다루지 않는 문제나 현안에 대해서도 자유롭게 토론한

다.

26. 교사들은 사고나 행동의 본질적 가치를 가지고 학생의 동기를 유발한다.

27. 교사들은 과업의 성취보다는 인간에 대해 더 많은 관심을 가진다.

28. 교육과정의 내용은 다인종 사회와 다양한 가족구조를 적절히 반영한다.

29. 수업이 잘 계획되어 있다는 증거가 있다.

30. 성별, 나이, 성격, 기타 다른 특성에 상관없이 다양한 활동에 참가한다.

31. 흥미센터나 학습센터는 정해진 목적에 따라 활용된다.

32. 학생들은 자신들의 학교생활에 대해 열심히 이야기한다.

33. 교사들은 학생들과 대화하면서 "계속 해봐라", "그것 참 재미있는 생각이구나"와 같은 논평을 해준다.

34. 새로운 학생과 가족들은 학교시설과 프로그램에 대한 안내와 설명을 듣는다.

35. 학생은 "나는 이 어려운 일을 선택했어. 학습은 도전적이며 전력을 다해야 할 일이야. 때로는 힘들겠지만, 그럴 만한 가치가 있지!"라는 태도를 갖는다.

36. 학생들이 선택할 수 있는 코스와 특별활동이 매우 다양하다.

37. 교직원은 커뮤니케이션과 인간관계에 대한 훈련을 받고자 한다.

38. 학생과업을 평가하는 데 있어서 무엇을 틀렸느냐보다는 올바른 답이 강조된다.

39. 학교에서의 계획적인 상호작용을 통해 인간들의 차이점을 올바르게 이해하도록 돕는다.

40. 학생들은 정보의 정확성, 응용성 그리고 적절성에 대해 의문을 갖는다.

41. 자발적인 토론이 장려된다.

42. 교장과 교사들은 학부모들로부터 제언을 듣고자 한다.

43. 학교 현관은 학생들의 작품으로 꾸며져 친밀한 분위기를 자아낸다.

44. 학생들도 자기평가에 참여한다.

45. 학생, 교사 그리고 학부모들은 학교의 상징물들을 자랑스럽게 애용한다.

46. 학생들도 학급과 학교에 대한 책임감을 공유한다.

47. 교사들은 학생들 각자의 개인적 비극과 성공뿐만 아니라 무엇을 좋아하고 싫어하는지를 안다.

48. 어른들은 학생들과 함께 웃고, 자주 미소짓는다.

49. 학습은 학생들의 문제나 의문을 중심으로 구성된다.

50. 지역사회의 봉사자들이 학습센터나 도서관에서 돕고, 기술을 가르치고 그리고 특수한 학습자원을 제공한다.

51. 학생들은 학교수업 이외에 진로 및 직업탐색에 참여할 수 있는 기회를 갖는다.

52. 학생들은 학습자원센터에서 영사기, 슬라이드 그리고 녹음기 등을 자유롭게 이용할 수 있다.

53. 교사들은 가르치는 일을 통제가 아닌 '자유롭게 하는' 일로 간주한다.

54. 학급회의는 현안 문제들에 대한 해결책을 논의하기 위해 개최된다.

55. 마음껏 뛰어놀 수 있는 바깥 공간이 있다.

56. 교사들은 아동의 발달상황에 대한 학부모의 평가에 귀를 기울인다.

57. 학생생활기록부에는 학생들의 취약점보다는 장점과 흥미가 더욱 중점적으로 기록된다.

58. 운동장은 아스팔트와 잔디로 덮여 있다.

59. 교사들은 학교에서 학부모와 상담할 수 있는 시간을 마련한다.

60. 교사들은 그릇된 생각, 잘못된 논리, 부당한 결론에 대해 이의를 제기한다.

61. 교사들은 학생들과 함께 일하고, 공부하고, 뛰어논다.

62. 개인적·사회적 발달에 대한 평가가 학업 향상에 대한 평가만큼 중요하게 여겨진다.

63. 자연스럽게 웃는다.

64. 대의원으로 구성된 학생회에서 당면한 학교문제들을 다룬다.

65. 학습센터나 개별지도와 같은 활동을 위해 교실 이외의 공간이 활용된다.

66. 교사들은 학생들의 아이디어를 교육과정의 소재로 끌어들인다.

67. 교사들은 교수-학습과 관련된 자신들의 다양한 경험들을 공개한다.

68. 교내에서 또는 그밖의 학습장소에서 학생들이 자신의 거동에 책임을 지는 체제이다.

69. 외부인들이 교실에 들어가더라도 환영받는다고 느낀다.

70. 경험상 필요하다면 야외활동을 나간다.

71. 학생들이 과제를 수행하는 데 필요한 자료들을 얻기 쉽다.

72. 교장은 학생들과 함께 하는 일을 위해 일정한 시간을 할애한다.

73. 모든 교실 내에 '돌아다닐 수 있는' 여유공간이 있다.

74. 학생들은 필요한 도구와 과학기구들을 이용할 수 있다.

75. 교직원과 학생들은 자원을 함께 공유한다.

76. 학생들은 필요한 기술이나 특별한 관심사, 사회적 기호에 따라 소집단 활동을 한다.

77. 학부모들은 교수팀의 일원으로서 환영받는다.

78. 교실학습은 교실 밖에서 학생들이 생활하면서 경험하는 일로부터 전개된다.

79. 매일 잠깐 동안이나마 '재미있는 일'을 할 시간을 가진다.

80. 교사는 말을 하면서도 다정한 동작을 취한다.

81. 전통적인 성적 제도에 대한 대안이 있다.

82. 교사는 '내가 도와줄게'라는 자세를 취한다.

83. 학생들은 자신이 관심을 가진 일을 자유롭게 한다.

84. 비서는 방문객, 학생 그리고 교직원을 만날 때 반갑게 인사한다.

85. 인간발달과 인간성에 대한 학습은 정규 교육과정의 일부이다.

86. 교사들은 자신의 생각대로 학생이 답하도록 요구하지 않는다.

87. 교사들은 학생들에게 부정적인 논평을 하지 않는다.

88. 학생들은 소집단으로 자유롭게 학습한다.

89. 교사들은 학생들이 교실에 들어오거나 나갈 때, 그들과 인사를 나눈다.

90. 학생들이 연극이나 음악작품을 발표할 수 있는 무대장치가 되어 있다.

91. 학생들은 조용히 앉아, 상상하고 곰곰이 숙고할 수 있는 시간을 가진다.

92. 모든 학생들은 학급과 학교 차원의 교수 프로그램에 대한 평가에 참여한다.

93. 노인들도 학교에서, 자기 집에서 그리고 보호소에서 학생들과 함께 한다.

94. 학생들도 가르치는 일이나 기타 다른 지도자의 임무를 수행한다.

95. 학생과업을 다루는 위원회들이 있다.

96. 학생들은 필요하면 언제라도 학교자원센터에 갈 수 있다.

97. 교사들은 정규시간 이외의 짬을 내어 학생들과 함께 지낸다.

98. 학생들이 방과 후에 이용할 수 있는 도서관, 실습실, 공작실, 오락실 등이 있다.

99. 친숙한 동물 식구나 평소에는 볼 수 없는 식물 등을 의외로 전시해 놓고 있다.

100. 학생들은 지역의 봉사활동에 참여한다.

저자소개

이 책의 저자인 아더 콤스(Arthur Combs)는 1935년 오하이오 주에 있는 얼라이언스(Alliance)의 공립학교를 시작으로 교직에 들어섰다. 그는 교사로서 학생들을 돕는 데 필요한 기술들을 개선하고자 오하이오 주립대학에서 임상심리학을 전공하였고 박사학위를 취득하였다. 그 후 10년간, 심리치료실(psychological clinic)을 운영하면서 시라큐스(Syracuse) 대학교에서 상담과 심리치료를 가르쳤다. 이 기간 동안, 그는 치료란 본질적으로 원상태로 되돌리는 활동이며, 더욱 중요한 일은 (사람들이 아프기 전에 돕는) 예방하는 것이라는 생각을 더욱 확신하게 되었다. 이러한 관심 때문에 그는 교육에 눈을 돌리게 되었고, 1951년에는 플로리다 주립대학으로부터의 교수직 제의를 받아들인다. 그 뒤 여러 차례 그는 교육학 교수로, 교육부의 위원회(the Foundations in Education Department)의 의장으로, 그리고 인간주의 교육센터(the Center For Humanistic Education)의 소장으로 활약하였다. 1975년에는 교육과 심리학에 관련된 저술과 컨설팅, 심리치료 활동에 전념하고자 플로리다를 떠나게 된다.

그는 1980년대에 5년 동안 노던 콜로라도(Northern Colorado)주립대학교의 석좌교수로 대학에 돌아온다. 최근 그의 가장 큰 관심은 글을 쓰고, 컨설팅을 하고 그리고 때로는 가르치는 활동을 통하여 교육개혁운농에 이바지하는 것이다. 그는 또한 지역사회 상담협회(Community Counseling Associates, 2525 Sixteenth St., Greeley, Colorado. 80631)와 공동으로 시민의 심리치료 활동에 전념하고 있다.

콤스 박사는 자신을 심리학과 교육에 있어서의 인간주의운동(the Humanistic Movement)의 결과이자 공헌자라고 생각한다. 그는 1947년에 도널드 스니그(Donald Snygg)와 함께 사람에 대한 연구에 알맞은 체계적인 준거틀로서 지각-경험심리학을 창안해냈다. 그후 대부분의 활동은 교육, 상담 그리고 조력전문직(helping professions)에 종사하는 사람의 훈련에 관한 연구와 활동에 지각-경험적 사고를 적용하는 데 모아졌다.

그는 장학과 교육과정 개발협회(ASCD, the Association For Supervision and Curriculum Development)의 회장을 지낸 바 있으며, 교육에 기여한 공로로 존 듀이 상(the John Dewey Award for Distinguished Service to Contemporary Education)을 수상하기도 하였다. 그는 연설과 컨설팅을 위해 미국 전역과 해외 7개 나라를 두루 방문하였다. 저서로는 심리학, 상담, 교육에 관련된 22권의 책과 연구논문 그리고 150편이 넘는 논문이 있다. 이들 저서는 스페인어, 독일어, 네덜란드어, 포르투갈어, 이스라엘어, 한국어 그리고 일본어 등으로 번역되어 읽혀지고 있다.

역자후기

이 책은 콤스(Athur W. Combs)의 『The Schools We Need : New Assumptions for Educational Reform』(Lanham : University press of America, 1992)을 옮긴 것이다. 콤스는 이미 우리에게 『교육신화』(이성호 옮김, 양서원, 1991)와 『교사교육의 혁신 : 교사양성 교육에 대한 인간주의적 접근』(김선양외 옮김, 교육과학사, 1998)의 책으로 익숙한 사람이다.

콤스는 이 책에서 교육개혁은 어떠한 철학에 기초하여야 하는가? 교육개혁은 누구에 의해 추진되어야 하는가? 라는 두 가지 이야기를 하고자 한다. '교육개혁의 새로운 가정'이라는 부제를 통해서도 알 수 있듯이, 그는 지금까지 수없이 교육개혁이 추진되었지만 교육은 왜 여전히 개혁의 대상인가 하는 점을 분석하면서, 그 원인이 교육개혁이 기초하고 있는 가정의 잘못과 개혁에서의 교사 배제에 있다고 주장한다.

우리는 흔히 효과적인 교육개혁이란 제도를 바꾸고, 새로운 정책을 도입하는 것이라고 생각하는 경향이 있다. 교육 현장에 만연된 이러한 생각을 콤스는 힘의 조작화(manipulation of forces) 가정이라 부른다. 이 가정은 사람이란 제도를 바꿈으로써 변화될 수 있으며, 개혁에서 제도의 변화와 관리가 무엇보다 중요하다는 입장이다.

따라서 문제가 발생하면 인간의 신념과 가치를 변화시키는 일에 힘을 쏟는 것이 아니라 일차적으로 새로운 제도를 만드는 데 몰두하며, 실제로 매우 좋은 제안들이 창안되어 금방이라도 효과를 보일 것처럼 교육 현장에 전파되곤 한다. 그러나 유감스럽게도 매우 유망한 개혁안들은 성공보다는 실패의 운명을 맞이하는 경우가 많다. 그 이유는 무엇일까? 콤스는 기본적으로 사람의 일인 교육을 물건 다루듯 하였기 때문이라고 생각한다. 힘의 조작화 가정으로는 우리가 원하는 교육을 결코 이룰 수 없으며, 대신에 학습자의 개성과 요구를 중시하고 사회의 변화를 적극 반영하며, 열린 사고와 인간중심의 새로운 가정에 터해 교육개혁이 이루어져야 한다고 주장한다.

교육개혁이 실패로 끝나버리는 또 다른 이유는 개혁이 추진되는 과정에서 교사의 배제이다. 그는 아무리 좋은 개혁안이라도 교사의 참여와 지원없이는 성공할 수 없다고 본다. 따라서 교사의 자발적인 참여와 지원을 이끌어낼 수 있는 분위기를 조성하는 것이 필요하며, 이를 위해서 교사를 진정으로 전문가로 대우하고, 그들에게 개혁에 대한 자율성과 책임을 부여해야 한다고 주장한다. 위로부터 일방적으로 하달되는 개혁안을 그저 수동적으로 집행하는 하수인이 아니라, 적극적으로 교육현장에서 자율적으로 개혁을 주도하는 교사가 필요한 것이다.

그러나 오늘 우리가 경험하고 있는 교육개혁의 현주소는 인간의 신념을 변화시키는 일보다는 끊임없이 새로운 제도와 정책을 찾아 헤매고 있으며, 교사는 개혁에서 소외된 채 현실감없이 위로부터 던져진 개혁안에 의무적으로 이끌리듯 따라가고 있다. 불행히도 우리 교육개혁의 미래는 밝지 않으며, 때문에 콤스의 제안은 의미있는 것이다.

이 책은 전문서라기보다는 저자 스스로 밝혔듯이 에세이와 같은 성격을 지니고 있다. 따라서 어떤 거창한 의도를 가지고 이 책을 접한다면 실망하기 쉽다. 그렇다고 이 책에 담긴 의미가 가볍다는 말은 아니다. 저자는 일생을 오직 가르치는 일에 종사하면서 느꼈던 점을 담담하게 그러나 너무나 절실하게 전달하고자 한다. 그는 한결같이 '사람'을 먼저 생각하고, 사람의 참 가치를 아는 교사가 되기를 그리고 '인간중심의 교육'을 실현하기를 권고한다. 나아가 가르치고 배우는 과정의 최종 결과는 '자유롭고 자신을 진정으로 사랑할 줄 아는 사람'이어야 한다고 주장한다. 어떻게 보면 이러한 그의 제안은 하나도 새로울 것이 없는 것들이며, 우리가 너무나 잘 알고 있는 것들이다. 그러나 이 당연한 것들이 실천하기에 어렵고 시간이 많이 걸리며 부담스럽다는 이유 등으로 쉽게 포기되고 잊혀지고 있다.

우리는 이 책을 읽어 나가면서 반성과 공감, 그리고 새로운 다짐을 계속하였다. 의욕만 가지고 '가르치는 일'의 초입에 들어선 역자들에게 이 책과의 만남은 소중한 것이었고, 그러한 기쁨을 교사가 되고자 하는 많은 학생들이나 이미 가르치는 일에 종사하고 있는 교사, 그리고 교육행정가들과 함께 하고 싶은 마음에 번역이라는 무리를 감행하게 되었다. 독자의 이해를 돕기 위해 간혹 의역을 하였으나, 저자의 깊은 뜻을 오해하지 않았는가 하는 두려움이 앞선다. 이 책을 통해 독자들과 "우리에게는 과연 어떠한 학교가 필요한가?"를 함께 고민할 수 있었으면 한다.

경제적으로 어려운 시기에 교육은 늘 소외되곤 한다. 바로 지금이 그러한 시기이다. 그러나 교육에 대한 열정으로 읽고 뭉치에게 따사로운 햇빛 구경의 기회를 주신 학지사 김진환 사장님께 감사드린다. 그리고 무엇보다도 이 책이 우리를 학문의 길로 이끌어주신 정우현 교수님의 사랑에 대한 다소의 보답이 된다면 더 이상의 기쁨이 없다고 생각한다. 마지막으로 우리의 꿈인 수경에게도 좋은 선물이 되었으면 한다.

1998년 6월

구혜정 · 손준종

찾아보기

옮긴이 소개

구혜정
고려대학교 대학원 교육학과 박사과정

손준종
우석대학교 교육학과 조교수

우리가 원하는 학교 -교육개혁의 새로운 가정

1998년 5월 25일 1판 1쇄 발행
2010년 4월 20일 1판 3쇄 발행

지은이 • 구혜정 손준종
펴낸이 • 김 진 환
펴낸곳 • ㈜**학지사**
　　　　　121-837 서울시 마포구 서교동 352-29 마인드월드빌딩 5층
대표전화 • 02) 330-5114　　팩스 • 02) 324-2345
등록번호 • 제313-2006-000265호
홈페이지 • http://www.hakjisa.co.kr
커뮤니티 • http://cafe.naver.com/hakjisa

ISBN 978-89-7548-246-5 93370

정가 8,000원

내일을 준비하는 학지사의 팝에듀케이션 북스

자녀발달의 결정적 시기

순천대학교 정영진 저
1996년 · 신국판 · 320면 · 7,000원
ISBN 89-7548-092-5 03370

사람이 태어나 유능한 사람으로 성장했다고 할 때 그렇게 되기까지는 그러한 능력의 싹이 자라나기 시작하는 중요한 시기가 있지 않을까? 만일 있다면 그것은 인간의 성장과정에서 가장 중요한 최적의 결정적 시기가 될 터인데 도대체 그 시기는 언제쯤이며, 그때 부모나 선생님을 비롯한 주위 사람은 그를 어떻게 도와주어야 바람직할까?
이 책은 자녀발달의 결정적 시기, 열린가정 · 열린교육, 열린학교 · 열린교육, 행복을 가꾸는 삶으로 이루어진 4개의 장을 통해 인간발달과 교육의 기본적인 문제를 이야기한다.

콩 심고 팥 기다리는 부모

한양대학교 서병숙 이정숙 공역
1996년 · 신국판 · 264면 · 7,000원
ISBN 89-7548-102-6 93370

사회의 기본을 이루는 가정, 그리고 그 가정을 구성하는 인간관계 핵심은 바로 부부와 부모자녀관계이다. 이 책은 이 관계가 깊은 심리적 상관을 맺고 있다고 가정하고 이를 사례를 중심으로 풀어간다. 부모자녀관계와 아이의 성격, 결혼의 역동성, 부부관계의 심리, 임신과 출산에 대한 심리, 유아기의 출산에 대한 심리, 유아기의 문제, 오이디푸스 콤플렉스, 육아의 문제, 부부와 자녀관계 등을 다룬다. 섬나라 일본이 가진 의외의 보수적인 부부관계, 무조건적이며 헌신적인 어머니상, 권위적인 모습의 아버지상 등을 우리 나라의 그것과 비교해보아도 좋을 것이다.

외할머니의 육아법

동덕여자대학교 정대련 저
1996년 · 신국판 · 224면 · 7,000원
ISBN 89-7548-121-2 03810

저자는 아이를 기르는 것이 단순히 육아의 노하우를 익히는 것에서 끝나는 것이 아니라, 부모와 자식 간의 확고한 믿음과 사랑이 삶의 갈피마다 배여 있는 훈훈한 가정이 선행되어야 함을 강조하고 있다. 이 책을 읽는 독자들은 할머니와 딸 그리고 손주의 3대로 이어지는 사랑과 믿음이 더없이 완전한 교육적 환경이라는 데 동의할 것이다. 옛 것과 새 것이 조화를 이룬 이 가정교육의 핵심은 두 모녀의 서로를 존중하는 마음과 조심스런 언행에 있음을 알 수 있다. 제각기 자기를 내세우는 것이 개성인 것처럼 착각하는 요즘, 이 아름다운 이야기는 메마른 우리의 가정 문화에 잔잔한 감동을 일으킬 것이다.

초등학교 교실에는 지금

광주교육대학 박남기 편
1997년 · 신국판 · 328면 · 7,000원
ISBN 89-7548-160-3 03370

초등학교 현장에서 일하는 선생님들의 일기형식의 글모음. 담임의 하루, 생각과 고민, 그리고 닫혀진 문 안에서 일어나는 교실의 있는 그대의 모습은 현장 선생님들에게는 들여다볼 기회가 거의 없었던 옆반 교실에서는 어떤 일이 일어나고, 동료 교사들은 어떤 생각을 하며 하루를 보내고 있는지를 보여준다. 우리가 학교에 다니던 시절에 스쳤던 평범한 선생님, 매년 마주치는 아이들의 담임 선생님, 그리고 말없이 조용히 근무하던 동료 교사들과 진솔하게 만날 수 있을 것이다. 미래의 교사들역시 초등학교 교실풍경을 통해 앞으로 무엇을 어떻게 준비해야 할 것인지 생각할 기회를 갖게 될 것이다.

생각하는 학교 꿈꾸는 아이들

연세대학교 한준상 저
1997년 · 신국판 · 324면 · 7,000원
ISBN 89-7548-147-6 03370

해마다 치르는 계절병처럼 반복되는 우리 사회에 만연된 여러 가지 교육적 문제와 병폐. 교육학자인 저자는 짧막한 글들을 통해 이러한 문제들의 근본적인 치유책과 함께 삶에 대한 저자 자신의 인간적인 태도와 여유를 보여준다.
세계를 주도하려면 교육의 틀부터 바꿔라, 이제는 모판을 바꿀 차례이다. 청소년 문화, 대학은 학문의 전당인가, 열린 학습사회를 꿈꾸며, 아시아의 세 마리 용을 이기려면, 산은 내릴 때 제맛이 난다등의 주제로 다루어진 글들을 통해 우리 교육이 나아갈 바람직한 방향을 제시한다.

아이들의 생각에 날개를 달아주자

전남대학교 김영옥 저
1997년 · 신국판 · 224면 · 6,000원
ISBN 89-7548-166-2 03370

이 책은 저자가 그 동안 국내의 일간지나 잡지 등에 썼던, 생활 속에서 느낀 유아교육에 대한 평범한 생각들로부터 보다 이론과 연결되는 내용에 이르기까지, 육아 관련 글들을 모아 엮은 것으로 똑똑한 아이보다는 감성을 길러주는 육아서이다. 쏙 늘판으로 나갈 수 없더라도 밥상머리에서 나물의 이름을 가르쳐주며 나물에 대해 이야기 나누고, 매일같이 들어오는 스티커나 광고지 등으로 사물에 대한 개념과 조화, 분류와 수개념을 교육시킬 수 있다. 또 엄마에게도 엄마가 있다는 것을 알려줌으로써 엄마가 나와 가까운 관계인 것처럼 할머니도 더욱 소중하게 느끼게 하는 이야기들이 담겨 있다.

내일을 준비하는 학지사의 팝에듀케이션 북스

우리가 원하는 학교

손준종 외 공역 · 신국판 · 270면 · 7,000원
ISBN 89-7548-246-4 93370

교육개혁의 문제는 오랫동안 입법가, 학부모 그리고 수많은 교육전문가들의 주된 관심사였다. 특히 최근에는 개혁의 목소리가 그 어느 때보다도 드높다. 이러한 분위기를 보노라면, 지금까지 교육개혁의 문제가 지나치게 소홀히 다루어져 왔음을 알 수 있다. 사실 수년 동안 막대한 에너지를 교육개혁에 쏟아 부었지만, 그 노력을 증명할 값진 결과를 거두지는 못하였다.

여기 제시된 아이디어들은 혁신과 프로그램의 수립 그리고 개혁을 시도하는 동안 길잡이가 되어준 지침으로써 아주 유익했던 것들이다. 교직의 동료들, 학교교육에 관심을 갖는 일반인들 그리고 자녀들의 교육이 타당한지를 염려하는 학부모들에게도 도움이 되었으면 하는 바람으로 이책이 쓰여졌다.

자녀의 EQ를 위하여

충남대학교 김언주 외 공저
1998년 · 신국판 · 350면 · 7,000원
ISBN 89-7548-250-8 03370

IQ와 EQ는 반대되는 능력이 아니라 분리된 능력이다. 어떤 사람들은 IQ와 EQ의 혜택을 둘다 누리는 반면, 어떤 사람들은 어느 것도 누리지 못한다. 사고에 기초하여 감정을 사용하고 감정 자체에 관한 사고를 하는 것은 중요한 능력이다. 이성적 지혜와 감정적 지혜의 조화로 보다 많고 나은 성공과 행복한 삶을 영위할 수 있다. 따라서 부모나 교육자들은 IQ 교육뿐만 아니라 EQ 교육에 대한 인식의 전환이 필요하다. 이 책은 EQ와 관련하여 이론을 소개하고, 교육방법과 측정방법을 소개한다.

사랑의 학습지도법

동아대학교 박영태 저
1995년 · 신국판 · 286면 · 7,000원
ISBN 89-7548-033-X 93370

공부라고 하는 것이 아무리 어렵고 힘들다 하더라도 교육하는 어른이나 교육받는 아동이나 모두 즐겁게 극복해야 하는 것이다. 그럼에도 불구하고 어른은 분노하고 아동은 좌절하고 도피하는 현실 속에서 어른과 아이는 사실 외롭다. 이 외로움을 사랑이라는 치유로 극복해야 한다면 올바른 사랑법을 알아야 한다.

저자는 이 책에서 교육은 곧 사랑이라는 전제하에 사랑의 성격과 교육의 성격을 살펴보고 사랑을 통한 학습지도모형으로 친밀감, 관심, 올바른 의사결정, 실행과의 중요성과 접근방식을 이야기했다.